U0089824

中國學術思想研究輯刊

七 編

林 慶 彰 主編

第4冊

惠棟易例研究（上）

江 弘 遠 著

花木蘭文化出版社

國家圖書館出版品預行編目資料

惠棟易例研究（上）／江弘遠 著 -- 初版 -- 台北縣永和市：
花木蘭文化出版社，2010〔民99〕
序2+目4+170面；19×26公分
（中國學術思想研究輯刊 七編；第4冊）
ISBN：978-986-254-163-0（精裝）
1.（清）惠棟 2.易學 3.學術思想 4.研究考訂
121.17 99002190

ISBN - 978-986-254-163-0

中國學術思想研究輯刊
七 編 第四冊 ISBN：978-986-254-163-0

惠棟易例研究（上）

作 者 江弘遠
主 編 林慶彰
總編輯 杜潔祥
出 版 花木蘭文化出版社
發行所 花木蘭文化出版社
發行人 高小娟
聯絡地址 台北縣永和市中正路五九五號七樓之三
電話：02-2923-1455／傳眞：02-2923-1452
網 址 http://www.huamulan.tw 信箱 sut81518@ms59.hinet.net
印 刷 普羅文化出版廣告事業
封面設計 劉開工作室
初 版 2010年3月
定 價 七編24冊（精裝）新台幣40,000元

惠棟易例研究（上）

江弘遠 著

作者簡介

江弘遠，1962 年生於台北市，1988 年以黃慶萱教授指導論文《惠棟易例研究》獲得台師大國研所碩士學位，今列入大陸清代學術史研究書目。2006 年以王葆玹教授所指導論文《京氏易學研究》，獲得北京中國社科院哲學博士學位，2006 年更名為《京房易學流變考》在臺出版，2007 年獲得副教授升等資格。發表於《中台學報》有〈戰國秦漢之《周易》象數學概況〉、〈構築當代《易》學研究方法之反思——以惠棟對京氏《易》之誤解為例〉、〈漢代兩京房《易》術考〉、〈管輅玄理化《易》學研究〉、〈《易傳》聖人意象思維之通解〉。

提　　要

本論文約三十萬言，分上中下三篇。今敘研究目的、資料來源、研究的方法、研究的結果如下：

一、研究目的：

古今言「《易例》」者多矣，而惠棟《易例》較他本言例者有條理，範圍亦較為廣泛，故擇此書詳加研討，以其達到繫傳所言「《易》有聖人之道四焉，以言者尚其辭，以動者尚其變以制器者尚其象，以卜筮者尚其占」之目的，並求實用化、整合化、現代化。

二、資料來源：

占筮方面，參引新近大陸出土數字卦、〈帛書周易〉之各篇研究報告；並取《春秋占筮書》、《易學新論》、《卜筮正宗》、左傳等書以資研究。陰陽方面，則採《淮南子》、《太玄經》、黃帝陰符經諸書。制器方面，則參《中國文明史話》、《中國文化史工具書》、《考古學基礎》、《古代文明之謎》等新作。圖說方面，乃以《易圖明辨》、《易學象數論》、《易漢學》等書而論之。卦象方面，就〈繫傳〉、〈說卦傳〉、〈虞氏逸象〉諸篇而說。餘例如互體、反卦、爻象等，則以《先秦漢魏易例述評》、《兩漢十六家易註闡微》、《周易釋爻例》、《周易集解纂疏》為主要參考資料。

三、研究方法：

本文以考證為主。於卦象，則取日常所見事物來比擬，而評論諸家所言之象。於占筮，則試以納甲納支五行生剋沖合，互證經傳之內容。於圖說、卦變等，則參考新近出土資料報告，求其原始面貌，追尋其演變跡象。自王弼以來，象數、義理之《易》，多未能整合通變，故本論文不專主某方，乃基於合理原則，欲效孔子「一以貫之」之治學方法，用客觀態度做研究。

四、研究結果

本論文研究之心得，如《左傳》「艮之八」占例，乃以不動之第二爻為用神；《國語》「貞屯悔豫皆八」，則為一事二筮之法，而以二卦之不動世爻為用神；並推納甲納支五行之術以解卦爻辭，多有吻合之處，尤於「七日來復」「十年乃字」「八月有凶」等日占月占年之法，頗有領會也；於數字卦至陰陽符號成立之過程，亦有若干合理之解釋；其周易之原始功用，及經傳所含之背景，亦略能窺知；且於《易例》一書之優劣處，一一列論之；於古今若干《易》學諸家之說，也敘論其得失；復增述《易例》一書所遺漏之例於後云。

目次

上　冊

自　序

凡　例

下　冊

自序

夜幕漸襲，行人匆匆而車馬如龍；光陰荏苒，日月復始而萬象更新。夫《易》者，學之何事？提筆案前，竟難下一語也。

憶愚方年少時，家父苦研《易》術，埋首終日，不發一言。愚趨庭請示，相談甚歡，眉宇之際，互現喜色也。俄而漸長，家父寄望殷切，責求益增，願愚踵繼其後，同習絕學也。然以不才之資，遂倍覺艱辛。屈指算之，十載歲月，忽焉已過，而愚於數術之易，猶在學步之齡。仰之彌高，如徒步青天；瞻之愈深，似遨遊六合也。

及入本所年餘，復蒙黃師慶萱教誨，而於義理之《易》，受惠良多。逮乎此時，乃漸能執兩端而用其中，知象數之極而沐義理之風也。且夫六經之失，《禮記》誡之；五倫之和，《論語》教焉。夫《易》者，所學何事？愚感悟在心，明澈若鏡，乃書：「格物、致知、誠意、正心、修身、齊家、治國、平天下」之八目，思常提攜於左右，望能偕躋於眞善美之境也。

愚讀《易例》一書，已歷九秋，耕耘播灑，終有此作。於占筮，則知《左傳》「艮之八」占例，實取靜爻爲用神也；其〈晉語〉「貞屯悔豫皆八」者，乃一事二筮之法，以二卦不動之爻爲用神也。於圖說，則謂世傳本〈說卦傳〉三、六兩章，乃分言伏羲、文王卦位之圖也。於卦象，則曉其旁通卦有取象相同之處也。於卦變，則屈萬里以反對之義釋乎〈彖傳〉者，證之諸條，頗可信也。於《易》辭，則推泰九二爻辭，實古人繫腰舟而渡河之寫景也。於史實，則明周代封建重位之別，與典獄赦免之制；而〈繫傳〉之作，不早於韓非時也。羅列目前，咀嚼再三，益覺有味；然涉略太泛，不免於疏漏，願待高明之士不吝糾正，以期共戴往聖之學，而開來世之平也。

1988 年江弘遠謹誌於師大分部研舍鴻雅堂

凡　例

一、本書分上中下三篇。

二、其中篇「惠棟《易例》之考辨」引《易例》一書原文部份：

　子、其起頭緊接於標號（1）、（2）等之下者，爲惠棟引他文者也。

　丑、與標號（1）、（2）等中間空一格者，爲惠棟案語。

　寅、若一只止引一條，則不標號，其格式同上所述。

　卯、括弧內之文，爲惠棟註語。

　辰、此部份字句皆據《皇清經解》本抄錄。

三、中篇每條引文後「△按：」之下，爲愚所案之語也。

上篇　引　論

壹、清代《易》學

有清一代，論者號爲經學復興，實則其講求之內容，已與先朝異矣。乾隆嘉慶之際，考證之學，如暗潮漸湧，風靡草偃，究其興盛之因緣，蓋有下列諸端：

一、文字獄桎梏

世祖入關，初則重用降臣，開科取士。繼而轉採高壓政策。直至康熙初年，其勢有增無已。逮雍正嗣位，固由其天性刻薄猜忌，亦因中國已俯首帖耳不復反側，遂又重施高壓。至乾隆朝，清室已臻全盛，漢人反抗心理，殆亦消失殆盡，清廷乃益肆高壓，達於極點。故學者乃遁而轉入考證，以免蹈于不測之地。

二、漢學之拔興

古來學者於張程朱之學，稱「宋學」。清朝學風復歸於漢，故稱「漢學」。而首倡之功臣，則非顧炎武、黃宗羲二氏莫屬也。漢學本重訓詁，是清代考證之風，率起於斯。

三、明代八股之積弊

明代原是朱子學派、陽明學之末流，愈趨於空疏之境；而科舉取士，乃有所謂八股時文，其弊更熾。清初顧亭林，乃有感而發云：「八股之害，甚於焚書。」其掃塵除弊，肇發於此儒。故清代學士，乃轉趨實際。

四、科學思想之東漸

顧炎武擅於地理、金石、音韻之學，而黃宗羲於天文、曆算，尤有所長。逮至乾隆以降，漢學偃也，又因耶穌會士所傳之天文、數學，復重於歸納法則，漢學家多習之也。是漢學家之所以饒有科學精神，受其影響匪淺，其走勢亦愈趨堅挺也。

故知，清代雖名爲經學之復興期，實以考證之學起家，舉凡小學、史學、音韻、校勘、目錄、天算、地理、律呂之學，皆循經學而峰起。就其書冊，考訂整理，正其奪誤，補其闕遺，而成績燦然，爲前代所不及也。

乾嘉時代，考證之學之大家，論者分爲「吳」「皖」兩派。皖派始於戴震，此派治學，但憑客觀以考證，廣徵而博引，以斷其是非，爲世推尊爲乾嘉考證學派之主幹。吳派則始於惠棟，此派崇奉漢儒，凡漢代學者於經學之見地，皆奉爲金科玉律，是清代考證學名爲「漢學」，確立於斯。漢學之拔興，起於顧黃二氏，而惠棟《易》學受其影響之處，歷歷可見。惠棟推崇漢代虞荀諸家《易》，又同黃氏《易學象數論》一書所言，力排先天四圖，所謂後出轉精者也。

惠氏又蹈荀子法後王之思想，以言先天四圖之不可信。殆其以遠古飄虛，流傳事物愈久而愈失其眞。唯就實際之材料加以發揮，詳別考核，而不擅自杜撰附會也。此亦有清一代考證學風影響所及，以如是也。

宋人好言義理心性，獨抒己見，《易》之二派六宗，至此而備。而清儒既起，乃務摧剝宋學，宣揚漢《易》，遂蔚成風氣。首發其難者，推黃宗羲、胡渭諸人。初陳摶傳河圖洛書，邵雍朱子亦但取其數之巧合，而未暇究其太古以來，從誰授受。至宗羲，則病其末派之支離，糾本原之依托，著《易學象數論》六卷。自序云：「世儒視象數爲絕學；今一一疏通，知於《易》本無干涉，而後反求程傳，亦廓清之一端」。又稱：「王輔嗣註簡當無浮義。」而病朱子添入康節先天之學，爲添一障。而胡渭撰《易圖明辨》，專爲辨定圖書而作。其於河圖、洛書、五行、九宮、《參同契》之先天太極、龍圖易數鉤隱圖、啓蒙圖書、先天古《易》、後天之學、卦變、象數，皆有所辨定，引據舊文，互相參證，思以箝依托者之口。然此二君，於宋儒有推陷廓清之功，而於漢學象數未能深究而極宏。

至吳縣惠士奇，撰《易說》六卷，謂：「漢儒言《易》，孟熹以卦氣；京房以適變；荀爽以升降；鄭康成以爻辰；虞翻以納甲；其說不同，而指歸則一，皆不可廢。」然士奇博學無所成名，力矯王弼以來空言說經之弊，徵引賅備，而失之蕪雜。至其子惠棟，上承家學，撰有《易漢學》、《易例》、《周易述》，論者為漢學之絕者千有五百餘年，至是而燦然復彰。又因學《易》而悟明堂之法，撰《明堂大道錄》、《禘說》。錢大昕謂惠氏世守古學，而先生所得尤深，擬諸漢儒，當在何邵公、服子慎之間，馬融、趙岐輩不能及也。惟王引之頗譏惠棟考古雖勤，而識不高、心不細，見異於今者則從之，不論是非。蓋惠氏意在扶植微學，故以掇拾為主，不復加以裁斷也。以其多未論是非，而漢人之《易》，孟費之家，各有師承，勢不能合。而棟之學宗彌虞翻，有未通之處，則補之以鄭荀諸儒之說；論者亦無家法少之，未若張惠言治虞翻《易》之為專家絕學也。

張惠言謂：「自魏王弼以虛空之言解《易》；唐立學官，而漢世諸儒之說微。惟鄭荀虞三家，略有梗概可指說；而虞又較備。然則七十子之微言，田何、楊叔、丁將軍之所傳者，舍虞氏奚從也。」故求其條貫，明其統例，釋其疑滯，信其亡闕，為《周易虞氏義》九卷也；衷其大指，為《周易虞氏消息》二卷。又撰《虞氏易禮易事易候易言》，及《虞氏略例》，務以探雜索隱，存一家之學焉。

焦循之《易》，亦出家學，嘗疑同一爻辭而何以分見數處？乃遍讀說《易》之書，既悟洞淵九容之術，實通於《易》；乃以數之比例，求《易》之比例；以《易》解《易》，觸類求通，成《易通釋》二十卷。既成，復提其要，為《易圖略》八卷，發明旁通相錯時行之義；及破除舊說之非。復成《易章句》十二卷。總稱雕菰樓《易學三書》，共四十卷。蓋其為學，不拘漢魏各師法，惟以卦爻經文比例為主。晚清皮錫瑞撰《易學通論》，以張惠言為專門，焦循為通學；而謂「學者當先觀二家之書」。

皮錫瑞論《易》，常義理而黜象數，主王弼註、程《易傳》。其據《漢書》儒林傳以證孟喜陰陽炎變之說不出田王孫，而京房納甲之托孟喜也，乃深慨惠棟以來重理孟京之緒為大惑矣。他如王夫之撰《周易稗疏》，毛奇齡之《仲氏易》、《推易始末》、《春秋占筮書》，姚配中之《周易姚氏學》，江藩之《周易述補》，陳壽熊之《讀易漢學私記》，成蓉鏡之《周易釋爻例》之屬，皆清儒《易》學之有根據，有條理者；雖立說或有未純，要其創通新解，補諸前賢，多可取者也矣！〔註1〕

〔註 1〕本文所述，乃參引下列諸書：子、錢基博著《經學通志》，學人月刊雜誌社，

貳、惠棟生平傳略

夫有清一代，吳中氏族，以經義負盛名，而世擴科第者，無慮數十家。其繼世科之後，獨抱遺經，遠承絕學之人，則松崖惠先生棟。

惠棟，字定宇；松崖，其自號也。乃侍讀學士士奇之次子。先世扶風人，後從建炎南渡居湖州。明嘉靖中，九世祖倫遷於吳。曾祖有聲，始以經學授徒，與同里徐孝廉枋互尚節義。〔註2〕祖周惕，康熙辛未進士，由庶吉士改授密雲縣知縣，工詩古文，著《易傳》、《春秋問》、《三禮問》、《詩說諸書考》。父士奇，康熙己丑進士，歷官翰林院侍講學士，兩任廣東學政。以通經訓士，粵人至今誦之，著《易說》、《禮說》、《春秋說》、《大學說》、《交食舉隅》、《琴笛理數考》、《紅豆齋小草》諸書。〔註3〕祖父二人，時人呼爲老少紅豆先生。〔註4〕惠棟踵繼前業，幼即凝靜敦樸，力學不倦，以孝友忠信爲坊表。〔註5〕值弱冠，補吳江縣學生，〔註6〕後改歸元和籍。篤志勤讀，家多藏書，日夜誦習。自經、史、諸子、星官、醫藥、稗官野史、釋道二藏，以及七經毖緯之學，皆嫺熟也。〔註7〕《文獻徵存錄》云：「精力不倦，門戶素稱清德。棟又早有令名，然泊然自守，無仕進意。篤志好古，經躭註疏；史取裴、張、小司馬、顏籀、章懷註；諸子稱莊、列、荀、楊、《呂覽》、《淮南》舊註，亦並討之；小學準《爾雅》，六書依《說文》。及《急就章》、《經典釋文》、漢魏碑碣，至《玉篇》、《廣韻》而下，非所屑也。」〔註8〕其學醇行粹，所傳者遠，

民國 60 年 1 月版，頁 30～38。丑、馬宗霍著《中國經學史》，臺灣商務印書館，民國 68 年 9 月版，頁 145。寅、本田成之著《中國經學史》，古亭書屋，民國 64 年 4 月版，頁 262。卯、錢穆著《國史大綱》，臺灣商務印書館，民國 66 年 11 月版，頁 632～633。辰、《中國通史》，中國文化大學編，華岡出版公司，民國 66 年 9 月版，頁 49～490。

〔註 2〕參見王昶輯《湖南文傳》卷五五，頁 12，陳黃中撰《惠定宇先生墓誌銘》，廣文書局民國 57 年版，頁 1172。

〔註 3〕參見周駿富輯《清代傳記叢刊》第一八一冊，頁 79、王昶撰《惠棟墓誌銘》、李桓輯〈國朝耆獻類徵初編〉卷四一九經學七，頁 4。

〔註 4〕參見王昶《湖海文傳》卷五五頁 12、陳黃中撰《惠定宇先生墓誌銘》，廣文書局民國 57 年版頁 1173。

〔註 5〕參見周駿富輯《清代傳記叢刊》第十九冊，頁 185。

〔註 6〕參見《清代傳叢刊》第十九冊，頁 185。

〔註 7〕參見《商務四部叢刊》第八九冊，頁 379、錢大昕纂《潛研堂文集》卷三九，頁 1。

〔註 8〕引自《清代傳記叢刊》第十冊，頁 748，錢林輯、王藻編《文獻徵存錄》卷五，頁 16。

所積者厚，實大而聲洪，非苟然也。〔註9〕

惠棟祖父二人兼精吟詠，故棟年少時亦擅長之。其後經術日深，不復爲詩。然其序吳企晉詩，云：「昔人言詩之道，有根柢焉，有興會焉。鏡中之象，水中之月，相中之色，羚羊掛角，無跡可尋，此興會焉。本之風雅，以道其源；泝之楚騷漢魏，以達其流；博之九經三史諸子，以窮變，此根柢也。根柢原于學問，興會發于性情，二者率不可得兼。然則有兼之者，豈不褎然一大家乎？」〔註10〕惠棟不多作詩，而此論極爲精當。〔註11〕即其所言，亦文苑之士所當奉爲奎臬也。〔註12〕棟曾吟道：「若使當年傳漢《易》，王韓俗學久無存。」〔註13〕以此知《蒲褐山房詩話》所謂：「其論經必宗漢魏，六朝次之，其于史子諸書，亦必取自唐以前。」乃確然之語也。〔註14〕其論五言詩曰：「五言始于東漢，至魏後盛，然已見于經。如《易》：『不鼓缶而歌，則大耋之嗟。』《禮》：『鳴鷙拂其羽，戴勝降于桑。』非五言之絕佳者乎？〈李陵答蘇武詩〉，魏人擬漢耳，何以知之？曰：不類。蘇武傳載〈李陵詩〉，猶是騷體，與〈大風歌〉相類，是時五言詩未興也。」〔註15〕其根柢之深，殆見於此。

父友臨川李公紱，一見奇之曰：「仲孺有子矣。」（仲孺乃惠士奇之字）父士奇視學粵東，惠棟從之任所。粵中高才生蘇珥、羅天尺、何夢瑤、陳海六，時稱「惠門四子」，常入署講論文藝，與惠棟爲莫逆交。至于學問該洽，則四子皆以爲遠不如也。〔註16〕

〔註9〕參見《湖海文傳》卷五五，頁12，陳黄中撰《惠定宇先生墓誌銘》，廣文，頁1173。又見《清代傳記叢刊》第一八一冊，頁75、李桓輯《國朝耆獻類徵初編》卷四一九，頁2。

〔註10〕參見王雲五《國學基本叢書》第二一五～六冊，商務，頁325～326、王昶撰《湖海詩傳》卷十四。

〔註11〕參見《清代傳記叢刊》第二二冊，頁107、張維屏輯《國朝詩人徵略》卷三三，頁1引〈聽松廬詩話〉之文。

〔註12〕參見商務印書館《國學基本叢書》四百種第二一五～六冊，頁326、王昶撰《湖海詩傳》卷十四。

〔註13〕參見《清代傳記叢刊》第二二，頁107，張維屏輯《國朝詩人徵略》卷三三，頁1。

〔註14〕參見商務印書《國學基本叢書》四百種第215～6冊，頁325，王昶撰《湖海詩傳》卷十四。

〔註15〕參見《四部分類叢書集成續編》，《聚學軒叢書》第三集、劉世珩校《松崖筆記》卷一，頁4、詩話一則。

〔註16〕商務印書館《四部叢刊》第八九冊，頁379、錢大昕撰《潛研堂文集》卷三九，

惠棟事母至孝也，於太上感應篇自序，云：「雍正之初，先慈抱病，不肖棟日夜嘗藥，又禱於神，發願註感應篇，以祈母疾。天誘其衷，母疾有閒。」〔註 17〕乃父被讒，毀家修城，惠君往來京口，饑寒困頓。遭兩喪，不以貧廢禮也。終年課徒自給，行義至高。雖極困，得才輒分與同氣。未嘗輕事干謁，甑塵常滿，陋巷屢空，而處之坦如。閉門讀《易》，聲徹戶外。其世交多躋膴仕，義不一通書問，惟以授徒濟日而已。〔註 18〕為人刻苦勵行，不習靡曼雕琢之辭以逐時尚，不以榮累心，不以辱改節。教弟子得館穀金，悉以購書。造次顛沛之際，未嘗一日離手也。其雅愛典籍之甚，得一善本，更傾弗惜，不能，則借讀而手抄之，遠近號為讀書種子。其校勘之精審，於古籍之真贋，瞭然如辨黑白也。〔註 19〕

兩淮運使盧氏，曾館之官舍。居三年，以疾辭歸。丁丑除夕，臥病榻中，寄書于友人陳黃中，拳拳論學術人才之晉黜，其識趣之高邁，猶不欲以經師自劃也。夏侯勝有言：「經術明，取青紫如拾芥。」然觀惠君，其於經術亦稱明矣，而所遇若是之困蹇，而不以為意，豈樂天知命者歟？使移其窮經之力，而習宦試臭腐之語，固宜早登高榜，飛黃騰達於世。乃捨彼以取此，為舉世輕若鴻毛之學，不亦古人所謂聖賢者乎？〔註 20〕

乾隆十五年，又子詔舉經明行修之士，兩江總督黃公廷桂、陝甘總督尹公繼善交章論薦，有「博通經史，學有淵源」之譽也。會大學士九卿索所著書，未及呈進而罷歸。惠棟於兩公，非有半面識也。〔註 21〕子曰：「君子居其室，出其言善，則千里之外應之，況其邇者乎？」〔註 22〕今察其德行，適以稱之矣。

惠氏為清代考證學派之巨擘，其先世世傳經術，棟受家學，更多光大之處也。乃由於其治學以博聞彊志為入門，以尊古守家法為究竟。故其解經，

頁 1、惠先生棟傳。

〔註 17〕引自《四部分類叢書集成續編》、《聚學軒叢書》第一集、劉世珩校《松崖文鈔》卷一，頁 13。

〔註 18〕參見商務印書館《四部叢刊》第八九冊，頁 379、錢大昕著《潛研堂文集》卷三九，頁 1、惠先生棟傳。

〔註 19〕參見江藩著清朝《漢學師承記》、河洛圖書出版社民國 63 年版，頁 95。

〔註 20〕參見王昶撰《湖海文傳》卷五五，頁 12，廣文書局民國 57 年版，頁 1173、惠定宇先生墓誌銘。

〔註 21〕參見商務《四部叢刊》第八九冊，頁 379、錢大昕著《潛研堂文集》卷三九，頁 1。

〔註 22〕參見《周易本義》繫辭上傳第八章。

惟重尊古。棟於〈學福齋集序〉云：「明于古今貫天人之理，此儒林之業也。余弱冠即知遵尚古學，年大來，兼涉獵於藝術，反覆研求，于古與今之際，頗有省悟。」〔註23〕又謂唐宋以降之訓詁註釋不足為憑，曰：「漢遠於周，而唐又遠於漢，宜其說之不能盡通也，況宋以後乎？」乃以古今為是非之標準也。阮元曰：「棟少喜讀經，長益窮力研索，尤好古義。九經三史，非唐以前傳註不觀。考證詳博，辨說謹嚴。乾隆以後為徵學者，以棟為大宗，時號為惠九經。」蓋實錄也。〔註24〕

惠君於諸經熟洽貫串，尤邃於《易》。所著《周易述》一書，專宗於漢說，歷三十年，四五易稿，猶未卒業，其栽心孤詣類如此也。〔註25〕又撰《易漢學》八卷，乃追考漢儒《易》學，掇拾緒論，使學者得窺其門徑，其序曰：「嗚呼！先君子即世三年矣，以棟之不才，何敢輒議著述。然以四世之學，上承先漢，存什一于千百，庶後之思漢學者，猶知取證，且使吾子孫無忘舊業云。」〔註26〕棟為學獨尊於漢，故極崇漢代經師之教。嘗言：「漢經之說，立於學官，與經並行。古字古音非經師不能辨，是古訓不可改也，經師不可廢也」。由此可知，惠君之學乃純漢學也。

惠棟終身委於漢儒之學，未嘗享漢儒之遇，然甘之如飴，處之若素，介石自信，不為窮達改其所操，斯可謂篤信善道之君子矣。君於晚歲，雖衣食更蹇而名益盛。四方大夫過吳門者咸以不識君為恥。人亦以「小紅豆」稱之。其所以紹門風者，以德不以爵也。其為人和而不流，介不絕俗，為學廣博，似無涯涘也。卒於乾隆廿三年五月十二日，年六十二。〔註27〕

錢大昕於其惠先生棟傳，稱：「予嘗論宋元以來，說經之書盈屋充棟，高者蔑棄古訓，自誇心得；下者勦襲人言，以為己有；儒林之名，徒為空疏藏拙之地。獨惠氏世守古學，而先生所得尤深。擬諸漢儒，當在何邵公、服子

〔註23〕參見《四部分類叢書集成續編》、《聚學軒叢書》第一集、劉世珩校《松崖文鈔》卷二，頁6。

〔註24〕參見《清代傳記叢刊》第十三冊，頁127、《儒林集傳》錄存，〈清人說薈〉、〈儒林瑣記〉，頁12。

〔註25〕參見王昶著《湖海文傳》卷五五，頁12，廣文書局民國57年版，頁1173，陳黃中撰惠定宇先生墓誌銘。

〔註26〕引自《四部分類叢書集成續續編》、《聚學軒叢書》第一集、劉世珩校《松崖文鈔》卷一，頁7。

〔註27〕參見王昶撰《湖海文傳》卷五五，頁12、陳黃中著《惠定宇先生墓誌銘》，廣文書局民國57年版，頁1173。

愼之閒，馬融、趙岐輩不能及也。」〔註28〕其言誠是。

參、惠棟《易》學著作簡介

惠棟撰《易漢學》，其於《松崖文鈔》卷一載此書自序云：「棟趨庭之際，習聞餘論，左右采獲，成書七卷。自孟長卿以下五家之《易》，异流同源，説略備。……庶後之思漢學者，猶如取證，且使吾子孫無忘舊業云。」可見其作此書之動機也。《皇清經解續編》載八卷，其書標四十六條，分列各卷之下。卷一、二言孟長卿《易》，上下兩卷共十節，「卦氣圖說」一節載「六日七分圖」及「卦氣七十二候圖」，引論諸文，以天地運行之數爲經，天人感應之效爲緯，乃卷一、二之宗旨所在。其「消息、四正、十二消息、辟卦雜卦」四節，重出於《易例》一書中，愚論於後矣。「推卦用事日」一節，引「劉洪乾象曆推卦用事日」，及「《魏書》律曆志推四正卦術」二文，合卦與曆，以推算出某日所當値之某卦也。其「六十卦用事之月」一節，乃引論「六日七分圖」十二月各所屬之卦，以象一歲中人事消長也。「唐一行開元大衍曆經」一節，乃載以「大衍步發斂術」，推「七十二侯、六十卦用事日、五行首用事日」也。「七十二候」一節，引《乾鑿度》、唐一行「五卦候議」之文，以釋二十四節氣所値之「始卦、中卦、次卦、終卦」也。「漢儒傳六日七分學」一節，乃採諸文以徵漢儒「六日七分」之學說。此卷一卷二之宗旨，「於卦氣圖說」惠案一言足以明矣，其言也：「寒溫風雨，總以應卦爲節，是以《周易參同契》曰：『君子居室，順陰陽節，藏器俟時，勿違卦月，謹候日辰，審察消息，纖芥不正，悔吝爲賊。』」卷三乃敘虞翻易義，共六節。「八卦納甲之圖」一節，乃引論日月運行消息所値四方天干之位，各配以坤震兌乾艮消息六卦；中宮天干戊己則配坎離之義也。〔註 29〕「五位相得而各有合」一節，乃敘八卦納甲相合所屬之五行，唯其失愚於《易例》考辨例一註十九已論之矣。「用流六虛」一節，其義惠氏於〈學福齋序〉文中言之：「六甲孤虛，俗所謂旬空，而仲翔以繫辭『周流六虛』當之。」是矣。〔註 30〕「乾爲積善」一節，乃引虞

〔註28〕引自商務印書館《四部叢刊》第八九冊，頁383、錢大昕撰《潛研堂文集》卷三九，頁9。

〔註29〕其引魏伯陽《參同契》及《龍虎上經》二文，所謂「青龍、朱雀、白虎」，即《卜筮正宗》卷一「六獸歌」之三獸也。

〔註30〕參見《卜筮正宗》卷一「六甲旬空起例」、《增刪卜易》「旬空章二十六」，二

註坤文言，以闡「乾爲積善，坤積不善」之義也。「虞氏逸象」一節，乃網羅虞仲翔所傳八卦之象也。「孔文舉書」一節，乃引文以明虞《易》之長及其體識也。卷四論京房之《易》，附論干寶之《易》。此卷共七節。其「八卦六位圖」一節，乃列表說明八卦所屬五行，及每卦各爻所納之天干地支，與地支所屬之五行也。惠棟謂《火珠林》所載即此納甲法也，可以知人年命之所在，其法始於周秦，不始於漢也。〔註31〕「八宮卦次圖」一節，則引張行成之語，以釋六十四卦由本宮卦變之義。「世應、飛伏、貴賤、爻等、貞悔」五節，皆重出於《易例》一書中，參見《易例》考辨例四二——四六。卷五亦論京房之《易》，共八節。「五行」一節所引，即後世術家長生訣、三合會局、刑沖剋生、旺相休囚等《易》占法之先河也。〔註32〕「占驗」一節，乃引諸占有驗者之例條敘之。〔註33〕「京氏占風雨寒溫」一節，乃以六日七分卦法爲經，

文皆言「甲子旬中戌亥空」即裴駰所云：「甲子旬中無戌亥。」之義也。

〔註31〕惠棟引朱子發之語，謂坤卦自丑逆行而其位不起於未者，與「八卦六位圖」坤卦之載有所逆犯也。又惠案曰：「寅中生火。」寅爲木，木來生火，此即長生十二訣之一例也。

〔註32〕愚察王洪緒輯《卜筮正宗》卷一「長生掌訣」文中之十二辰爲：「長生、沐浴、冠帶、臨官、帝旺、衰、病、死、墓、絕、胎、養。」以申爲水之長生、亥爲木之長生、寅爲火之長生、巳爲金之長生，此言與京房「寅中生木」云云合，唯王氏以申爲土之長生，則不見於京說也。又京氏所謂「死金、死火、死木、死水」之位，王氏之「長生掌訣」皆在「墓」位。野鶴老人所著之《增刪卜易》所云亦同。惠棟又引《淮南子》天文訓篇曰：「木生於亥、壯於卯、死於未，三辰皆木也。」此即《卜筮正宗》卷一「三合會局歌」：「亥卯未會成木局」也。惠氏引〈高堂隆議臘用日〉云：「水始於申、盛於子、終於辰。」即《卜筮正宗》所云：「申子辰會合成水局」也。所引二文餘義，皆與《卜筮正宗》所載相合。惠氏引〈五行休王論〉曰：「立春、艮王、震相……」云云，乃以文王八卦方位次序視四時所占八卦之氣，以定其旺衰也。與《卜筮正宗》卷三「旺相休囚論」……「春令、木旺、火相……凡卦中旺相之爻……」以視爻之旺衰者不同也。惠氏又引王充《論衡》曰：「王之衝死，相之衝囚。」今人謂文王八卦相沖者，當即是義也。其引《淮南子・墬形訓篇》云：「木壯、水老、火生、金囚、土死」云云，乃以五行之生剋言也。木壯而水生之，猶水爲木之父母，故曰「水老」；木壯而生火，猶結婚以生幼子，故曰「火生」；木壯而剋土，土受其害，故曰「土死」；木壯而金剋之，木不受剋而金反無力，故曰「金囚」也。

〔註33〕其載「〈繫辭下〉曰：凡易之情近而不相得，則凶或害之。」愚察今本周易，未有此語也。又載：「《朱子語類》曰：凶或害之，如火珠林占法，凶神動與世不相關不能爲害。惟是克世則爲害。」其「凶神」者，即剋用神之爻也；「世」即「世應」之「世」，爲卜問者之主爻也。「克」即「剋」也。又引《漢書》西域傳：「《易》之卦，得大過。爻在九五，匈奴敗公車。……大過，木兆卦也。

爻變爲緯，以占天候與災祥也。「蒙氣」一節，乃引論天人之際瀆蔽覆冒之氣也。「世卦起月」例一節，引胡一桂「京《易》起月」例，其法乃無曆可尋時，專就世爻所值之位以求其月份也。愚謂此法古來多不爲人所用，當爲易占之要法也。「卦身」一節所引與《卜筮正宗》卷一「安月卦身訣」不同。〔註34〕「以錢代蓍」一節所論者，即所謂「金錢卦」也。〔註35〕「火珠林」一節，乃載諸人所論古卜筮之書也。引《朱子語類》云：「魯可幾曰：古之卜筮，恐不如今日所謂《火珠林》之類否？曰：以某觀之，恐亦自有這法。如左氏所載，則支干納音配合之意，似亦不廢。如云得屯之比，既不用屯之辭，亦不用比之辭，卻自別推一法，恐亦不廢道理也。」此語頗令人深省。卷六敍鄭玄之《易》，共六節。「十二日爻辰圖」一節，乃引敍乾坤十二爻配十二地支及十二律也。〔註36〕「爻辰所值二十八宿圖」，乃陳言鄭氏乾坤十二爻辰所值二十八星宿及二十四節氣也。「鄭氏《易》」一節，乃載鄭氏以爻辰法釋《易》義也。「乾鑿度」一節，摘取鄭註《易緯・乾鑿度》，而復加案語以疏之。〔註37〕「易正義」一節，乃引唐孔穎達《正義》，論爻辰法之失也。「附否泰所貞之辰異於他卦圖」一節，惠案引論鄭註《乾鑿度》之言也。卷七敍荀爽之《易》，共四節。「乾升坤降」所引，重出於《易例》一書，愚

外克內，應剋世之兆，所以敗也。」其大過卦九五爲酉金官鬼，初六丑土爲應爻，九四亥水爲世爻。《卜筮正宗》卷五「征戰」條，王洪緒云：「世爲我，應爲彼。世旺剋應則勝，應旺剋世則負。子爲我之將，鬼爲彼之師。」其《漢書》所占大過例，九五爻動爲官鬼，是匈奴舉師之眾也。本宮爲震，又內卦爲巽，故大過卦辭及初至五爻之辭，皆有草木之象，故曰「大過，木兆卦也。」其「外克內」者，指外卦兌金剋內卦巽木也。「應克世」者，即初六丑土應爻剋九四亥水世也。惠案所解與愚稍異。其釋「外克內」則語焉未詳也。

〔註34〕此節引干寶之語，乃以爻之五行同本宮者爲卦身，如斯者一卦有二身者多矣。引郭璞洞林，乃以世爻爲卦身，如是則每卦皆有之矣。《卜筮正宗》乃以爻之地支同世月者爲卦身，王洪緒云：「卦身爲所占事之主，若無卦身則串頭緒，倘卦身有傷，其事難成矣」，除臨升二卦各有二卦身外，餘六十二卦或有之，或無之也。

〔註35〕乃以三個錢幣，以正爲陽，背爲陰。三正爲老陽爻動變陰，二背爲陰爻動變陽，一正二背爲少陽不動，一背二正爲少陰不動也。

〔註36〕此坤之爻辰與納支法不同。納支法坤初至上依序爲未巳卯丑亥酉，而爻辰法適反其序，爲未酉亥丑卯巳。

〔註37〕惠案引王充《論衡》曰：「寅木也，其禽虎也。戌土也，其禽犬也……」即今所謂「十二生肖」也。又云：「東方木也，其星倉龍……其星白虎……其星朱雀……其星元武也。天有四之精，隆生四獸之體。」，《卜筮正宗》所載「六獸歌」及「六獸起例」，乃合其說也。

論之於《易例》考辨例五十矣。

「易尚時中說」一節，乃引荀說，論「時」「中」之大義也。「九家逸象」一節，引荀悅《漢紀》之語，敘言《易》者傳荀氏學之因也。卷八共四節，有：「辨河圖洛書、辨先天後天圖、辨兩儀四象、辨太極圖」，惠氏乃引述諸文，而論河圖洛書、先天後天圖、邵子兩儀四象說、及太極圖之不可採信之由也。此書材料豐富，爲研究漢《易》者必讀之書。惟自嫌才力疏淺，未能多得書中神髓，僅於此略作介紹也。

惠棟生平戮力之大作，非《周易述》一書莫屬也。其歷三十年而四五易稿，殆有追班馬之勢矣！是書專學漢說，而尊尚虞義也。經傳之羅列，皆準《本義》，唯鼎卦以下十五卦《經》〈彖〉〈象〉，及〈雜〉〈序〉二傳，竟未卒業，而爲門人江藩所補。文中每於卦畫之下，首書某宮某世卦，及其所屬消息之月也。次纂注文，摭取扼要之說；復列疏語，發揮詳盡之見也。凌廷堪云：「惠君生千餘年後，奮然論著。取荀、虞，旁及鄭氏、干氏、九家等義。且據劉向之說，以正班固之誤。蓋自東漢至今未析之大疑，不傳之絕學，一旦皆疏其源而導其流，不可謂非一代之儒者宗也。」〔註 38〕愚觀其書，覺凌氏之言有過實之處也矣。是書中於生剋沖合、六親、用神凶神諸法，多所疏略，惜哉！且錢基博曰：「爲解釋，成《周易述》二十三卷，專宗虞翻，而參以鄭玄、荀爽，宋咸、干寶諸家，融會其義，自爲註而自疏之；持論尤精警者：孔穎達《正義》據馬融陸績說，以爻辭爲周公作，與鄭學異；其所執者，明夷六五云：『箕子』升六四云『王用享岐山』皆文王後事，論者不能奪也！獨棟引《春秋傳》《禹貢》《爾雅》以證『王用享岐山』之爲夏后氏而非文王（參見例四二條 10）；而箕子明夷，則用漢賓之說，疏通證明，……虞翻世傳孟氏《易》，而不從荄滋之說；可見孟氏《易》不作荄滋矣。惠棟言《易》尊虞翻，何以於此獨不從虞翻乎？此不可解也！惟漢人之《易》，孟費諸家，各有師承，勢不能合。而棟之學宗禰虞翻，有未通，補以鄭荀諸儒；學者以無家法少之！」〔註 39〕其錢氏之語，頗爲公允也。又惠棟於乾九二爻辭、文言傳；乾卦辭、坤卦辭、屯卦辭、隨卦辭、臨卦辭、無妄卦辭、坤六五爻辭等註疏之語，皆有不當之處，〔註 40〕是虞翻之《易》義，本多瑕疵，惠氏又非

〔註 38〕引自《周易述補敘》，廣文書局，《惠氏易學》下冊，頁 794。
〔註 39〕參見《經學通志》，學人雜誌社，頁 32～34。又參見例三條 10 愚案。
〔註 40〕參見例三一條 1，例五一條 1、4、5、7、8，例五五條 7 愚案。

專治虞《易》，遂有移花以接木，不盡情理之失也。惠氏於書中於賁家傳下。疏曰：「卦自泰來，故云泰。……五上體乾，故云爲人。」其賁、泰兩卦五上皆非乾之半象，則「五上體乾」從何而說？於咸〈彖傳下〉疏曰：「乾爲聖人，謂否五也。」察《易例》一書「虞氏之卦大義」：謂咸自否來；然則，否之外卦爲乾，第五爻爲聖人之位，是惠氏之意也。然何不直指咸九五爲聖人耶？於恆彖傳下疏曰：「聖人謂乾，指乾五也。」然則，「虞氏之卦大義」以恆自泰來，非自乾來或否來也。咸自否來，尙可以「乾五爲聖人」說之，而此既自泰來，泰上卦爲坤，五爲陰爻，是與《易例》一書「諸例」惠棟所案：「初九、九五，爲聖人；陰失位爲小人；陰陽失爲邪。」相矛盾矣，因泰六五既爲失位之邪祟、小人，何由得「聖人」耶？惠氏此三條疏文，皆釋虞翻之註，而細審虞氏之意，其取乾爲人，或爲聖人者，乃謂此恆、賁二卦從泰來，咸自否來，而取泰之內卦及否之外卦以爲說也。故知惠棟《周易述》雖尊虞義，然或欲密而反疏也，其離虞翻之說也益遠矣！

惠棟又著《易微言》上下兩卷，學海堂《皇清經解》本乃合之於《周易述》一書後。全書標目六十有五條。上卷三十九節，其目如下：「元、體元，無、潛、隱、愛之義、微、三微、知微之顯、幾、虛、獨、蜀獨同義、始、素、深、本、至、要、約、極、一、致一、貫、一貫、忠恕、一貫之道、子、藏、養心、道、遠、玄、神、幽、幽明、妙。」下卷二十六節，其目如下：「誠、仁、善、純、精、易簡、易、簡、性命、性反之辨、三才、才、情、積、天地尙積、聖學尙積、王者尙積、孟子言積者、三五、乾元用九天下治、大、理、人心道心、誠獨之辨、生安之學、精一之辨。」是書結構與《易漢學》同，而內容則大異其趣。其顯而易見者，《易漢學》乃陳說象數之脈絡，而《易微言》則條述義理之經緯也。唯《易微言》一書徵引之文多而案語之文少；未能窺得惠氏一己之見也。

惠棟著《易例》一書，則是象數、義理兼容並蓄，爲《易漢學》、《易微言》二書之綜合型也。此書內容大義，愚已詳論於後，茲不多言。

惠惠撰《易大誼》三卷，江藩跋云：「惠松崖徵君《周易述》三十八卷，內闕十五卦及〈序卦〉〈雜卦〉二〈傳〉。其《易大義》二卷目錄云：《中庸》二卷，《禮運》一卷，闕。乾隆中葉以後，惠氏之學大行，未刻之《易例》、《明堂大道錄》、《禘說》、《易漢學》，好事者皆刊板流傳矣。惟《大義》世無傳本。嘉慶二十三年春，客游南昌，陽城張孝廉子絜出此見示，爲艮庭先師手寫本，云係徐述卿學士所贈。

手錄一帙，知非《易大義》，乃《中庸》註也。蓋徵君先作此註，其後欲著《易大義》以推廣其說。當時著於目而實無其書。嗣君漢光即以此爲《大義》耳。是註雖徵君少作，然七十子之微言，亦具在是矣。……」錢熙祚跋曰：「半農《易說》，雜取京、鄭、荀、虞之義，徵君因之撰《周易述》、《易例》、《易漢學》、《易微言》、《易大誼》諸書。意在耑主漢人，然數家之說，同源異流，勢不能合而爲一，今欲強合之，所謂治絲而棼矣。大誼未見刊本，此本題云，庚辰二月，從家心庵假得江鐵君本鈔錄，列《中庸》全文，而以《易》義解之，固不免支離傅會之失。然如云：民受天地之中以生。天地之中，命也；民受之以生，性也。云：天命之謂中，性也；率性之謂道，和也；修道之謂教，致中和也。云：道不可須臾離，故至誠無息。云：戒慎恐懼，誠之者也。云：未發爲中，已發爲和，合之則一和也，故曰中庸。云：中和，即天地之中，在人則爲情性。云：天地位，中也；萬物育，和也，既濟定也。云：無聲無臭，是不動、不言、不賞、不怒之極。又云：震爲聲，巽爲臭，乾元在震巽之先，故無聲無臭。並精簡，可於章句外備一解云。」〔註 41〕其言已備矣。

惠棟撰《周易古義》上下二卷，乃九經古義之一。文中乃釋《經》《傳》辭例形音義，計八十餘條，大率尊古而作也。

惠棟又著《明堂大道錄》八卷，其卷一《明堂總論》云：「明堂爲天子太廟禘祭、宗祀、朝覲、耕耤、養老、尊賢、饗射、獻俘、治曆、望氣、告朔、行政，皆行其中，故爲大教之宮，……是明堂之法，後人無有述而明之者矣，茲故纂集六經之文，輔以諸儒之說，以表明列聖治天下之大，專名爲《明堂大道錄》。大道者，取諸禮運，蓋其道本乎易而制寓于明堂，故以署其篇云。」其作此書之因緣，由是可見矣。

另惠棟著單篇論文，散見於《松崖文鈔》《松崖筆記》《九曜齋筆記》，如《松崖文鈔》卷一〈易論〉，乃論「時」「中」「和」之義；〈重卦考〉一文乃論孰先重卦；〈易漢學自序〉〈太上感應篇自序〉二篇略舉立書之旨。卷二〈書蔣盤漪臨李少溫謙後〉一篇，乃言版本字體之異。〈學福齋集序〉一篇，舉數事言之，如：「六候三白」「坤東北喪朋」「火珠林」等，尤以「小畜九五，富以其鄰，以巽四爲財，則無異今三錢占矣。六甲孤虛，俗所謂旬空。」「易道

〔註 41〕二文皆引自新文豐出版公司《叢書集成新編》第十七冊，頁 40～41。

在天，三爻足矣。」「東北喪朋，以合于乾。」「唐六典五行十二氣，俗謂長生法，而金生于巳。」諸語，足發人省思也。《松崖筆記》卷一〈貞悔下中上〉一文引京房語，兼言「互體、約象」也。〈子夏易傳〉一文，疑為非子夏作。〈日甲月庚〉一文乃釋爻辭「先甲後甲、先庚後庚」之「甲庚」義也。卷三〈推易始末〉一文，乃評蕭山毛甡所作「推易始來四卷」之失。〈河圖洛書〉一文，以為今見者乃後人偽作，《九曜齋筆記》卷一〈焦京易學〉一文，謂易林為京房易傳所本也。〈卦氣〉一文，乃論其始末。卷二〈河圖〉一文載雒書靈准聽之一段。〈錄圖〉一文錄漢志一段。〈九宮〉一篇引王水玄珠密語生稟化源紀篇之語，乃釋「九宮」之義，又云：「造化二字，即陰陽相生也。究其本宗，則陰陽並生於太初也。後來陰陽相生也。即陽中生陰，陰中生陽也。即陽極陰生，陰極生陽也。」頗可取焉。〈洪範學〉一文，論《尚書》〈洪範〉之影響也。

肆、惠棟《易例》之蒐羅

一、義理方面

惠棟《易例》一書，引文以申易道之恢宏，探究天人之際者，愚皆歸納如左：（目次如中篇所列）

△ 例一「太極生次」——條 3 引《禮記》及《正義》；條 4 引《呂覽》及高誘註。

△ 例二「太易」——條 1《乾鑿度》及鄭註；條 2 引《老子道德經》、《禮記曲禮正義》引河上公註。

△ 例三「易」——條 4 引《禮記・祭義》及鄭註、《周禮》；條 5 引《論語》；條 8 引《淮南子・泰族訓》；條 9 引《莊子》；條 10 引《漢書》儒林傳；條 13 引《漢書・藝文志》；條 14 引阮籍語；條 15 引紀瞻語；條 16 引褚澄語。

△ 例九「天地之始」——引〈序卦〉之干寶註。

△ 例十三「易初爻」——引虞仲翔《易》義、《史記・太史公自序》、《參同契》。

△ 例十八「扶陽抑陰」——條 1 引《公羊傳》、註；條 2 引董仲舒《春

秋繁露》。

△　例十九「陽道不絕陰道絕義」——條5引《白虎通》。

△　例二十「陽無死義」——條3引《論語》及包咸註、荀註；條4引《韓非子・解老篇》；條5引《荀子・儒效篇》。

△　例二一「中和」——條2引《乾鑿度》；條5引《乾鑿度》；條6引《周易述》；條7引《周禮・大司徒》及鄭註；條8引《中庸》及朱熹註、張湛列子註；條9引《中庸》；條10引《中庸》、《周禮》、馬融《周禮傳》、鄭玄《中庸》註；條11引孟子及趙岐註、〈禮器〉及鄭註；條14引《揚雄・法言》；條14引《莊子・消搖游》及揀補註。

△　例二二「詩尚中和」——引《荀子・勸學篇》。

△　例二三「禮樂尚中和」——條1引《周禮・大司徒》；條2引《周禮・大宗伯》；條3引《樂記》、《荀子・勸學篇》；條4引《淮南子・精神訓篇》及高誘註；條5引荀悅《申鑒》；條6引〈禮器〉、盧植《後漢書・祭祀志》註；條7引項威《漢書》註。

△　例二四「君道尚中和」——引《洪範・五行傳》及鄭註。

△　例二五「建國尚中和」——引《周禮・大司徒》。

△　例二六「春和尚中和」——條1引《三統曆》及顏師古註、《公羊傳疏》；條2引賈逵《春秋左傳》註；條3引《淮南子・氾論訓篇》。

△　例二七「中和」——引《白虎通》、董仲舒《春秋繁露・循天之道篇》，虞註繫下。

△　例二八「君道中和」——條1引越紐錄一語；條2引范子語；條3引《白虎通》；條4引《白虎通》；條5引《周書・度訓》；條6引揚雄《法言・先知》篇；條7引揚雄《法言・先知篇》。

△　例三十「卦無先天」——條1引《荀子・成相篇》；條2引干寶〈序卦〉註。

△　例三一「古有聖人之德然後居天子之位」——條2引《漢書》蓋寬饒傳；條3引〈禮運〉及鄭註；條4引《孟子》及趙岐註，《墨子》公孟子之語；條5引《文選》；條6引《周書》殷祝之語及孔晁註；條7引《中庸》及鄭註。

△　例三三「中正」——引《荀子・宥坐篇》。

△　例三四「時」——引《戰國策》。

△　例三六「升降」——條 1 引《呂覽・五月紀》及高誘註；條 2 引《尚書大傳》；條 3 引揚雄《太玄經》。
△　例五六「甲子卦氣起中孚」——條 1 引《老子道德經》及河上公註；條 2 引《淮南子・泰族訓篇》、《參同契》。
△　例五七「既濟」——引《莊子・田子方篇》及郭向註。
△　例五八「剛柔」——引《論語》二條、《老子》語。
△　例五九「天道尚剛」——引《後漢書・丁鴻傳》及註。

綜合上所列者，除《周易》卦爻辭及十翼之引文外，有：《周禮》及鄭玄註、《馬融傳》，《禮記》及《正義》、鄭註，《尚書》及鄭玄註，《公羊傳》及註、疏，賈逵《春秋左傳註》，《論語》及包咸註，《中庸》及朱熹註，《尚書大傳》，《乾鑿度》及鄭玄註，虞翻《易》註，荀爽《易》註，干寶《易》註，《周易述》，《史記》，《漢書》及項威註，《後漢書》盧植註及章懷太子註，《周書》，《戰國策》，《老子》及河上公註，《孟子》及趙岐註，《荀子》，《韓非子》，《莊子》及郭向註、揀補註，《墨子》，《呂氏春秋》及高誘註，張湛《列子》註，《淮南子》及高誘註，《白虎通》，董仲舒《春秋繁露》，揚雄《太玄經》、《法言》，荀悅《申鑒》，《參同契》，《三統曆》及顏師古註，范子語，阮籍語，紀瞻語，褚澄語，越紐錄，《文選》。

由此觀之，惠棟雖為漢《易》象數學派之大家，猶不乏於義理上之發掘，其徵引之廣，材料之碩，足見惠氏學養之豐盈。

二、象數方面

惠棟《易例》一書，引文以言象舉數者，歸納如左（目次如中篇所列）：
△　例一「太極生次」——條 1 引《乾鑿度》；條 2 引虞〈繫上〉註。
△　例三「易」——條 1 引《尚書・皋陶謨》；條 2 引《說文》；條 3 引荀爽註；條 11 引《參同契》、虞翻註、《說文》；條 17 引顏延之語。
△　例四「伏羲作《易》大義」——引《太玄經》、馬融《易》註、蔡邕語、《論語》、京房《章句》。
△　例五「伏犧作八卦之法」——條 2 引虞仲翔〈繫下〉註。
△　例六「大衍　太極」——條 2 引《尚書・洪範》及鄭註、楊子語。
△　例七「元亨利貞大義」——引虞翻〈彖辭〉註、《穀梁傳》、《乾鑿度》

及鄭註、虞翻〈繫下〉註、《參同契》。

△　例八「利貞」——引虞翻《易》註、《荀子・臣道篇》。

△　例十「象五帝時書名」——引《尚書・堯典》、〈皋陶謨〉、《周禮》、《春秋傳》。

△　例十三「易初爻」——引虞翻《易》註、《易緯》。

△　例十四「虞氏之卦大義」——引荀爽《易》註、姚元直《易》註、范長生《易》註、侯果《易》註、盧氏《易》註、虞翻《易》註、李挺之〈六十四卦相生圖〉、朱子《本義・卦變圖》。

△　例十五「占卦」——引《易林補遺》、《左傳》、《穆天子傳》、《國語》。

△　例十六「左氏所占皆一爻動者居多」——引《易林補遺》、《左傳》。

△　例二十「陽無死義」——條1引荀註；條2引荀註。

△　例二一「中和」——條3引荀註；條4引荀註：5引《太玄經》。

△　例二五「建國尚中和」——引《周禮・大司徒》（義理兼象數）。

△　例二七「中和」——引《白虎通》（義理兼象數）、董子《繁露》（義理兼象數）。

△　例三十「卦無先天」——條2引邵雍所傳〈先天圖〉。

△　例三一「古有聖人之德然後居天子之位」——條1引《周易述》。

△　例三六「升降」——條3引《太玄經》（義理兼象數）。

△　例四二「世應」——條1引京房《易》；條2引《乾鑿度》及鄭註；條3引《乾鑿度》及鄭註；條4引《左傳正義》；條5引干寶《易》註；條6引九家《易》註；條7引干寶《易》註；8引荀爽《易》註；註9引荀爽《易》註；條10引干寶《易》註：條11引干寶《易》註；條12引干寶《易》註；條13引九家《易》註；條14引劉禹錫〈辯易九六論〉；條15引《京房易傳》及陸績註、樸菴先生《易》說；條16引惠士奇《易》；條17引干寶《易》註；條18引干寶《易》註；條19引荀爽《易》註；條20引荀爽《易》註；條212引荀爽《易》註、九家《易》註、惠士奇《易》。

△　例四三「飛伏」——條1引朱子發《易》、《史記》；條2引《唐六典》；條3引《京房易傳》、朱子發《易》；條4引荀爽《易》、王弼《易》註；條5引虞仲翔《易》註；條6引虞仲翔《易》註；條7引荀爽《易》註；條8引荀爽《易》註；條9引虞仲翔《易》註；條10引

荀爽《易》註；條11引虞仲翔《易》註；條12引九家《易》註。

△ 例四四「貴賤」——條1引乾鑿度；條（甲）引干寶《易》註；條2引荀爽《易》註；條3干寶《易》註；條4虞仲翔《易》註；條5引荀爽《易》註；條6引虞仲翔《易》註；條7引九家《易》註；條8引崔憬《易》註。

△ 例四五「爻等」——條1引干寶《易》註；條2引《京房易傳》；條3引《京房易傳》、《抱朴子》；條4引《淮南子·天文訓》；條5引《參同契》、《左傳》、鄭玄《尚書·洪範》註；條6引干寶《易》註；條7引九家《易》註；條8引九家《易》註；條9引《漢書·王莽傳》及服虔註、孟康註、京房《易》。

△ 例四六「貞悔」——條1引《尚書·洪範》及鄭註；條2引《左傳》；條3引《國語·晉語》及韋昭註；條4引《京房易傳》；條5引《唐六典》；條6引胡炳文《易》。

△ 例四七「消息」——條5引荀爽《易》註；條6引虞仲翔《易》註；條7引九家《易》註；條8引《乾鑿度》；條9引《史記》及皇侃註；條10引《漢書》及孟康註；條11引《後漢書》。

△ 四八「四正」——條1引翟玄〈文言〉註；條3引孟氏《章句》；條4引《易緯·是類謀》；條5引鄭玄《易緯·通卦驗》註；條6引孟康《漢書》註；條7引魏《正光曆》、薛瓚《漢書》註、《京房易傳》；條8引《易緯·乾鑿度》及鄭玄註、《京房易傳》；條19引《漢書》。

△ 例四九「十二消息」——例1引虞仲翔《易》註；條2引虞仲翔《易》註；條3引荀爽《易》註；條4引虞仲翔《易》註；條5引九家《易》註；條6引干寶《易》註、鄭玄《乾鑿度》註；條7引《春秋緯》、《樂緯》、陳寵語、鄭玄語；條8引《易緯·乾鑿度》；條9引《參同契》；條10引《禮記·月令》及《正義》。

△ 例五十「乾升坤降」——條1引荀爽《易》、《左傳》、虞仲翔《易》、王弼《易》註；條2引虞仲翔《易》註；條3引荀爽《易》註；條4引荀爽《易》註；條5引荀《易》註；條6引荀爽《易》註；條7引荀爽《易》註；條8引荀爽《易》註；條9引荀爽《易》註；條10引荀爽《易》註；條11引宋衷《易》；條12引荀爽《易》註；條13引荀爽《易》註；條14引荀爽《易》註；條15引虞仲翔《易》

註；條 16 引荀爽《易》註；條 17 引荀爽《易》註。

△　例五一「元亨利貞皆言既濟」——條 1 引《周易述》；條 2 引虞註；條 3 引荀註；條 4 引《周易述》；條 5 引《周易述》；條 6 引虞註；條 7 引《周易述》；條 8 引《周易述》；條 9 引《周易述》；條 10 引虞註；條 11 引虞註。

△　例五二「諸卦既濟」——條 2 引虞註；條 4 引虞註；條 5 引虞註；條 6 引虞註；條 7 引虞註；條 8 引虞註。

△　例五三「用九用六」——條 1 引《左傳》；條 2 引《乾鑿度》。

△　例五五「用九用六之法在乾坤二卦」——條 1 引虞註；條 2 引荀註；條 3 引荀註；條 4 引荀註；條 5 引九家《易》；條 6 引九家《易》；條 7 引《周易述》；條 8 引《周易述》。

△　例六三「九六義」——引《左傳》及劉炫規過語、九家《易》、《周易正義》、賈公彥《周禮・太卜疏》、崔憬《新義》、張譏乾卦《正義》、鄭玄《易》註、《五經正義》、《周禮疏》、《儀禮疏》、《公羊傳疏》、王厚齊《鄭易集註》、《古易》、虞仲翔《易》註、《周禮・太卜》、《太玄經》、《三統曆》、楊傑賦語。

△　例六四「兩象易」——條 1 引虞註；條 2 引虞註；條 3 引虞註；條 4 引虞註；條 5 引虞註。

△　例六五「反卦」——條 1 引虞註；條 2 引虞註；條 3 引虞註；條 4 引虞註；條 5 引虞註；條 6 引虞註；條 7 引荀註；條 8 引朱震《周易叢說》；條 9 引九家《易》註；條 10 引虞註；條 11 引虞註；條 12 引《正義》。

△　例六六「反復不衰卦」——條 1 引《周易述》；條 2 引虞註；條 3 引虞註；條 4 引朱熹《語類》。

△　例六七「半象」——條 1 引虞註；條 2 引虞註；條 3 引虞註；條 4 引虞註；條 5 引虞註；條 6 引虞註；條 7 引虞註；條 8 引虞註；條 9 引《說文》、虞註。

△　例六八「爻變受成法」——條 1 引虞註；條 2 引虞註；條 3 引虞註；條 4 引虞註。

△　例六九「諸卦旁通」——引陸績註乾〈文言〉。

△　例七十「旁通卦變」——條 1 引虞註；條 2 引虞註；條 3 引虞註。

△ 例七一「旁通相應」——條 1 引虞註；條 2 引虞註；條 3 引虞註。

△ 例七二「震巽特變」——條 1 引虞註；條 2 引虞註；條 3 引虞註；條 4 引虞註；條 5 引虞註；條 6 引虞註；條 7 引虞註；條 8 引虞註；條 9 引虞註；條 10 引虞註；條 11 引虞註；條 12 引虞註。

△ 例七五「諸例」——條 1 引虞註。

△ 例七七「君子 小人」——條 1 引《乾鑿度》及鄭註。

△ 例七八「離四爲惡人」——條 2 引虞註；條 3 引虞註；條 4 引虞註；條 5 引虞註。

△ 例七九「五行相仁」——引《禮記・月令》。

△ 例八一「乾爲仁」——引虞註、《史記》、《管子》。

△ 例八二「初爲元士」——引《士冠禮記》及鄭註、鄭玄〈郊特牲〉註。

△ 例八三「震爲車」——引《國語・晉語》。

△ 例八四「艮爲言」——引杜預《左傳》註、《春秋傳》。

△ 例八五「中秋之本　贊化育之本」——引虞註。

△ 例八六「乾五爲聖人」——引虞翻語。

△ 例九十「《易》例」——引《公羊傳》。

綜合上所列者，除周易卦爻辭及十翼之引文外，有：京房《易》及陸績註，京房《章句》，虞翻《易》註，荀爽《易》註，鄭玄《易》註，九家《易》註，干寶《易》註，《古周易》，孟氏《章句》，《易緯・乾鑿度》及鄭註，《易緯・是類謀》，《易緯・通卦驗》，王弼《易》註及〈略例〉，范長生《易》註，侯果《易》註，盧氏《易》註，崔憬《周易新義》，胡炳文《易》，宋衷《易》，樸菴先生《易說》，惠士奇《易說》，朱子發《易》，姚元直《易》，翟玄《易》，陸績《易》註，《周易正義》，張譏乾卦《正義》，王厚齋《鄭易集註》，朱震《周易叢說》，《朱子本義》、《語類》，《周易述》，《尚書》及鄭玄註，《禮記》及鄭玄註，《周禮》及賈公彥疏，《儀禮》及疏，《樂緯》，《春秋緯》，《左傳》及杜預註、《正義》，《穀梁傳》，《論語》，《史記》及皇侃註，《國語》及韋昭註，《漢書》及服虔註、孟康註、薛瓚註，《後漢書》，《穆天子傳》，《荀子》，《管子》，董仲舒《春秋繁露》，《淮南子》，《白虎通》，《參同契》，《抱朴子》，《太玄經》，邵雍《先天圖》，《三統曆》，《魏正光曆》，陳寵語，蔡邕語，顏延之語，楊子語，楊傑賦語，劉炫語，劉禹錫〈辯易九六論〉，《說文》。

由以上所列觀之，惠棟於象數之蒐羅，見識之廣博，今人難以匹之也。其最善虞翻《易》，故引之者最多，荀爽易則次之也。

伍、惠棟《易例》之淵源

此章所討論者，愚乃就《易例》一書中所舉之每一例，言其濫觴之時、地、人也。目次如中篇所列。

「太極生次」一例，始見於〈繫辭傳上〉「易有太極，是生兩儀，兩儀生四象，四象生八卦。」此〈繫辭〉之作當不早於韓非之時，愚論之於例十矣，則此例之名義可始於戰國韓非之時也。

「太易」一例，惠棟乃引《乾鑿度》語，此語亦見於《列子・天瑞篇》。或謂《列子》乃後人僞作，故愚不言之也。

「易」一例，乃取〈繫辭〉所載而引論之。卦爻辭，大壯六五云：「喪羊于易。」朱熹云：「易，容易之易……或作疆埸之埸，亦通。」〔註42〕故知旅上六云：「喪牛于易。」亦然。愚以爲此二文之「易」作「疆埸」爲是，非「容易」也。大壯六五〈象傳〉、旅上六〈象傳〉同之。大有六五〈象傳〉曰：「易而無備也。」朱熹《本義》曰：「太柔，則人將易之而無畏備之心。」然愚觀爻辭「威如，吉。」則〈象傳〉此語，當以《正義》所云：「唯行簡易，無所防備，物之畏之。」爲是。條 2 引《說文》據祕書曰：「日月爲易。」《參同契》亦曰：「日月爲易。」愚以爲非「易」之本義或引申義，乃釋形而誤也。又〈繫辭〉曰：「易者，象也。」例十愚案謂「象」亦爲官名，是此例之「易」名義，非發於〈象傳〉，即始於〈繫辭傳〉也。

「伏羲作易大義」一例，惠棟乃綜論〈繫辭傳〉與〈說卦傳〉前二章。而〈帛書周易〉〈繫辭傳〉包含今本〈說卦傳〉前二章，故此例之名義，乃肇於〈繫辭傳〉也。

「伏羲作八卦之法」一例，亦綜論〈繫辭傳〉與〈說卦傳〉前二章，故其名義亦如例四，始於〈繫辭傳〉也。

「大衍　太極」一例，二詞皆始見於〈繫辭傳〉，故此例之名亦始於其書。

「元亨利貞大義」一例，始見於《左傳》襄公九年穆姜釋《周易》隨卦辭。〈文言傳〉解其義，依黃師慶萱之意，有全釋法、二分法、三分法、四分

〔註42〕見《周易本義》，皇極出版社，民國 69 年 10 月版，頁 129。

法，則文言傳顯然爲薈集之作，是晚於《左傳》襄公九年所載也。故此例名義，當首於《左傳》。

「利貞」一例，其名始於卦辭，而其義則始見於《左傳》及〈彖傳〉。愚案則以爲「貞」字非「正」義或《左傳》所載之義，乃「卜問」也。惠棟於其例七、例八之案語所釋，以「既濟」法解之，更離本義遠矣。

「天地之始」一例，惠棟引〈序卦傳〉曰：「有天地，然後萬物生焉。」然則，此例之名義，取於〈序卦傳〉矣。

「象五帝時書名」一例，此例爲惠棟發明之例，愚案以爲「象」當爲官名是也。

「八卦」一例，此例名義始見於〈繫辭傳〉。

「兼三才」一例，此例名義始見於〈繫辭傳〉。

「《易》初爻」一例，此例爲惠棟所舉以申論者也。

「虞氏之卦大義」一例，此例名義溯於虞翻也。

「占卦」一例，易占最早可見者爲《左傳》所載。「占」字之名可追溯於《尚書・洪範篇》。

「左氏所占皆一爻動者居多一例」，此例乃專言《左傳》所載之占例也。

「陰爻居中稱黃」一例，此爲惠棟所發明者也。

「扶陽抑陰」一例，此惠棟所引論之例也。

「陽道不絕陰道絕義」一例，此例名義始見於惠棟所舉《白虎通》之語也。

「陽無死義」一例，此惠棟引荀註以發明者也。

「中和」一例，此例名義始於《中庸》。而舉之以言《易》則權輿於《三統曆》荀註、《乾鑿度》、《白虎通》、董子《繁露》諸書。

「詩尚中和」一例，此例爲惠棟引荀子以發明者。

「禮樂尚中和」一例，此例名義始見於《周禮》。惠棟舉以成一例。

「君道尚中和」一例，比例與「君道中和」一例雷同，其說見於鄭玄〈洪範〉註、《越紐錄》、《白虎通》諸書，惠棟舉之以成一例也。

「建國尚中和」一例，此例名義見於《周禮・大司徒》，惠棟舉之以爲例。

「春秋尚中和」一例，此例名義見於《三統曆》、賈逵《左傳》註、《淮南子》諸書，惠棟舉以爲例者也。

「中和」一例，同前例所述。

「君道中和」一例，同前「君道尚中和」例中所述。

「《易》氣從下生」一例，缺引文或案語，然《乾鑿度》云：「易氣從下生。」則此例名義始見於是書。

「卦無先天」一例，宋胡渭之《易圖明辨》，及清黃宗羲《易學象數論》於邵雍、朱熹所傳先天圖，皆辨其不可信也。而條 2 惠棟已引干寶語，其意以先天可存而不論，與惠棟「卦無先天」似仍有差別。「存」者非「無」也。然則，此例乃惠棟承胡、黃二氏而立者也。

「古有聖人之德然後居天子之位」一例，此例乃惠棟承荀爽「升降」《易例》，取乾九二爻辭及〈文言傳〉以發明者也。

「緯書所論多周秦舊法不可盡廢」一例，此例缺引文或案語。然觀文以知義，乃惠棟就緯書而立者也。

「中正」一例，乃肇於〈彖〉〈象〉二傳，屈萬里云：「案中正、正中、中直等義，經中雖無明文。然於中正之爻，皆繫以吉辭。於以徵知〈彖〉〈象傳〉之義，蓋深有當於經旨也。」。〔註 43〕

「時」一例，此例之名義屢見於〈彖傳〉、〈文言傳〉及〈繫辭傳〉。

「中」一例，缺引文或案語。比例之名義巳於爻辭有微矣。如師九二：「在師中吉。」

泰九二：「得尚于中行。」家人六二：「在中饋。」夬九五：「中行無咎。」屈萬里曰：「〈彖〉〈象傳〉以中義說之，得經誼矣。」〔註 44〕其言是也。以三四爻爲中者亦始於爻辭；以二至五爲中則始於〈繫傳〉。

「升降」一例，屈萬里云：「升降之說，始於荀爽。」〔註 45〕然惠棟引《呂覽》及《尚書大傳》及《太玄經》釋之，則止於升降二字之通義耳。

「大衍之數五十一章即伏犧作八卦之事後人用之作卜筮即依此法」一例，缺引文，殆惠棟承前說而立此。

「左傳之卦說」一例，缺引文或實說，此惠氏取《左傳》之爲例者。

「承乘」一例，缺引文或或案說，「乘」字始現於〈彖傳〉有夬、歸妹；〈象傳〉有屯六二、噬嗑六二、困六三、震六三。「承」字於爻辭，〈彖〉〈象〉二傳雖皆有之，然非《易例》也。虞翻《易》註多載之，見於集絕本有大壯

〔註 43〕見《先秦漢魏易例述評》，學生書局，民國 64 年 3 月版，頁 42。

〔註 44〕見同註 43，頁 17。

〔註 45〕見同註 43，頁 117。

九三、坎六三、坎六四、遯九四、蹇初六。屈氏謂〈彖〉〈象〉傳之「遇剛」即「承」義也。〔註46〕然則，「承」之義始於〈彖〉〈象〉二傳也。

「應」一例，此例缺引文，其字例始現於〈彖傳〉者有：師、比、小畜、豫、臨、無妄、恆、遯、睽、萃、升、鼎、未濟。

「當位不當位」一例，此例始現〈彖〉〈象〉二傳，請詳參惠案及愚案。

「世應」一例，屈萬里云：「八宮卦世應、遊魂、歸魂之說，皆起於京房。」〔註47〕

「飛伏」一例，屈萬里曰：「其說倡於京房。」〔註48〕

「貴賤」一例，屈萬里曰：「以爻位配官爵，始見於《京氏易傳》及《易緯・乾鑿度》。」〔註49〕

「爻等」一例，此例名義乃始於干寶註〈繫辭傳〉（見條1），而其例頗雜，散見於京氏易傳、火珠林。「八卦六位」，屈萬里曰：「火珠林載有八卦六位圖，以五行十干十二支，分屬於八卦各爻，說者謂即京房之術。」〔註50〕「六親」例，徐芹庭曰；「六親爻例起於《京氏易傳》。」〔註51〕

「貞悔」一例，此例名義始見於條1所引尚書洪範篇。

「消息」一例，惠棟又舉「十二消息」例，則惠棟於「消息」一例，乃釋此二字之通義耳。依惠棟所引之文，知其意以彖傳為名義之始矣，如剝〈彖〉：「君子尚消息盈虛。」豐〈彖〉曰：「與時消息。」臨〈彖〉曰：「消不久也。」而愚謂升上六〈象傳〉亦曰：「消不富也」皆類是。

然屈萬里於《先秦漢魏易例述評》一書「〈彖〉〈象〉傳例」中云「又或以陰陽消長為說，類漢人所謂消息者。臨〈彖傳〉：『剛浸而長。』謂二陽在下相連，有浸長之象也。剝〈彖傳〉：『剝，剝也，柔變剛也。』遯〈彖傳〉曰：『小利貞，浸而長也。』謂二陰爻在下相連，有漸長之象也。夬〈彖傳〉曰：『夬，決也，剛決柔也。』」（學生書局，頁 6）屈氏又於「十二消卦」一例中云：「案消息之義，〈彖傳〉已發其端；在漢人《易》例中，最為於古有徵。案〈彖傳〉於剝曰：『柔變剛』，即漢人所謂陰消乾。於夬曰：『剛決柔』，

〔註46〕見同註43，頁42。
〔註47〕見同註43，頁99。
〔註48〕見同註43，頁103。
〔註49〕見同註43，頁107。
〔註50〕見同註43，頁104。
〔註51〕見《兩漢十六家易註闡微》，五洲出版社，民國64年12月版，頁74。

即漢人所謂陽息坤也。漢人以此例說經，雖未必便合經旨，然於〈彖傳〉則有據矣。」又曰：「案〈彖傳〉，於息卦則曰『剛決柔』，於消卦則曰「柔變剛』，不以消息為名也。其曰：『君子尚消息盈虛，天行也』者，義即豐彖傳之『日盈則昃，月盈則食，天地盈虛，與時消息。』君子尚此，以持盈守戒而已。京房上封事，乃有『少陰倍力而乘消息』之語，以復姤等十二卦為消息，始見於此。……知西漢末葉，此名已盛行矣。」〔註 52〕然則，屈氏之見與惠棟不同者，在於屈氏以〈彖傳〉即有消息之義而無以之為《易例》名者也，且屈氏謂〈彖傳〉言「剛決柔」，即言消息卦變也。

「四正」一例，依惠棟於條 1 所引〈說卦傳〉「震、東方也」云云，知其意以此例名義源於〈說卦傳〉也。徐芹庭曰：「虞氏於乾文言大有、豫……諸卦註皆以震、春；兌、秋；坎、冬；離、夏為釋。此乃據〈說卦傳〉而推知者，此四方卦於卦氣卦候，屬於四方伯之卦，分主春夏秋冬四時（孟喜、焦贛、京房亦云然），配以四方之位，則震為東方，離為南方、兌為西方、坎為北方。此亦本之〈說卦傳〉。」〔註 53〕

「十二消息」一例，屈萬里於《先秦漢魏易例述評》一書「〈文言傳〉例」中云：「坤上六兼於陽春，案十二消息卦，坤盡則一陽生於下為復，復於時為十一月。《呂氏春秋》仲冬紀曰：『是月也，陰陽爭，諸生蕩。』仲冬為十一月，正坤入復之時。〈文言傳〉之陰凝於陽必戰，正《呂氏春秋》之陰陽爭矣。然〈文言傳〉僅此數語，是否即如漢人十二消息之說，尚難遽定也。」又於「十二消息卦」例中云：「以消息卦配十二月，〈文言傳〉已有疑似之言，而確立於孟喜。而辟君之義，孟喜前則無聞也。」〔註 54〕其言是也。

「乾升坤降」一例，依惠氏所引諸條多為荀爽《易》註，則惠棟於此例乃專言漢代《易》例者也，然則屈萬里謂：「升降之說，始於荀爽。」亦漢例也。

「元亨利貞皆言既濟」一例，此例為惠棟所發明者，亦為惠氏《易》說之主幹也。而此例之作，乃承荀爽「升降」之說，及虞翻「成既濟定」之例而來也。「諸卦濟」一例，屈萬里曰：「虞氏卦變之例凡四……不正之爻，皆當變之正，以成既濟定，二也。」，〔註 55〕然則，「既濟」例始於虞氏也明矣。

〔註 52〕見同註 43，頁 81。
〔註 53〕見同註 51，頁 70。
〔註 54〕見同註 43，頁 46、81。
〔註 55〕見同註 43，頁 136。

「用九用六」一例，此例名義皆始見於乾坤爻辭，然惠案所云，條 1 爲引申義，條 2 則近爻辭義也。

「用九」一例，同右例所述。然條 1 惠案非乾坤用九用六之本義也。

「用九用六之法在乾坤二卦」一例，同右例所述。然惠棟以「升降」法說之，非本義也。

「甲子卦氣起中孚」一例，其名義始見於《易緯・稽覽圖》也。

「既濟一例」，其名始見於既濟卦也，其《易》義則見於〈彖傳〉。惠案引《莊子・田子方篇》之語，則爲通義耳。

「剛柔」一例，以之爲《易》例之名義者，肇於〈彖〉〈象〉二傳。

「天道尙剛」一例，此例名義始見於惠案引《後漢書》註文。

「君道尙剛不尙柔」一例，缺引文或案語，故從略。

「七八九六」一例，「九六」見於爻，《左傳》史墨所言尙未有之，而坤六二〈象傳〉云：「六二之動。」故「九六」之名入於經文殆介於二者之際也。左傳載「之八」之例，《國語》亦有之，唯是否同於《周易》占法，不可確知。今人多謂「七八九六」即大衍之數章所載之筮法，吾疑此四數乃殷周時期數卦之改良筮法也（參見例五愚案）。若大衍筮法其成卦之數即此四數，則其義可確始於此筮法也。

「天地之數止七八九六」一例，此爲惠棟發明之例也。

「九六義」一例，同例六一。又參此例愚案。

「兩象《易》」一例，屈萬里曰：「其說肇自虞翻。」〔註 56〕

「反卦」一例，屈萬里曰：「《經》卦以此爲序，〈彖傳〉等亦以此義爲說。虞氏用以解《易》，於經傳爲有徵矣。」〔註 57〕

「反復不衰卦」一例，其名乃源自虞註（見條 2），其義則取自乾〈象傳〉（見條 1）。

「半象」一例，屈萬里云：「半象之說，創自虞翻。」〔註 58〕

「爻變受成法」一例，即屈氏所謂「三變受上」之例，其云：「說亦虞翻所創。」〔註 59〕

〔註 56〕見同註 43，頁 131。
〔註 57〕見同註 43，頁 135。
〔註 58〕見同註 43，頁 130。
〔註 59〕見同註 43，頁 147。

「諸卦旁通」一例，屈萬里曰：「說亦創自虞翻。」〔註60〕惠棟引乾〈文言傳〉，則知其意以「旁通」義始自〈文言傳〉也。然屈萬里曰：「虞氏取其名而變其義，已違〈文言傳〉之旨。」是屈氏不以爲然也。

「旁通卦變」一例，同右例所述。

「旁通相應」一例，亦創自虞翻。

「震巽特變」一例，此例創自虞翻，而虞氏乃取〈說卦傳〉「震其究爲蕃鮮」「巽其究爲躁卦」之義而立者。

「君子爲陽大義」一例，此例爲惠棟據泰否〈彖傳〉而立之例，其義則始于〈彖傳〉也。

「說卦方位即明堂方位」一例，缺引文，惠棟於例四案：「四時，明堂之本也。」則知此例亦惠棟所創。

「諸例」一例：條1：「自內曰往，自外曰來」者，「往來」之外，始見於泰否二卦之辭；此例則肇於〈彖傳〉也。如無妄〈彖傳〉云：「剛自外來，而爲主於內。」蹇〈彖〉曰：「往得中也。」皆是。「內卦爲主，外卦爲賓、爲客」者，無妄〈彖傳〉云：「剛自外來，而爲主於內。」爲此例之原也。「陽爲君子，陰爲小人」者，同「君子爲陽大義」一例，其義始於〈彖傳〉也。

「初爲隱」者，取自〈文言傳〉；「爲潛」者，取自乾初九爻辭；「爲微」者，惠註明取自〈繫傳下〉也；「爲幾」者，取自虞註〈繫辭〉；「爲嘖」亦然；「爲始」者，取自坤恆二卦初爻〈象傳〉也；「爲深」者，亦取自恆初六〈象傳〉「始求深也」之辭；「爲足」者，取自剝初六、鼎九四爻辭也；「爲趾」者，取自噬嗑初九、賁初九、大壯初九、夬初九、鼎初六、艮初六諸爻辭也；「爲履」者，取自坤初六、離初九、歸妹初九諸爻辭也；「爲拇」者，取自咸初六爻辭也。「二爲大夫」者，始見於《乾鑿度》；「爲中和」者，同「中和」二例所述。「四爲三公」者，始見於《乾鑿度》，「爲心」者，取自明夷六四、旅九四爻辭；「爲疑」者，取自乾九四〈文言傳〉、豫九四爻辭、賁六四〈象傳〉、既濟六四〈象傳〉。「五爲中和」者，同「中和」例所述，而惠註明此例取於《太玄經》也；「爲天子」者，此例義合於比、渙、家人諸九五爻辭，而例名則始見於《乾鑿度》；「爲大君」者，取自臨六五爻辭；「爲大人」者，取自乾九五爻辭也。「上爲宗廟」者，始見於《乾鑿度》；「爲首」者，取自比上六、離上九、既濟上六、未濟上九諸爻辭；「爲終」者，取自復上六、家人上九、

〔註60〕見同註43，頁133。

夬上六、需上六諸爻辭、及比上六、否上六、剝上九、夬上六諸〈象傳〉。條2「六不居五」者，爲惠棟發明之例。條 3「下爲先、上爲後」者，經文於大辭之上皆載有「初二三四五上」，明從下爲先，上爲後也，驗之乾、漸、艮、咸諸爻辭亦然。其義亦見於例四二條 3 惠棟引《乾鑿度》之語云:「易始於一……終於上。」也。「下爲內、上爲外」者，其例始於〈象傳〉，如泰:「內陽而外陰。」否:「內陰而外陽。」是也。條 4「陽爲存、陰爲亡。陽爲吉、陰爲凶。」條 5「陽爲吉、爲慶、爲喜、爲生、爲德、爲始、爲存。」條 6「陰爲凶、爲惡、爲殺、爲刑、爲終、爲亡。」此三條之義，乃源於泰否二卦辭之「大小」也。條 7「初九、九五爲聖人；初六、六四、上六爲小人。」者，乃取自例七七引《乾鑿度》也。例 8「九三爲君子」者，同條 7 亦出自《乾鑿度》;「九二爲庸人」亦然；「九四爲惡人、爲庸人「惡人」之義，取自「離四爲惡人」一例，爲虞翻所創之例也，「庸人」義亦同條 7 出自《乾鑿度》。條 9「上九爲庸人」亦同條 7 自《乾鑿度》; 條 10「六二，六四爲君子」亦然。條 11「陽失位爲庸人，陰失位爲小人」亦取義於《乾鑿度》。條 12「陰陽失正爲邪」其義同條 11 也條 13「二五爲中和」同「中和」二例所述。

「性命之理」一例，缺引文或案語，未詳所自。

「君子　小人」一例，其名屢見於爻辭，如剝上九、遯九四、解六五等皆是。而條 1《乾鑿度》云云，多不合《易》本義也。

「離四爲惡人」一例，爲虞翻所創之例也。

「五行相次」一例，屈萬里曰:「案終始五德之說，伏犧爲五帝之始，伏犧以木德王，木於方位屬東。震東也，今曰帝出乎震，猶言帝以木德始也。其義出於終始五德之說必矣。」〔註 61〕是《易》卦與五行相配，已見於〈說卦傳〉矣。然「五行」——金木水火土，其名於必在鄒衍之前，《尚書》己載之矣。而「五行相次」，或以相生之序，或以相剋之序，皆載之於鄒衍「終始五德」之說也。此例惠案云云，則爲惠棟引乾六龍，以附會於鄭玄「六天」之說也。

「土數五」一例，屈萬里曰:「於參天兩地而倚數之語，證知己取乎以五行配數字之義。……以五行配數字，約當戰國晚年。說卦傳之作，更當在二者之後矣。」〔註 62〕是五行配數字，約在戰國晚期也。而此例惠案所云，乃

〔註 61〕見同註 43，頁 134～135。
〔註 62〕見同註 43，頁 57。

「土數五」與「天地之數」「大衍之數」之關係而論也。

「乾爲仁」一例，此例名乃取于虞註，例義乃取自《史記》、《管子》。

「初爲元士」一例，此例確立於《乾鑿度》（參例四四條 1）也。惠案云云，則申其《易例》也。

「震爲車」一例，依惠案之意，此例名取于《國語・晉語》，例義則取自屯六二爻辭也。

「艮爲言」一例，此例名取于《左傳》，而其義則取於《春秋傳》、〈說卦傳〉，及〈繫辭〉也。

「中和之本　贊化育之本」一例，此例義乃取于〈繫辭傳〉及〈說卦傳〉前二章，與虞註也。

「乾五爲聖人」一例，此例即「諸例」一例條 7 所云「九五爲聖人」也，確立於《乾鑿度》也，惠案云云，則申論其義也。

「震初爲聖人」一例缺引文或案語，與「諸例」一例條 7「初九爲聖人」同，始見于《乾鑿度》也。

「乾九三君子」一例，缺引文或案語，此例與例七七條 8「九三爲君子」同，故此例亦始見于《乾鑿度》也。

「坤六三匪人」一例，缺引文或案語，此例即「君子小人」一例條 7「六三（案：六四誤）爲小人」故此例亦始見于《乾鑿度》也。

「《易》例」一例，此例宜入序跋類，爲惠氏申論聖人《易》例分明之道理也。

中篇　惠棟《易例》之考辨

一、太極生次

（1）繫上曰，《易》有太極，是生兩儀，兩儀生四象，四象生八卦，八卦定吉凶，吉凶生大業。《乾鑿度》曰，孔子曰，易始於太極（鄭註云，氣象未分之時，天地之所始也）。太極分而為二（七九八六），故生天地（輕清者上為天，重濁者下為地）。天地有春秋冬夏之節，故生四時。四時各有陰陽剛柔之分，故生八卦。八卦成列，天地之道立，雷風水火山澤之象定矣。其布散用事也，震生物於東方，位在二月。巽散之於東南，位在四月。離長之於南方，位在五月。坤養之於西南方，位在六月。兌收之於西方，位在八月。乾制之於西北方，位在十月。坎藏之於北方，位在十一月。艮終始之於東北方，位在十二月。八卦之氣，終則四正、四維之分明，生長收藏之道備，陰陽之體定，神明之德通，而萬物各以其類成矣（萬物是八卦之象，定其位則不遷其性，不淫其德矣，故各得自成者也）。皆《易》之所包也，至矣哉，《易》之德也。《三統歷》曰，經元一以統始，《易》太極之首也。春秋二以目歲（春陽中，秋陰中），《易》兩儀之中也（即天地之中）。於春每月書王，《易》三極之統也。於四時雖亡事，必書時月，《易》四象之節也。時月以建分至啟閉之分（即四正四維），《易》八卦之位也。象事成敗，《易》吉凶之效也。朝聘會盟，易大業之本也。故《易》與春秋，天人之道也。〈傳〉曰，龜，象也，筮，數也。物生而後有象，象而後有滋，滋而後有數，是故元始有象一也，春秋二也，三統三也，四時四也，合而為十，成五體，以五乘十，大衍之數也。而道據其一，其餘四十九所當用也。

△按：唐君毅云：「《易傳》謂《易》有太極，是生兩儀。據此二語，吾人所能確定者，唯是太極乃高于兩儀之一概念。如兩儀指陰陽或乾坤天地，則太極應爲位于陰陽乾坤天地二者之上，而加以統攝之一概念。而太極之所指者，則應爲天地及天地中之萬物之根源或總會之所在。」〔註1〕其言是也。鄭註云：「氣象未分之時。天地之所始也。」氣也者，陰陽二氣也；象也者，四象也。故「太極分而爲二」惠引鄭註：「七九」；即陽之數也；「八六」即陰之數。惠又引鄭註云：「輕清者上爲天」，此陽之性也，擴散爲天；「重濁者下爲地」，此陰之性也，凝聚爲地。乾鑿度以四象爲四時，虞翻亦同此說。而朱熹云：「四象者，次爲二畫以分太少。」〔註2〕《周易本義》載伏犧八卦次序圖，兩儀二分，陽儀又分爲太陽、少陰；陰儀又分爲少陽、太陰。而孔穎達《正義》曰：「兩儀生四象者，謂金木水火稟天地而有，故云兩儀生四象。土則分王四季，又地中之別，故云四象也。」〔註3〕〈繫上〉第十二章云：「易有四象，所以示也。」〔註4〕李道平曰：「案鄭氏曰：布六于北方以象水，布八于東方以象木，布九于西方以象金，布七于南方以象火。孔氏謂諸儒有以四象爲七八九六者，此也。又案大衍之數，分二象兩，掛一象三，揲四象時，歸奇象閏，是謂四象，謂七八九六，四營而成一變，十有八變而成卦。卦者，掛也。乾鑿度：掛示萬物，故曰示也。蓋言大衍四象，七八九六在其中矣。」〔註5〕綜以上諸說，又參照《周易本義》所載之河圖，歸納之，四象者，於東方爲木，其數爲八，爲少陰，於時爲春；於南方爲火，其數爲七，爲少陽，於時爲夏；於西方爲金，其數爲九，爲老陽，爲太陽，於時爲秋；於北方爲水，其數爲六，爲老陰、爲太陰，於時爲冬。然亦有所扞格不通者，例二七「中和」條引《白虎通》曰：「木者，少陽；金者，少陰。」則依白虎通推知，東方爲木，其數爲七；西方爲金，其數爲八；南方爲火，其數爲九，爲老陽、太陽；北方爲水，其數爲六，爲老陰、太陰。若依此言，則又不合於李道平引鄭玄語

〔註1〕見〈太極問題抉疏〉，《新亞書院學術年刊》第六期，頁10。
〔註2〕見《周易本義》繫上第十一章。皇極出版社，頁252。
〔註3〕見《十三經註疏》，頁8。
〔註4〕《周易本義》則列入第十一章。
〔註5〕引自《周易集解纂疏》卷八，廣文書局，頁794。

及河圖所示，故闕疑焉。陰柔陽剛，四象各有陰陽之分，故又生八卦。〈說卦〉云：「天地定位，山澤通氣，雷風相薄，水火不相射。」故曰「天地之道立，雷風水火山澤之象定矣。」唯〈說卦傳〉所述之序，似案伏犧八卦方位圖而來。「其布散用事也」一句以下云云，則案文王八卦方位圖也。〔註6〕虞氏逸象曰：「震爲生。」〔註7〕惠註云：「震春爲生。」〈說卦〉第五云：「萬物出乎震，震，東方也。」又六日七分圖震卦在卯，爲二月也。故云「震生物於東方，位在二月。」〈說卦〉云：「風以散之。」又云：「巽，東南也。」故云「巽散之於東南。」六日七分圖〔註8〕不列入四正卦中，今採《卜筮正宗》卷一所載天干地支八卦方位圖，巽卦位于辰巳之際，故「位在四月」宜作「位在三四月之際」。以下仿此。離値午位，五月之時也，說卦云：「離也者，明也，萬物皆相見，南方之卦也。」萬物皆相見，是故曰長。坤於文王八卦方位圖，位西南之位。說卦云：「坤也者，地也，萬物皆致養焉。」依天干地支八卦方位圖，坤位未申之際，乃於六七月之間也，故云「坤養之於西南方。」而「位在六月」宜作「位在六七月之際」。兌爲金，金剋震木，故有收之象。文王八卦方位圖，兌位於西方。六日七分圖及天干地支八卦方位圖皆位於西，乃八月也。故云「兌收之於西方，位在八月。」乾者，純剛之卦，又〈說卦〉云：「乾以君之。」又云：「乾，西北之卦也」，故云「乾制之於西北方。」乾於天干地支八卦方位圖位于戌亥之際，即九十月之間也。故「位在十月」宜作「位在九十月之際」。坎値冬水，剋離火，乃作物收藏、萬物伏藏之象，故曰藏。於圖位子，乃十一月也。〈說卦〉曰：「坎者，水也，正北方之卦也。」故曰「坎藏之於北方，位在十一月。」〈說卦〉云：「艮，東北之卦也。萬物之所成終而所成始也。」於天干地支八卦方位圖位丑寅之間，乃十二、一月之際。故云「艮終始之於東北方」。位在十二月，宜作「位在十二月、正月之際」。例四八「四正」之例以坎離震兌爲四正卦，則四維乃指乾坤艮兌是也。同例載有《易緯・是類謀》曰：「冬至日在坎，春分日在震，夏至日在離，秋分日在兌。」是一年生長收藏時節之主卦也，故曰：「八卦之氣終，則四正四維之分明，生長收藏之道備。」「陰陽之禮」云云，惠引鄭註備矣。乾卦曰「乾元亨利貞」坤卦曰「坤元亨」乾〈彖〉曰：「大哉乾元，萬物資始乃統天。」

〔註6〕二圖俱見於《周易本義》圖說。參見註19。
〔註7〕見《易漢學》卷三，頁12，廣文書局，頁1129。
〔註8〕六日七分圖，見《易漢學》卷一，頁2。

坤〈彖〉曰:「至哉坤元，萬物資生，乃順承天。」故知，乾始而坤隨之以生，而乾坤乃陰陽之純者，其始則不可以二分之。是乾元坤元，皆始於一也，一者，未分氣象，即鄭註云:「氣象未分之時，天地之所始也。」故曰「經元一以統始，《易》太極之首也。」〔註9〕「春陽中，秋陰中者」，案六日七分之圖，陽氣始於十二消息之復初爻，終於乾上，而春分居其中，故曰「春陽中」。陰氣始於姤初，終於坤上，而秋分居其中，故曰「秋陰中」也。兩儀者，即陰陽也。故曰「春秋二以目歲，《易》兩儀之中也。」然而惠註云「即天地之中」將之納入「空間」，依上文「春秋二以目歲」，則「《易》兩儀之中」之「兩儀」宜指「時間」之陰陽也。〔註10〕「於春每月書王，《易》三極之統也」疑「王」字作「正」，蓋「正」即「正月」，歲首之月。條四九「十二消息」例七，載春秋緯樂緯曰:「夏以十三月爲正，殷以十二月爲正，周以十一月爲正。」惠註:「此後漢陳寵所謂三徵成著，以通三統也。」〔註11〕「於四時雖亡事，必書時月，《易》四象之節也。」者，古人以四時春夏秋冬之節，案夏曆各分爲孟、仲、季，共十二月之節。秦漢之際，又有二十四節氣之確立；而干支紀日，於甲骨文時代已使用。紀月、紀年、紀時亦各有其法。〔註12〕「建分至」

〔註9〕陳遵嬀曰:「一元等於三統，三統等於 4617 年。在這個周期，又復在甲子那天夜半朔旦冬至。因爲一統的日數 562120，用六十來除，還剩四十。所以若以甲子日爲元，則一統後得甲辰，二統後得甲申，三統後才又復得甲子。這就是三統曆名稱的由來。這個元法 4617 以 60 除不盡，所以元首的年名，不能一樣。三統曆的元首，設在漢武帝元封七年仲冬甲子，據《漢書·律曆志》，當時曾經實際觀測，得到這天朔旦冬至甲子，所以改元封七年爲太初元年。古人除了甲子夜半朔旦冬至之外，還要配合日月合壁和五星聯珠的周期，所以三統曆又立 5120 元，即 23639040 年的大周期，其起首叫做太極上元。」(中國古代天文簡史，木鐸出版社，頁 410) 然則文中三統曆曰:「經元一以統始，易太極之首也。」殆指其義。

〔註10〕《中國文化史工具書》云:「在商代和西周之前期，一年只分春秋二時，所以後來稱春秋就意味著一年。」(木鐸出版社，頁 157)

〔註11〕參見註9。

〔註12〕察《中國文化史工具書》云:「古代紀月通常不用干支，而是以序數爲記，如:一月二月、三月……。在先秦時代，月份還有特定的名稱，如:正月爲『孟陬』，古代所謂『月建』，是以地支和十二個月相配，以冬至所在的夏曆十一月配子，稱爲『建子之月』十二月爲『建丑之月』，或稱子月、丑月。至於以天干配合地支紀月是後起的事。我國歷史上使用的傳統紀年法，是以王公即位年次和年號紀年。用干支紀年，一般認爲始於東漢，也有人認爲在漢初已開始使用，到了東漢元和二年才用政府命令的形式，在全國推行。古人紀時原先主要根據天色把一晝夜分爲若干時段，或叫「時辰」、「時分」。有的分爲

即「春分、夏至、秋分、冬至」也。〔註13〕「啓閉之分，《易》八卦之位也」者，正文已備載於乾鑿度所引中。繫上第二云：「吉凶者，失得之象也。」得所願者成，失所願者敗，故曰「象事成敗，《易》吉凶之效也」。朝聘會盟，主乎退進中節，乃《易》大業之所本也。《易》以兆吉凶，春秋以徵其果，皆盡人事而聽天命之誠辭也，故曰「天人之道」也。中庸第二四章：「至誠之道，可以前知。國家將興，必有禎祥；國家將亡，必有妖孽，見乎蓍龜，動乎四體，禍福將至。善，必先知之；不善，必先知之。故至誠如神。」繫辭亦曰：「是故天生神物，聖人則之。」是以龜、蓍皆神物也。龜顯之兆，以見吉凶，故曰「龜、象也」筮成於蓍數，以見變化，故曰「筮，數也」。無極生太極。無極者，物未生之時，故無所謂數；至生太極而物生，其始爲一；爾後漸滋，故有所謂數也。末言大衍之數，由以五乘十而來。朱熹本義云：「大衍之數五十，蓋以河圖中宮天五乘地十而以河圖中宮天五乘地十而得之。」其說與本文異，不知何者爲是。

再論「四象」如下：

黃宗羲云：「是故四象之中，以一卦爲一象者，乾坤是也。以三卦爲一象者，震坎艮與巽離兌是也。必如康節均二卦爲一象，乾離坎坤於四象之位得矣。兌之爲老陽，震之爲少陰，巽之爲少陽，艮之爲老陰，無乃雜而越乎？《易》言陽卦多陰，陰卦多陽。震艮之爲陽卦，巽兌之爲陰卦，可無疑矣。反而置之，明背經文，而學者不以爲非，何也？」〔註14〕

胡渭曰：「四象則蓍策過揲之數，爻所用之九六，及不用之七八是也。故下文又曰：《易》有四象所以示。謂示人以所值之卦爻也。章中兩言四象，朱子以前四象爲聖人畫卦自然之次第，以後四象爲揲蓍所得陰陽老少之爻。夫

十個時段，晝分朝、禺、中、晡、夕；夜分甲夜、乙夜、丙夜、丁夜、戊夜，即一更、二更、三更、四更、五更。也有分十五個時段的，還有把時段分得更多的。古書裡有關時辰的名稱很多，一般地說，日出時叫旦、早、朝、晨，日入時叫夕、暮、昏、晚。大概在漢武帝太初改曆後，曆法更加精密，有人把時辰整理爲十二段。名爲夜半、雞鳴、平旦、日出、食時、隅中、日中、日昳、晡時、日入、黃昏、人定，然後用十二地支表示，以夜半二十三點至一點爲子時……。」（木鐸，頁160～164）。

〔註13〕察《中國文化史工具書》云：「二十四節氣的劃分，起源於我國黃河流域。遠在春秋時代，已有春分、秋分、夏至、冬至四大節氣。《淮南子・天文訓》已有和現世完全相同的二十四節氣名稱了。」（木鐸，頁158）

〔註14〕引自《易學象數論》卷一，頁11，廣文書局，頁34。

均此四象，且同在一章之中，豈容有二解哉？（案：見《周易本義》〈繫上傳〉第十一章）太極、兩儀、四象之遞生，其爲之序，益洞然而無疑矣。」〔註 15〕

比較二氏之論，以胡氏較勝。是四象乃以單畫之老變及少不變而分陰陽兩儀爲四。然而彼八卦則每卦三爻，其與四象只不過有揲蓍次序之關係，而無方位上之關係。且四象以單畫而言老少、陰陽，八卦分陰卦陽卦，乃由此單畫之爻所組成者，故二者之陰陽不可以類比也。黃氏將二者以老少陰陽類比，又以三卦爲一象。既然象中已有卦，何以復言「四象生八卦」耶？顯然其說有待商榷。

《乾鑿度》云「太極分而爲二」惠引鄭註：「七九八六」，其意以「七九」爲陽，「八六」爲陰也。然「七九八六」實爲揲蓍成卦之用數，以一畫單爻之變（老）與不變（少），而定爲「七少陽」、「九老陽」、「八少陰」、「六老陰」，非以二爻或三爻爲說也。前已論四象即爲七九八六，則朱熹以次爲二畫以分太少者，其「二畫」非矣。然朱熹言「太」，非所謂「老」也。

《乾鑿度》將「四象」歸入「四正」——「坎離震兌」，又將之與「四時」合併，成春震、秋兌、冬坎、夏離矣。而三統曆「春秋二以目歲」，惠棟注云：「春陽中，秋陰中。」乃以消息十二卦言也。其說合孟氏六日七分圖。〔註 16〕春分在泰、大壯之際，即「春陽中」也；秋分在否觀之際，即「秋陰中」也。而一陽起於復卦之初，至乾卦六爻皆陽。至午月夏至日，一陰起於姤卦之初，至坤卦六爻皆陰。至子月冬至日，一陽又起於復卦之初矣。

惠鄭二氏以「七九」爲陽，「八六」爲陰，是欲合之春夏秋冬也。推其意，乃以「七少陽」，因陽至半也，即「春陽中」也；「九老陽」爲夏，因陽盈滿也；以「八少陰」爲秋，因陰至半，即「秋陰中」也；以「六老陰」爲冬，因陰盈滿也。是「六七八九」之老少陰陽，合消息十二卦也。然揲蓍成卦之用數乃就一爻單畫爲說，而非就重卦六爻以爲說，是二者本無干係也。

夫「四象——六七八九」配四正，是「七少陽」爲春震，而震爲陽卦；「八少陰」爲秋兌，而兌爲陰卦，此陽與陽，陰與陰，皆相合也。「九者陽」爲夏離，而離爲陰卦；「六老陰」爲冬坎，而坎爲陽卦，此陽與陰，陰與陽，不相合也。且揲蓍成卦之用數，乃就一爻單畫爲說，而非就三爻單卦爲說，故二者亦無干係也。又揲蓍成卦之數「七八九六」之間無次序關係，是其又與四

〔註 15〕引自《易圖明辨》卷一，頁 17，廣文書局，頁 24。
〔註 16〕參見《易漢學》卷一、廣書文局，頁 1051～1052。

時「春夏秋冬」無涉也。

其「六七八九」之老少、陰陽，亦不可配水火木金。因其乃以單畫一爻爲說，而金可配乾兌，木可配震兌，是金木皆可配陰陽二卦，自與一少陰一少陽不相容矣。故例二七引白虎通云「木爲少陽，金爲少陰」之說，亦不可憑。

又納甲納支，以甲乙寅卯爲木、丙丁午巳爲火云云，其又皆可配陰爻、或陽爻，又與揲蓍成卦之老少陰陽有所衝突之處，是二者不可相類比也。《新唐書》曆志，其陰陽曆、五星爻象曆等乃配卦之六爻與老少陰陽，皆載於「步交會術」之下。愚未解其義，尚待研究。唯《魏書・律曆志》「推交會術」則未配以老少陰陽，顯然《新唐書》之配，乃有所創。

（2）**虞氏註曰，太極，太一也。分為天地，故生兩儀也。四象，四時也。兩儀，謂乾坤也。乾二五之坤，成坎、離、震、兌。震春，兌秋，坎冬，離夏，故兩儀生四象。乾坤生於春，艮兌生於夏，震巽生於秋，坎離生於冬，故四象生八卦。**

△按：文首至「兩儀生四象」云云，已俱論於例四八「四正」條 2。「乾坤生於春」以下云云，與《周易本義》所載伏犧八卦次序圖不合。其圖若以四象爲四時，而其序不合春夏秋冬之序，遑論八卦從何時而生。案圖：乾兌生於太陽，離震生於少陰，巽坎生於少陽，艮坤生於太陰，則知虞氏註言，顯異於此也。

虞氏「卦變」云云，屈萬里曰：「乾二五之坤成坎，坎二至四互體震，三至五互體艮，故成震坎艮。坤二五之乾成離，離二至四互體巽，三至五互體兌，故曰成巽離兌也。」而屈氏評虞氏此說，乃穿鑿也，〔註 17〕此虞氏之誤者，一也。

虞氏以兩儀爲乾坤，而此「乾坤」非如繫辭中以之爲陰陽爻〔註 18〕也，乃以兩儀爲乾坤二卦。且「乾二五之坤」云云，又顯然以乾坤二卦爲六爻之重卦也。既違「兩儀生四象，四象生八卦」之序，又與以八卦爲三爻單卦者相背。此虞氏之誤者，二也。

又從乾坤重卦之互體得震巽兌艮，此四者又復爲單卦，與乾坤坎離爲重

〔註 17〕參見《先秦漢魏易例述評》，學生書局，頁 136。

〔註 18〕參見同上，頁 53。

卦又相差異。此虞氏之誤者，三也。

又以「四象」爲四時，乃與孟氏六日七分圖之「四正」者同。「四象」既爲「震、兌、坎、離」，「艮、巽」將置於何處耶？此虞氏之誤者，四也。

既然其「兩儀生四象」虞氏以爲乾坤生「震春、兌秋、坎冬、離夏」，乃合其「四象，四時也」之說。是春爲震，秋爲兌，冬爲坎，夏爲離矣。然又曰「乾坤生於春」云云，是乾坤又生於震矣，〔註 19〕其不合理，此虞氏之誤

〔註 19〕《易漢學》卷三，廣文書局，頁 1120 載虞翻云「甲乾乙坤，相得合木」，王洪緒云：「甲乙東方木。」與虞翻同。然虞氏以「乾坤」合木，是與王洪緒云「震巽爲木」者相背矣。（見《卜筮正宗》）虞氏言「甲乾乙坤，相得合木」乃納甲之法，是乾之納甲爲甲壬，坤之納甲爲乙癸。甲乙於五行屬東方之木，乃止甲乙相得木，而非乾坤也。又壬癸相得合木，而虞氏曰「天壬地癸」，非「壬乾癸坤」。例一條 2 虞氏云「乾坤生於春」，是木爲東方春，似合其說矣。然於乾坤外卦納甲之「天壬地癸，相得合水」。水爲北爲北方冬，豈非又「乾坤生於冬」耶？此虞氏之失者，一也。虞氏又云「戊坎己離，相得合木」，土於五行之位居中央是也，而例一條 2 虞氏云「坎離生於冬」，冬爲北方水位，與戊己相得合土之中央土位，相去遠矣。此虞氏之誤者，二也。虞氏倒果爲因，惠棟失察，註之云：「又註繫辭……皆是義也。而循之以誤矣。說卦傳第六章載「故水火相逮，雷風不相悖，山澤通氣。」朱熹註云「然其位序亦用上章之說，未詳其義。」「上章」者，即說卦第五章也。第五章朱熹註：「此卦乃文王所定，所謂後天之學也。」朱熹又採邵雍之說，以第三章、第四章，皆謂之「伏犧八卦方位」，然屈萬里及黃宗羲皆指其非矣（見《先秦漢魏易例述評》，學生書局，頁 57，及《易學象數論》卷一，頁 12～13，廣文書局，頁 36～38）黃氏謂說卦三四兩章乃同於第五章之方位也。愚察說卦傳前後文，及說卦傳第三章，〈帛書周易〉作「天地定立，〔山澤通氣〕，水火相射，雷風相搏。」張政烺於〈帛書六十四卦跋〉一文中云：「『水火不相射』無『不』字，是也。水火矛盾，故言相射，不相射則脫離接觸，不構成爲矛盾的兩個方面。」（1984 年文物第三期，頁 14）愚遂以爲說卦傳第三章云：「天地定位、山澤通氣、雷風相薄、水火不相射。」文句有誤增及次序顛倒，而當以帛書所云爲正，是此段乃指伏犧八卦方位圖者也。其義乃與第六章所載：「故水火相逮，雷風不相悖，山澤通氣。」之義有所不同。前章云「雷風相薄」，是震巽相對而置也。黃宗羲云：「雷風相薄，震居東、巽居東南，遇近而合、故言薄。遠之，則不能薄矣。」然而「薄」猶「逮」「射」也，而前後二章言「火水相射」（案：據〈帛書〉改正）「水火相逮」，是坎離二卦亦相對而置，可以相逮、相射，則「雷風相薄」合「伏犧八卦方位」圖矣。後章言「雷風不相悖」則指震巽二卦非相對而置，乃合「文王八卦方位」圖也。又前後二章皆言「山澤通氣」，蓋辭同而義異，無損圖旨。唯無論「天地定位、山澤通氣、水火相逮、雷風相薄」是否如邵朱所說、或屈黃所言。其虞翻將「天地定位」歸之東方木位，「山澤通氣」歸之南方火位，「水火相逮」歸之中央土位，「雷風相薄」歸之西方金位，遂有「乾坤生於春，艮兑生於夏，震巽生於秋，坎離生於冬」之說。然細思之，乃「天地」偶合乾坤，「山澤」偶合艮兑，「水

者，五也。而惠棟未指明其誤，失察矣。

（3）《禮記・禮運》曰，夫禮必本於太一，分而為天地，轉而為陰陽，變而為四時，列而為鬼神，其降曰命，其官於天也（《正義》曰，必本於太一者，謂天地未分混沌之元氣也。極大曰太，未分曰一。其氣既極大而未分，故云太一也。未分曰一，故謂之太一。未發為中，故謂之太極。其理一也）。

△按：「必本於太一」其義見惠棟引《正義》之文。陰陽又分太少，故變而爲四時。〔註20〕列而爲鬼神者，蓋即王洪緒云：「陽爲神，陰爲鬼。」也〔註21〕《中庸》云：「天命之謂性」。是天降于人之氣稟者曰性，天位于人之上，人位于天之下，故曰：「其降曰命。」「其官於天也」，即「庶民惟星」衍義而生者也。《史記》天官書、索隱曰：「天文有五官。官者，星官也。星座有尊卑，若人之官曹列位，故曰天官。」〔註22〕此其義也。

（4）《呂覽・大樂》曰，音樂之所由來者遠矣。生於度量，本於太一，太一出兩儀（高註兩儀，天地也。出，生也），兩儀出陰陽（棟謂春夏為陽，秋冬為陰，則陰陽即四時也）。

△按：惠註詳矣。

總案：「太極生次」有未解之處：一爲「四象即四時」也；二爲條1所載大衍之數之由來，與太極生次之關係也。仲氏《易》曰：「四象從來無解。」〔註23〕則本義所載之八卦次序圖之四象，與〈繫辭〉載大衍之數「揲之以四以象四時」，似無直接關係可尋。胡渭云：「總之，四象二字，苦無定說。今既主一行之剛柔太少，而更推得其所以然，始知四象與單稱象者不同。單稱象者，即《易》畫已然之畫，八卦成列，象在其中是也。四象則蓍策之數，爻所用之九六，及

火」偶合坎離，「雷風」偶合震巽也。而「天壬地癸，相得合水」壬癸爲乾坤外卦之納甲，則「天地」亦即乾坤二卦也，故合於水矣。另「天地定位」之「天地」又是乾坤，而合於木，豈非乾天坤地既合於東方木，又合於北方水耶？其誤不待辯矣。故「天地定位」云云，不可從虞氏之說，以配納甲也。是乾坤不合木，「天地定位」非指合於東方木位也。餘文仿此。

〔註20〕見註10。春爲陽，秋爲陰，又分太少，故有春夏秋冬之別。

〔註21〕見《卜筮正宗》卷七，頁13、宏業書局，頁75。

〔註22〕見朱天順著《中國古代宗教初探》，谷風出版社，頁29～31。朱氏云：「這種星辰迷信內容的變化，本來是社會階段分化的反映。」

〔註23〕見《易圖明辨》卷一頁十三，廣文書局，頁26。

不用之七八是也。故下文云：《易》有四象所以示。謂示人以所值之卦爻也。章中兩言四象，朱子以前四象爲聖人畫卦自然之次第，以後四象爲揲蓍所得陰陽老少之爻。夫均此四象，且同在一章之中，豈容有二解哉？太極、兩儀、四象之遞生，其爲揲蓍之序，益洞然而無疑矣。」〔註24〕依胡氏之見，四象屬之揲蓍之序，則又合於〈繫辭〉「揲之以四以象四時」矣。其辨朱子曰：「大衍之數五十，蓋以河圖中宮……」之語，胡氏曰：「此正所謂出於理勢之自然，而非人之智力所能損益者，又何必以河圖太極之五一爲蓍法之所自出乎？」〔註25〕又曰：「而五十有五，但可以生蓍，不可以畫卦也。毛公（案指毛奇齡）唯知數不得爲圖，而不知大衍之數與天地之數，不可混而爲一。」〔註26〕依胡氏之見，大衍揲蓍之蓍數與河圖無涉，其故安在？胡氏又云：「藉令繪以爲圖，亦但可名天地生成圖，或五行生成圖，而斷斷不得名之曰大衍圖。何也？蓍無五行，無方位，無生成，無配耦也。今試就筮法而案之，自四營成易，以至十八變而成卦，格中之所陳，版中之所畫，孰爲天生而地成，地生而天成邪？孰居北而爲水，居南而爲火邪？方者、圓者、單者、複者，皆安在邪？」〔註27〕若胡氏所言爲確，則可盡掃七八九六與四象陽陰老少不合之處。大衍之數與河圖無涉，胡謂已辨明之。而大衍之數，與太極生次之關係，俱載之於〈繫辭〉中。唯惠棟引《乾鑿度》文末，載：「象一也」云云，則其法不類〈繫辭〉「大衍之數」章所載者。一二三四既合而爲十，又焉以「成五體」耶？未詳其義也。

二、太　易

（1）《乾鑿度》曰，有太易，有太初，有太始，有太素也。太易者，未見氣也（以其寂然無物，故名之為太易）。太初者，氣之始也（元氣之所本始。太易既自寂然無物矣，焉能生此太初哉，則太初者，亦忽然而自生）。太始者，形之始也（形，見也。天象形見之所本始也）。太素者，質之始也（地質之所本始也）。氣形質具而未離，故曰渾淪（雖含此三始，而猶未有分判。《老子》曰，有物渾成，先天地生）。渾淪者，言萬物相

〔註24〕見同上，頁33～34。
〔註25〕見同上，頁13。
〔註26〕見同上，頁21。
〔註27〕見同上，頁20～21。揲蓍成卦之數「六七八九」與世傳河圖成數「六七八九」於本質上有異，詳見例六二總案。

渾成而未相離（言萬物莫不資此三者也）。視之不見，聽之不聞，循之不得，故曰易也。

（2）《老子道德經》曰，道常無名。《禮記曲禮正義》引河上公註，云能生天地人則當大易之氣也。

△按：無極以生太極，則「太易者，未見氣也」即「無極」也，惠棟引鄭玄云：「易本無體氣。變而爲一。」無體氣，即無極也；變而爲一，即太極也。〔註 28〕太初、太始、太質，合而未分，此太極也，乃先天地而生者也。故惠引鄭註云：「雖含此三始而猶未有分判。《老子》曰：有物渾成，先天地生。」道常無名，是無極無名者，太易也，道也。〈繫辭〉曰：「形而上者謂之道。形而下者謂之器。」道在形之上，乃無以名之，故云乎此。形者，即太極之謂也；中含太初、太素、太始三者，當太易後而生也。

是惠引鄭註云：「太易既自寂然無物矣，焉能生此太初哉？則太初者亦忽然而自生。」頗見智慧焉。河上公所云：「能生天地人，則當大易之氣也。」語稍有異。然天地人，乃形而下之「器」，亦各俱其氣，自爲一太極也。或以太極爲道，而不論至無極也，如胡渭云：「太極，形而上者也；兩儀、四象、八卦，皆形而下者也。」〔註 29〕是也。

三、易

（1）　八卦由納甲而生，故〈繫辭〉曰，在天成象。《易》者，象也。象也者，象也。古只名象。〈皋陶謨〉曰，予欲觀古人之象是也。至周始有三《易》之名。然《春秋傳》曰，見《易》象。則象之名猶未亡也。夏建寅，象首艮，故謂之「連山」。商建丑，象首坤，故謂之「坤乾」。以藏之，又謂之「歸藏」。夏商占七八王演《易》，始用九六，變者為占，故謂之《易》。

△按：此文乃惠棟案語。《易漢學》卷三載仲翔《易》八卦納甲圖。惠註云：「此以月所行之道言之，而納甲由是生焉。」黃宗羲云：「世言納甲，本於參同契，然〈京房易積算〉已言，分天地乾坤之象，益之以甲乙壬癸，震巽之象配庚辛，坎離之象配戊己，艮兌之象配丙丁，是則，西漢之前已有之矣。

〔註 28〕參見四二「世應」條 3 所論。

〔註 29〕見《易圖明辨》卷一，頁 16，廣文書局，頁 31。

魏伯陽因其說，而以月象附之。虞翻注《易》，亦祖伯陽，蓋以月之明魄多少，取象於卦畫，而以所見方位，爲所納之甲。」〔註 30〕黃氏之言，適與惠棟案語相背，蓋黃氏云納甲乃配八卦之象，本之京房；而虞翻承魏伯陽之說，其圖亦取象於卦畫也。然則「八卦由納甲而生」之說，殆惠棟之一己之詞也。「象也者，象也。」〈繫下〉此語，下字「象」王弼本作「像」，當是。「夏建寅，象首艮」者，殆指夏朝曆以寅爲正月，於天干地支八卦方位圖近艮卦，云象艮。然「商建丑，象首坤」則與之不合，故疑焉。觀惠氏云「故謂之坤乾，坤以藏之，又謂之歸藏」坤以藏之，語出〈說卦傳〉，而何謂坤乾？愚臆例一「太極生次」條 1，云：「坎藏之於北方，位在十一月。艮終始於東北方。」則商建丑，冬水之氣猶未盡也，故曰「歸藏」。至其「象首艮，故謂之連山」，因艮爲山也。此說似較近理，然未知是否爲「連山、歸藏」二者之本義。黃沛榮先生撰〈先秦筮書考〉，引大卜鄭注云：「名曰連山，似山出內氣也；歸藏者，萬物莫不歸而藏於其中。」賈疏更據以申論，云：「名曰連山，似山出內氣者，此《連山易》，其卦以純艮爲首，艮爲山，山上山下，是名連山。歸藏者，萬物莫不歸而藏於其中者，此《歸藏易》，以純坤爲首，坤爲地，故萬物莫不歸而藏於中，故名爲歸藏也。」〔註 31〕張政烺云：「《禮記・禮運》：孔子曰……我欲觀殷道，是故之宋而不足徵也，吾得坤乾焉（得殷陰陽之書也，其書存者有歸藏）。向來的說法，《歸藏》以坤乾二卦爲首，故稱坤乾。」〔註 32〕然則，惠棟曰象首艮，故謂之連山；象首坤，故謂之坤乾者，實承於賈疏及〈禮運〉諸語。而惠棟益之以「夏建寅、商建丑」是欲合反疏也。惠棟云：「夏商占七八。文王演《易》，始用九六，以變者爲占，故謂之《易》。」推其意乃七八者不變，九六者爲變。而棟於此以變釋《易》，視文前引〈繫辭傳〉「《易》者，象也」者，義愈狹焉也，而其名由是不同於「連山、歸藏」也。顧惠氏所撰《松崖文鈔》，所載與此說異。其言曰：「京氏占法一爻變爲九六，二爻以上變爲七八。故晉語重耳得貞屯悔豫皆八，乃屯之豫。《左傳》穆姜遇艮之八，乃艮之隨，此外所占九卦，皆一爻變。或以疑左氏非知古法者。」〔註 33〕黃沛榮先生云：「《左傳》、《國語》所載以『八』爲占者，殆亦先秦之遺法

〔註 30〕見《易學象數論》卷一，頁 17，廣文書局，頁 45。
〔註 31〕見《書目季刊》第十七卷第三期，頁 81。
〔註 32〕見《考古學報》，1980 第四期，頁 409～410。
〔註 33〕卷二頁七。「七八九六」詳論於後例六一「七八九六」條。

也。……《周易》以『九』、『六』爲占，故『艮之八』『貞屯悔豫，皆八』云云，學者多謂乃《連山》、《歸藏》之占法。如襄公九年杜預注：『《周禮》大卜掌三《易》，然則雜用《連山》、《歸藏》、《周易》，二《易》皆以七八爲占，故言曰艮之八。』《連山》、《歸藏》，是否以七八爲占，文獻無徵，頗難懸斷。……要之，杜注以此爲《連山》、《歸藏》，雖未必是，然其皆爲先秦筮書、筮法，則無可疑也。」〔註 34〕其言甚是。故知惠棟亦如杜預之見，以《歸藏》、《連山》用七八爲占，未必是也。

（2）　**《說文》據祕書曰，日月為易。《參同契》曰，日月為易，剛柔相當。虞仲翔註曰，字從日下月坎為月，離為日，故仲翔註繫辭曰，易謂坎離。蓋坎上離下，成既濟定，六爻得位，利貞之義。既濟彖曰，利貞，剛柔正而位當也。象之名易，其取諸此乎。**

△按：易字若爲日月之合文，則當作「從月下日」且「離上坎下」，虞註皆非是。況其《說文》易之本形當爲「蜥蜴」之義，何及乎日與月耶？「成既濟定」之法不可據。「利貞」爲占問則有利兆，「貞」字本非「正」義。愚論之於例七、八、五一、五七。條 1、2 釋「易」名義，惠棟皆未舉本義。而條 1 舉其引申義，以「變」爲易；條 2 其釋形有誤，以「日月」爲易，乃取「成既濟定」卦變之義也。

（3）　**荀慈明註《易》，以乾在二者，當居坤五。在四者，當居坤初。在上者當居坤三。坤在初者，當居乾四。在三者，當居乾上。在五者，當居乾二。如此則六爻得位，所謂日月為易，剛柔相當，合于坎離之義。此說最為名通，當本諸漢經師，故當時兗豫言《易》者，皆宗荀氏。而九家《易》以荀為主，謂之荀九家。惜其書已亡。李氏《集傳》所載者僅三之一耳。**

△按：以「升降」法，變乾坤二卦成兩既濟，則其失與條 2 相同。愚論之於例三六「升降」例五十「乾升坤降」。

（4）**〈祭義〉曰，昔者聖人，建陰陽天地之情，立以為《易》。易抱龜南面，天子卷冕北面，雖有明知之心，必進斷其志焉。元不敢專以尊天也（鄭註立以為《易》，謂作《易》。易抱龜，易官名，《周禮》曰太卜）。**

〔註 34〕見《書目季刊》第十七卷第三期、〈先秦筮書考〉，頁 84～85。

△按：屈萬里云：「易，覡古音同部。禮記祭義篇：『易抱龜南面。』是掌卜之人謂之易也。則易者，即覡巫之類，《易經》之本義當如此。」〔註35〕鄭玄註《禮記．祭義》曰：「立以爲《易》謂作《易》。易抱龜，易官名。」高亨云：「是《易》爲書名，又爲官名。易之爲官，蓋掌卜筮。筮官曰易，因而筮官之書亦曰《易》；猶史官曰史，因而史官之書亦曰史也。其本字疑當爲覡。……覡與巫同義。易與覡同音。筮官爲巫，而《禮記》稱易，則易益覡之備字矣。筮官之易既爲覡之借字，則筮書之《易》亦即覡之借字矣。」〔註 36〕黃沛榮曰：「易借爲覡之說確然不可拔。……足證上古易、覡二音必甚相近，是以覡（易）所掌之書，皆可以稱《易》也。先秦筮書見存者，僅得《周易》一書。……其本爲卜筮之書，《周禮》中歸之於大卜，筮人所掌，足可爲證。」〔註38〕《中國文明史話》亦言商代王廷設有宗教官，掌占卜者稱「多卜」「占」；充當人神之媒介者稱「巫」。謂商代卜、巫猶爲分職。又言周代輔王理政之最高官職爲卿士，即太宰、太宗、太史、太祝、太士、太卜，合稱「六卿」，而太卜是掌卜筮者。〔註 38〕惠註云：「《周禮》曰太卜」者，即是也。依「易抱龜」及屈、高二位先生所云，則易當爲巫覡之類，兼掌卜與筮法。說文云：「筮，《易》卦用蓍也。從竹巫。」段註：「從巫者，事近於巫也。」而朱天順乃謂龜骨卜與蓍草筮法皆起源於商代。並以爲殷墟之精細加工之卜骨，乃巫覡成爲王室附庸以降之產物。〔註39〕足資證明易、巫、卜、筮實同流而衍者也。張亞初、劉雨云：占筮之期，至少可上推商代武丁，而且卜與筮並用，卜與筮之結果皆可記于記于甲骨上。又云：古代「巫者」、「史官」、「筮人」乃三位一體，且上古，音「巫、筮」同屬明紐、魚部，聲韻俱同。周禮春官宗伯；「筮人：……一曰巫更，二曰巫咸……九曰巫，以辨吉凶。」陸德明音義曰：「巫音筮。」所以，「巫、筮」形義相近，聲音相同，於甲骨文中仍屬一字，後世才分化爲二字。〔註 40〕由張、劉二氏之見，益可明白易、覡、筮、卜，其關係不可分

〔註35〕見《讀易三種》，聯經，頁 1。又見〈先秦筮書考〉，《書目季刊》第十七卷第三期，頁 80。

〔註36〕見《周易古經通說》，香港中華書局，頁 1。又見〈先秦筮書考〉，《書目季刊》第十七卷第三期，頁 80。

〔註38〕見〈先秦筮書考〉，《書目季刊》第十七卷第三期，頁 80～81。

〔註38〕見《中國文明史話》，木鐸出版社，頁 26～27。

〔註39〕見《中國古代宗教初探》，第六、七兩節。

〔註40〕參見〈從商周八卦數字符號談筮法的幾個問題〉，《考古學報》，1981 年、第二期，頁 158。

也。國語晉語四載「筮史占之，皆曰不吉。」益可證古時筮史之關係。

（5）論語，子曰，加我數年，五十以學《易》，可以無大過矣（五十而知天命正指學易時）。

《易》者贊化育之書也。其次為寡過。夫子以《易》贊化育（其義詳於中庸），而言無大過者，謙辭。

△按：《中庸》第二二章：「唯天下至誠，爲能盡其性；能盡其性，則能盡人之性；能盡人之性，則能盡物之性；能盡物之性，則可以贊天地之化育；可以贊天地之化育，則可以與天地參矣。」第二四章云；「至誠之道，可以前知；國家將興，必有禎祥；國家將亡，必有妖孽；見乎蓍龜，動乎四體；禍福將至，善，必先知之；不善，必先知之；故至誠如神。」《易》占法，即屬乎蓍，必有至誠之心，始能藉之以參贊天地。〈繫辭上〉云；「易有聖人之道四焉。以言者尚其辭，以動者尚其變，以制器者尚其象，以卜筮者尚其占。是以君子將有爲也，將有行也，問焉而以言，其受命也如嚮。無有遠近幽深，遂知來物。非天下之至精，其孰能與於此。參伍以變，錯綜其數。通其變，遂成天地之文；極其數，遂定天下之象。非天下之至變，其孰能與於此。《易》，無思也，無爲也，寂然不動，感而遂通天下之故。非天下之至神，其孰能與於此。」《易》爲至精、至變、至神者也，而人能至誠，感而遂通天下之故。又云：「《易》與天地準，故能彌綸天地之道。仰以觀於天文，俯以察於地理，是故知幽明之故。」《易》者，乃藉形而下之「器」，以通陰陽人神；以天地而言，乾爲天，乾〈彖傳〉曰：「大哉乾元。」坤爲地，坤〈彖傳〉曰：「至哉坤元。」天曰大，爲陽氣之極；地曰至，爲陰氣之極，故曰，《易》與天地準。〈繫下〉又云：《易》之爲書也，廣大悉備，有天道焉，有人道焉，有地道焉，兼三才而兩之故六。六者，非它也，三才之道也。」《易》兼天地人三才，故惠棟云：「《易》者，贊化育之書也。」學《易》何能無大過耶？〈繫上〉云：「是故君子所居而安者，《易》之序也；所樂而玩者，爻之辭也。……是以自天祐之，吉無不利。」又云：「吉凶者，言乎其失得也。悔吝者，言乎其小疵也。無咎者，善補過也。」學《易》者，以至誠之心，而藉蓍草以前知人事之吉凶、悔吝、無咎，故能無大過也。《論語》子曰云云，梁啓超云：「據漢末鄭玄所見的《論語》，這章便沒有『易』字，說『加我數年，五十以學，亦可以無大過矣。』我們從文法上，文義上看，『亦』都比『易』字好。

倘使古本《論語》眞是有『亦』無『易』，那麼，論語竟沒有一字及《易》了。」〔註 41〕然觀《論語・子路篇》:「子曰：南人有言曰：『人而無恆，不可以作巫醫。』善夫！『不恆其德，或承之羞』，子曰：不占而已矣。」是《論語》載孔子引恆卦九三爻辭，則梁氏云《論語》無一字及《易》，非矣。無論鄭玄所見《論語》，或現行本《論語》何者所載爲確，審繫辭多有「子曰」之字眼，可認定惠氏云「夫子以《易》贊化育」爲是也。

(6)《史記》孔子世家曰，孔子晚而喜《易》，序（易序卦）彖繫象說卦文言（不書雜卦）。讀《易》、韋編三絕，曰假我數年，若是我於《易》則彬彬矣。

(7)《漢書》儒林傳曰，孔子蓋晚而好《易》，讀之韋編三絕，而為之傳。

△按：梁啓超謂「孔子晚而喜《易》序彖繫象說卦文言」一句，可作三種解釋。(甲)「喜」是動詞，「易序彖繫象說卦文言」皆爲平立之名詞，爲喜字之目的格。然則，孔子喜之而無作矣。(乙)「易」字下斷句。「序」字作動詞，「彖繫象說卦文言」是名詞。則孔子只序〈彖〉、〈繫〉、〈象〉、〈說卦〉、〈文言耳〉，〈序卦〉、〈雜卦〉與之無關。(丙)「喜」「序」「繫」「說」「文」五字都當作動詞，而繫辭、序卦、雜卦與孔子無關。〔註 42〕顧頡剛則謂此段文字，若非錯簡，即後人增入。又謂《史記》不特無「說卦」二字，連「序彖繫象說卦文言」此句亦爲宣帝時京房等增入。〔註 43〕愚以爲梁氏所分析者甚精詳。顧氏所云，似嫌武斷。顧氏於其書言道，《史記》此段文字前只提及孔子刪《詩》《書》，定《禮》《樂》，而於此段文字之後云：「孔子以詩書禮樂，教弟子蓋三千焉。」顧氏乃舉論：一、孔子無以《易》教人。謂孔子以六經教人，似在西漢方有是說。二、「孔子晚而喜《易》」一段文字，置於此固可，然與上下文無涉，成一獨立文句（同上）。愚則認爲孔子沒有授《易》於弟子，莫能決定孔子是否作《易》。而且顧氏言此段文字爲錯簡或增入，亦無任何強而有力之證。張岱年云：「司馬遷說：『孔子晚而喜《易》、序〈彖〉、〈繫〉、〈象〉、〈說卦〉、〈文言〉。』可見司馬遷見過〈彖〉、〈繫辭〉、〈象〉、〈說卦〉、〈文言〉等篇。對於司馬遷這幾句話隨意否認或隨意曲解，都是不對的。」〔註 44〕其

〔註 41〕參見《古書眞僞及其年代》，頁 74。
〔註 42〕參見同上。
〔註 43〕參見《中國古史研究》冊三，頁 103。
〔註 44〕參見《續僞書通考》，學生，頁 52。

言是也。由晚近學者考證，「十翼」之作多在孔子後。然孔子曾讀《易》則是事實，因論語載孔子引恆卦九三爻辭，以釋人無恆不可為巫醫之理也。

（8）**准南泰族曰，《易》之失鬼。註云，《易》以氣定吉凶，故鬼。**

△按：本義〈繫上〉第四：「《易》與天地準……，故知死生之說。……是故知鬼神之情狀。」梁啓超云：「《易》的本身原無哲學意味，不過是卜筮的書。如現在各廟宇的籤簿一樣，卦辭爻辭便是籤上的判語，拿來斷吉凶的。」〔註45〕所以，《易》本身即為「器」，吾人藉以通神鬼，而問吉凶焉。禮記亦曾言「《易》之失賊」，〔註46〕是人，陽間之物也；鬼，陰間之物也。迷惑於此，適足以害已。故《論語》子曰：「未知生，焉知死。」又曰：「未能事人，焉能事鬼。」又曰：「敬鬼神而遠之。」故有是誡。

（9）**莊子曰，《易》以道陰陽。**

△按：坤〈文言〉曰：「陰凝於陽必戰。」指上六陰爻與乾陽相接。泰〈彖辭〉曰：「內陽而外陰。」否〈彖辭〉曰：「內陰而外陽。」此陰陽指一卦也，〈繫上〉第四：「一陰一陽之謂道」說卦第一：「觀變於陰陽而立卦。」是以知《易》也者，言乎陰陽之變也。顧銘堅以為，《周易》乃筮占之辭，較甲骨卜辭為後起，當是商後之物；而《周易》本文不見有陰陽思想，唯其卦爻為一與——之排列，易激起此種思想而已。推究此思想之原始，由於漢人對宇宙萬物有分類之要求。欲將繁複化作簡單，而得其主原理及主成分。其分類法與今日異，今日用歸納法，逐別求事物之異同；古人用演繹法，先定一種公式，而支配一切個別之事物。其結果，有陰陽之說以統轄天地，晝夜、男女等自然現象，以及尊卑、動靜、剛柔等抽象觀念。〔註47〕顧氏所言待商榷。愚以為，陰陽之符號雖早於陰陽學說之成立，未可否定先人立卦爻時無陰陽之思想。又其〈繫下〉第二云：「古者包犧氏之王天下也，仰則觀於天，俯則法於地，觀鳥獸之文，與地之宜，近取諸身，遠取諸物，於是始作八卦，以通神明之德，以類萬物之情。」此言甚明，八卦之創立，由歸納法而得之，則陰陽思想與學說之成立，當亦包含歸納法之原則。徐錫台，樓宇棟先生於〈周出土卜甲上卦畫初探〉一文中，得若干論點：一、卜甲重卦畫皆以數字為符號，

〔註45〕見《古書眞偽及其年代》，頁77～78。
〔註46〕參見《禮記・經解篇》。
〔註47〕參見《秦漢方士與儒生》，里仁，頁1～2。

以六個不同奇偶數組成之重卦卦畫，應爲西周早期卦畫之本形。亦即「數卜法」之反映。二、《易》中重卦卦畫，是以陰陽符號而形成者，恐已非西周早期重卦卦畫本形，至少於周晚期或更後，陰陽思想出現方形成。此與時代之演進，及人類思想變化乃相關也。三、傳統所言「伏犧畫卦、文王重卦」乃符合古代卜筮法之各發展階段。當單卦已不能滿足人類，重卦必然形成。周卜甲上出現重卦，表明西周早期之卜筮法已進入了重卦階段。〔註 48〕由徐、樓二氏之說明，吾人可得知，《易》卦中陰陽符號之建立，亦爲陰陽思想之肇端。陰陽符號建立時，已進入重卦階段；即先形成重卦，爾後演成重卦之陰陽符號。進而推知，「卦象」確立，恐非於早期「數卜法」中之八卦，而在重卦演成六爻皆陰陽符號之時也。然則繫下第二謂包犧觀天法地，始作八卦，殆後人託古之臆辭也。唯由「數卜法」之重卦，演成陰陽符號之重卦，而始定名八卦及六十四卦諸名，當亦包含近取諸身、遠取諸物之歸納法原則。「十翼」晚出，陰陽學說乃形成於斯時也。梁啓超有云：「《莊子‧天下篇》說：『《易》以道陰陽』《易》的卦辭爻，絕無陰陽二字，〈彖〉〈象〉才略有，〈繫辭〉、〈文言〉便滿紙都是了。陰陽之說，從鄒衍始有，可見〈繫辭〉是受了鄒衍一派的影響才有的。」〔註 49〕依梁氏之見，則陰陽學說當始於鄒衍，〈繫辭〉、〈文言〉所載，當不早於斯時也。然爻辭實有「陰」字，中孚九二：「鳴鶴在陰，其子和之。」孫廣德云：「言個陰字是不易看見地方，亦即隱蔽之意。」孫氏又云：「春秋時代陰陽二字的語義較之西周時代，毫無演進的跡象，當然我們現在所能見的古書不是當時所有的全部，因而不敢斷言春秋時代的陰陽二字絕對沒有其他的意義。……至戰國時侯的文獻，有的雖有陰陽字，而其意義仍甚粗淺；有的則不但有陰陽字，且其意義已較前大有轉變。」《墨子》一書言陰陽有兩處，一是〈辭過篇〉，一是〈天志篇〉，孫氏云：「實則這裡的陰陽，其意義較前已有演進，天志中一相連貫的話中，既言寒熱，又言陰陽，可知陰陽不是單純的寒暖之意。又根據『陰陽和』一句，可知二者又可以相互發生作用，只是不甚明顯而已。」又云：「依前面的討論，知陰陽觀念至《易‧繫辭傳》已發展完成，給陰陽五行說在陰陽一方面做好了準備工作。五行觀念在〈洪範〉、〈墨經下〉及〈經說下〉，《左傳》與《國語》中，也已經爲陰陽五行說在五行方面奠开了基礎。……有了陰陽觀念的準備，五行觀念的基

〔註 48〕參見 1979、《中國考古學會第一次年會論文集》。
〔註 49〕參見《古書眞僞及其年代》，頁 77。

礎，又有了陰陽五行合流的暗示，此時將陰陽五行合起來造成一種新說，已經是順理成章的事了。而造此新說的人便是鄒衍。」（引自嘉新研究論文第一四七種、《先秦兩漢陰陽五行說的政治思想》，頁 6～8、23。）由孫氏所論，知其較梁氏更爲周圓。則亦知陰陽之說，在鄒衍之前已有；〈繫辭〉、〈文言〉所載，或在其前不在其後。唯〈說卦傳〉有「帝出乎震」之語，屈萬里於《先秦漢魏易例述評》一書中云：「於帝出乎震之言，知其已席終始五德之說。案終始五德之說，以伏犧爲五帝之始，伏犧以木德王，木於方位屬東。震東方也，今曰帝出乎震，猶言帝木德始也。其義出於終始五德之說必矣。」其言信然。說卦首卦有「參天兩地而倚數」之語，屈氏云：「證知已取乎以五行配數字之義。……以是驗之，〈說卦傳〉之作，蓋甚晚矣，案始五德之說，始於鄒衍。以五行配數字，約當戰國晚年。〈說卦傳〉之作，更當在二者之後矣。」（引自先秦漢魏易例述評，頁 57～58）然張立文云：「帛書……其中一小部份見於今本說卦前三章。」（《周易思想研究》，頁 206）則「參天兩地而倚數」在漢文帝時，仍屬〈繫辭傳〉之文，是五行配數字，恐在鄒衍之前已有此法。或〈繫辭〉於鄒衍之前尚未成今本之篇數，而「參天兩地而倚數」之文，在鄒衍之後爲人所增入。今見《帛書周易》，與今本〈繫辭傳〉有所增損，則知今本〈繫辭〉成書當在漢文帝後，或另有他本也，與「長沙丞相軑侯利蒼」所見者異也。愚又察泰否兩卦「大小」之卦辭，諸家皆以「陰爲小，陽爲大」，是知易經陰陽思想形諸文字者，乃濫觴於此也。見例七五 4、5、6 愚之所論。

（10）**《漢書・儒林傳》曰，蜀人趙賓，以為箕子明夷，陰陽氣無箕子。箕子者，萬物方荄茲也。**

蜀才本作其子，讀為荄茲，荀爽亦主此說。劉向曰，今《易》箕子作荄茲，古音其亥、子茲同物。明夷體坤，坤終亥出子，故云其子之明夷。班固不通《易》，反以賓言為非，非實錄也。

△按：明夷六五：「箕子之明夷，利貞。」《帛書易》本同焉。《集解》引馬融曰：「箕子，紂之諸父。」〔註 50〕高亨從之。是箕子信有其人也。故正義云：「明夷六五……武王觀兵之後，箕子始被囚奴。」〔註 51〕馮椅曰：「箕字蜀本作其字……後世以其爲箕，遂附會于文王與紂事。」〔註 52〕然馮氏不見〈帛

〔註 50〕參見《古經解彙函》一、《集解》卷七，頁 8、鼎文書局。
〔註 51〕參見《十三經注疏》，世界書局，頁 3～4。
〔註 52〕參見《僞書通考》、《易》類、引《厚齊易學》，商務印書館，頁 30。

書周易〉，乃有此語。胡一桂云：「若厚齋（馮椅）因蜀本其字之誤，盡疑天下之本，反而從改之，尤有所未可。前漢趙賓正蜀人，解六五箕子爲荄茲，則蜀本『箕』字初未嘗作『其』字」。〔註53〕察明夷彖辭：「明入地中，明夷。內文明而外柔順，以蒙大難，文王以之。利艱貞，晦其明也。內難而能正其志，箕子以之。」朱熹云：「蒙大難，謂遭紂之亂而見囚也。內難，謂爲紂近親，在其國內，如六五之近於上六也。」〔註54〕然則趙賓釋箕子爲荄茲，誤也。惠棟引蜀才本「其子讀爲荄茲」，此擬其音耳，是劉向云古音其亥、子茲同物，是也，而義取「終亥出子」則顯爲附會之辭也。班固以史家之見，據實以非趙賓之言，惠棟云其不通易而非實錄，亦太過矣！

愚察《漢書・儒林傳》文中云：「又蜀人趙賓好小數書，後爲《易》，飾《易》文，以爲『箕子明夷，陰陽氣亡無箕子；箕子者，萬物方荄茲也。』賓持論巧慧，《易》家不能難，皆曰『非古法也』。」顏師古註云：「此箕子者，謂殷父師說〈洪範〉者也，而賓妄爲說耳。」然則班固、顏師古皆以趙賓之言爲非也。

惠棟於《周易述》明夷九五云：「馬融俗儒，不識七十子之大義，以彖傳有箕子之文，遂以箕子當五。尋五爲天位，箕子臣也，而當君位，乖于《易例》，逆孰大焉。謬說流傳，兆于西漢。西漢博士施讎讀『其』爲『箕』。時有孟喜之高弟蜀人趙賓述孟氏之學，斥言其謬，以爲箕子明夷，陰陽氣無箕子。箕子者，萬物方荄茲也。賓據古義以難諸儒，諸儒皆屈。于是施讎梁丘賀咸共嫉之……讎賀嫉喜而并及賓，班固不通《易》，其作喜傳，亦用讎賀之單詞，皆非實錄。劉向別錄，猶循孟學，故馬融俗說，荀爽獨知其非，復賓古義，讀箕子爲荄茲。」錢基博評此說云：「雖敢爲異論，而不盡合事實；然自是清儒論易家，多信孟喜眞傳田王孫學者，其說實自棟發之。然案《漢書・儒林傳》云：『趙賓以爲箕子明夷，陰陽氣無箕子；箕子者，萬物方荄滋也，云受孟喜。喜爲名之。』此趙賓謂箕子二字爲荄滋之誤也。然則趙賓所見之《易經》，本是『箕子』二字矣。虞翻云：『箕子，紂諸父。五，乾天位，今化爲坤，箕子之象。』虞翻世傳孟氏《易》，而不從荄滋之說；可見孟氏《易》不作荄滋矣。惠棟言《易》尊虞翻，何以於此獨不從虞翻乎？此不可解也！惟漢人之易，孟費諸家，各有師承，勢不能合。而棟之學宗禰虞翻，有未通，

〔註53〕參見《僞書通考》、《易》類、引《易學啓蒙》，商務印書館，頁31。
〔註54〕參見《周易本義》，皇極出版社，頁133。

補以鄭荀諸儒；學者以無家法少之！」（《經學通志》，頁 33～34）錢氏此言，可謂公允之論，亦可助愚說焉。

（11）《參同契》曰：日月為易。虞翻註云，字从曰：下月。說文曰：祕書說，日月為易，象陰陽也（祕書在《參同契》之先，魏伯陽蓋有所受之也）。

△按：此條與條 2 所載略同，已論於前，茲不贅述。

（12）《漢書・儒林傳》曰，自魯商瞿子木受《易》孔子（商瞿姓也），以授魯橋態子庸（姓橋名態字子庸）。子庸授江東馯（韓）臂子弓，子弓授燕周醜子家，子家授東武孫虞子桀，子桀授齊田何子裝。及秦禁學，《易》為卜筮之書，獨不禁，故傳受者不絕也。漢興，田何以齊田徙杜陵號杜田生，授東武王同子中、洛陽周王孫、丁寬、齊服生皆著《易》，傳數篇，同授緇川楊何字叔元。元光中徵為太中大夫。齊即墨成至城陽相（姓即墨名成），廣川孟但為太子門大夫，魯周霸莒衡胡臨淄主父偃，皆以《易》至大官，要言《易》者，本之田何。

△按：《四庫全書總目提要》：「至於《史記》讀《易》之文，《漢書》傳《易》之派，更與《易例》無關。亦必存爲佐證之文，而傳寫者誤爲本書也。」其言可信。唯若爲惠棟自己所收之文，則正如徐芹庭所云：「故其書僅類聚資料，編列名目而已。」（《兩漢十六家易注闡微》、五洲出版社，頁 57）

（13）班固曰，《詩》、《書》、《禮》、《樂》、《春秋》，五者，五常之道，《易》為之原。

△按：此皆「經」也。錢基博曰：「釋名：『經，徑也；如徑路無所不通，可常用也。』此經之義也。然古無經之名。伏羲、神農、黃帝之書，謂之三墳，言大道也。少皞、顓頊、高辛、唐、虞之書，謂之五典，言常道也。」〔註 55〕故是所謂「經」，其義同「典」，言常道也。《漢書》藝文志：「六藝之文，《樂》以和神，仁之表也；《詩》以正言，義之用也；《禮》以明體，明者著見，故無訓也；《書》以廣聽，知之術也；《春秋》以斷事，信之符也。五者蓋五常之道，相須而備，而《易》爲之原。」〔註 56〕《易・繫辭》曰：「《易》與天地準，故能彌綸天地之道。」故《易》爲常道之原。張肇祺於其文「六藝—

〔註 55〕參見《經學通志》，學人雜誌社，頁 1。
〔註 56〕參見同上，頁 6。

—《易》——生生概念的內外結構」中，頗有詳釋。其言云：「原者，根也；《易》爲六經之原，就是說《易》乃六藝之根。……班固說『《易》爲六藝之原』，是從六藝思的發展與形成、六藝思想之內容與性質、六藝思想之形式與結構這幾方面來說的，而不是一句空話。……班固之所以強調『五常』以爲辭者，因爲『五常』——仁、義、禮、智、信，乃中國文化模式的核心——人倫。所謂：『百姓不親，五品不遜』（《尚書・舜典》）所謂：『敬敷五教，在寬。』（同上），所謂：『狎侮五常』（《尚書・秦誓》）所謂：『道五常之行』（《莊子・天運》），都是指『五常』乃中國文化模式的五大核心所在，何況班固所指的乃是五常之『道』的道。這個道，是五常『仁、義、禮、智、信』的上位概念，不是五常本身。這五常的『道』是『五常』的形上概念——中國文化的『六藝』和爲六藝之原的『易』；中國文化的本身，是一體貫下來的。」（《哲學與文化月刊》，卷四期五，頁21）張氏所論甚詳，頗得精髓。

（14）**阮籍曰，文王係其辭，於是歸藏逝而周與興，上下無常，剛柔相易，不可為典要，惟變所適，故謂之易。**

△按：阮氏所言，與條1惠棟案語相似。歸藏爲商代之物，《周易》起而歸藏遂沒。高亨云：「《周易》古經，蓋非作於一人，亦非著於一時也。」〔註57〕則阮籍所云「文王係其辭」有待斟酌。屈萬里撰〈周易卦爻辭成於周武王時考〉一文，由晉卦辭、隨上六爻辭、益上六爻辭，推論卦爻辭當於文王之後始成焉。張立文撰《周易思想研究》一書，亦由經文中，王亥喪羊于易、高宗伐鬼方、帝乙歸妹、康侯用錫馬蕃庶等故事，及「箕子之明九」、「王用享於岐山」，證明文王演《易》之說之失確。〔註58〕楊家駱於唐人辨僞集語引正義：「驗此諸說，以爲卦辭文王，爻辭周公，馬融、陸績等並同此說，今依而用之。」〔註59〕張心澂撰《僞書通考》云：「凡卜皆有卜辭，殷墟甲骨所發現者甚多，左傳載卜筮皆有繇詞，其詞亦不盡與今《易》同，是卜者可自作辭也。文王之卜筮，於卦爻當有辭，以記其兆；惟是否六十四卦及其各爻皆有辭，或所曾卜筮之卦爻始有之，是一問題。就爻辭有文王以後之事，及卦爻辭體例不一致之點觀之，當以文王所曾卜筮之卦爻曾繫以辭爲是。其後歷代用之，積久而各卦各爻皆有辭矣。某卦爻用之甚多者，其辭或不只一（採李

〔註57〕參見《續僞書通考》，學生書局、經部，頁2。

〔註58〕參見同上，頁10～29。

〔註59〕見世界書局，頁1。

鏡池說），亦難免有未嘗用及之爻或失其記錄者，致缺其辭也。」〔註60〕平心而論，當以張心澂所言者較公允。而其又曰：「卦爻及其辭，皆太卜所掌。」〔註61〕高亨亦云：「卜與筮性質相同，卜人既有卜事之紀錄，則筮人亦有筮事之紀錄也。……筮人將其筮事紀錄，擇其中之奇中或屢中者，分別移寫於筮書六十四卦爻之下，以爲來時之借鑑，逐漸積累，遂成《周易》卦爻辭之一部分矣。」〔註62〕其言甚是。又依屈萬里先生所述，卦爻辭作於武王之時。但係辭之事，非王者所能專擅也。觀卦爻辭，遠取諸物，近取諸身，舉凡動植鳥獸，人情百態，上至天文，下至地理，以如斯之博攬，蓋非王者能盡見，乃集眾筮人之辭爲《周易》之藍本。王者亦有親筮，如國之大事、征戰一類。唯其數不多耳。朱天順云《易》占自八卦演至六十四卦以行占卜，已成巫覡、卜史專用工具。〔註63〕循其意，王者乃總攬舉國政要者，殆不可兼做巫人。審卦爻辭之內容，繁瑣而備載，以王者身份，蓋無以顧全。依條9引徐錫台、樓宇棟二氏之見，陰陽符號形成蓋於西周晚期或更晚。〈繫上〉：「子曰：作《易》者，其知盜乎？《易》曰負且乘，致寇至。負也者……。」云云，〔註64〕又例三條12引《漢書》儒林傳載：「自魯商瞿受易孔子。」條6引《史記》孔子世家：「孔子晚而喜《易》。」條7引《漢書·儒林傳》：「孔子蓋晚而好《易》。」則卦辭與爻辭，當完備於孔子以前至西周晚期也。屈萬里謂卦爻辭成於武王時。然卦爻辭所載之史實，可徵者止於武王時也，而未足以證卦爻辭備於武王時也。嚴靈峰於《易學新論》（正中、頁112）引余永梁之語：「卦辭、爻等辭等於龜卜之繇辭。繇辭乃掌卜之人，視兆而占者；此等臨時占辭，有時出於新造，有時沿用舊辭。如有與以前所卜相同之事，卜時又與以前相同之兆，則占辭可沿用其舊；如前無此兆，則須新造。灼龜自然的兆象，既多繁雜不易辨識；而以前的占辭，又多繁難不易記憶。筮法之興，即所以解決此困難者。卦、爻仿自兆而數有一定，每卦、爻之下，又繫有一定之辭，筮時遇何卦何爻，即可依卦辭、爻辭引申推論。比之龜卜，實爲簡易。」（《中研院史語所集刊》第一本第一分冊）嚴氏云：「上述見解，可說是比較正確的推論。」愚謂，卦爻辭非一人一時所造，當類似龜卜之占辭，有新有舊，如余永梁所

〔註60〕參見《僞書通考》，商務印書館，頁39～40。
〔註61〕參見同上，頁40。
〔註62〕參見《續僞書通考》，學生書局，頁1～2。
〔註63〕參見《中國古代宗教初探》，谷風出版社，頁168。
〔註64〕參見《周易本義》〈繫上〉第八章。

云。而嚴氏又云：「因爲八卦或重卦之六十四卦，本與卜辭、占辭、繇辭毫無關係；後來把已往的卜辭、占辭編成有系統而分類的繇辭，便不得不借用那六十四個重卦的符號，作爲標誌，分別部居……。」（同右）此說非也。當以張心澂及高亨所云較勝。愚察《周易兩讀》一書中之「《周易》經傳韻字分部表」，乃見諸卦爻辭，或有押韻之現象。且所押韻之句，或分敘不同之事物。如乾九二：「見龍在田，利見大人。」小畜九三：「輿脫輻，夫妻反目。」艮卦：「艮其背，不獲其身。行其庭，不見其人。」足見其占事物之不同，而所卜問者，不必一時一人一地也。而世傳本《周易》卦爻辭，與馬王堆帛書本所載大同小異，則其書之完成，必在漢文帝之前，且其辭必然經人所潤飾也。而其押韻之目的，不外乎易于背誦記憶。

（15）紀瞻曰，昔庖犧畫八卦，陰陽之理盡矣。文王仲尼係其遺業，三聖相承，其同一致，稱《易》準天，無復其餘也。

△按：正義云：「伏犧制卦，文王繫辭，孔子作十翼，易歷三聖，只謂此也。」〔註65〕然則繫辭者非文王之能事，十翼多晚出於仲尼，此俱論于前（6）（7）（14）諸條文中矣。「庖犧畫八卦」殆亦託辭耳。張亞初、劉雨撰〈從商周八卦數字符號談筮法的幾個問題〉一文中，認爲其在商、西周甲骨文金文陶文中出現之八卦數字符號，乃中國最原始紀錄占筮之材料。伏犧氏爲原始社會之傳說人物，雖不知確有其人與否，特爲一社會發展階段之代表，則是合理也。〔註66〕

（16）褚澄曰，《易》彌天地之道，通萬物之情。雖有體，不可以一體求。屢遷，不可以一遷執也。

△按：〈繫上〉云：「《易》與天地準，故能彌綸天地之道。」朱熹云：「彌，如彌縫之彌，有終竟聯合之意。」〔註67〕〈繫下〉云：「《易》之爲書也，廣大悉備。有天道焉，有人道焉，有地道焉。兼三才而兩之，故六。六者非它也，三才之道也。」〔註68〕故云「《易》彌天地之道。」繫下云：「古者包犧氏之王天下也，……以類萬物之情。」朱熹云：「萬物之情，如雷風山澤之

〔註65〕參見《十三經注疏》，世界書局，頁3。
〔註66〕參見《考古學報》，1981年、第二期，頁155～158。
〔註67〕參見《周易本義》繫上第四章。
〔註68〕參見《本義》第十章、正義第九章。

象。」〔註 69〕褚氏以「類」作「通」，意義相近。「雖有體，不可以一體求」者，張政烺曰：「古人占卦多看動爻定吉凶，所以有本卦，有之卦。《左傳》、《國語》言筮，其例頗多。西漢的焦氏《易林》每卦都準備它變成六十四卦，於是六十四卦就變成了四千零九十六卦，可謂發展到極點。」〔註 70〕所謂動爻，即老陽變少陰，老陰變少陽。本卦單爻或數爻動，則將化做另一卦。除變爻外，餘爻不變。或有六爻盡變，或有六爻皆靜者。〈繫上〉云：「《易》有聖人之道四焉，以言者尚其辭，以動者尚其變，以制器者尚其象，以卜筮者尚其占。……參伍以變，錯綜其數。通其變，遂成天地之文，極其數，遂定天下之象。非天下之至變，其孰能與於此。」〔註 71〕《易》者，言乎變者也。〈繫上〉云：「爻者，言乎變者也。」〔註 72〕是《易》有本卦，有之卦，須互相察照，以明事物之變化。〈說卦傳〉載八卦眾象，是一卦具有多體。〈繫下〉曰：「其稱名也：雜而不越，於稽其類。」朱熹云：「萬物雖多，無不出於陰陽之變。故卦爻之義，雖雜出而不差繆。」〔註 73〕是卦爻之辭，或言一例，或言數例，因時空之異而變化不同；也依事物之類，而顯象有別。〈繫下〉云：「其稱名也小，其取類也大。其旨遠，其辭文，其言曲而中，其事肆而隱。因貳以濟民行，以明失得之報。」〔註 74〕又云：「《易》之爲書也不可遠，爲道也屢遷，變動不居，周流六虛，上下無常，剛柔相易，不可爲典要，唯變所適。」〔註 75〕其稱名小取類大，卦一名而象萬體，故云「雖有體，不可以一體求。」一卦可變六十四卦，故云「屢遷，不可以一遷執也」。

（17）顏延之曰，湻象始于三畫，兼卦終于六爻。

△按：「湻」同「淳」字。淳象者，即純象也。純象始于三畫，則合伏犧畫八卦之說。唯依條 9 所論，卦象之起，乃與陰陽符號同肇一端，而皆在數字卦重卦之後形成也，則無論陰陽符號之單卦或重卦，俱在數字卦後同時演變而來。

〔註 69〕參見《本義》第二章。
〔註 70〕參見〈試釋周初青銅器銘文中的易卦〉，1980、《考古學報》，第四期。
〔註 71〕參見《本義》第十章。
〔註 72〕參見《本義》第三章、正義第四章。
〔註 73〕參見《本義》第六章。
〔註 74〕參見《本義》第六章。
〔註 75〕參見《本義》第八章。

總案：此例釋《易》之由，條 1 見之。條 2 釋《易》之名，然與本形本義皆違。條 3 以「升降」法釋《易》，其失已於例五一、五二諸條論之矣。條 4 愚論易、覡、筮、卜、四者之關係，實不可分也。條 5《論語》所載，非《易》例也，爲史事耳，「《易》者，贊化育之書也。」則可。條 6、7，非《易》例也，當刪。條 10 引趙賓之語，其義誤矣。惠棟案語非班固，實惠氏自誤耳。條 11 誤同條 2，條 12 非《易例》，爲史事耳。條 14 引阮籍曰「文王係其辭」，非也。條 15 所載，皆託古聖賢之辭也。餘條皆言易之大義也。此例宜入敘文中，不宜作例。

四、伏羲作《易》大義

伏羲用蓍，而作八卦，而筮法亦由之而始。後人專謂筮法者，非也。作八卦者，所以贊化育，聖人幽贊于神明而生蓍，贊化育之本也。天地之數，五十有五，而五為虛（土生數五，成數五，二五為十，故有地十。《太玄經》，五五為土。月令，中央土，其數五，亦是成數）。故大衍之數五十，三才五行畢舉于此矣。故以作八卦、三才者。〈京房章句〉曰，日，十也。月，十二也。星，二十八也。合之為五十。《三統曆》曰，日合于天統，月合于地統，斗合于人統。乾，天也。坤，地也。艮，人也。艮為星，星主斗，故斗合于人統（其後世三統之說本此）。其德圓而神，故四十九（七七故圓而神）。其一，天之主氣也（即昊天上帝道之本也。馬融以為北辰）。分而為二，以象兩，乾坤也。乾道成男，坤道成女。掛一以象三，六子也（天地人並生于太初）。〈傳〉曰，《易》有太極，是生兩儀，舉兩儀而三才在其中矣。揲之以四，以象四時，明堂之本也。歸奇于扐以象閏，定朔之始也。象兩，象三，象四時，象閏，是為四象。四象由分二而生，故云兩儀生四象。四營而成易，太初之氣，寒溫始生，故云易也（三氣相承）。十有八變，乾坤各三畫，故成卦。六子三索而成，故八卦而小成，所謂四象生八卦也。引信三才，觸類而長之，以成六十四卦。聖人成能，故天下之能事畢矣。大衍之數有三才，故分二以象兩，掛一以象三（卦亦有三才，有兼才）。大衍之數有五行，播五行于四時，故揲之以四以象四時。四時為明堂之位，故說卦帝出乎震三節，皆陳明堂之法。明堂以聽朔為先，以閏月定四時成歲，而合朔之法正，故歸奇于扐，以象閏。王者坐明堂，聽朔行政，明堂月令由是出焉，所以贊化育也。伏羲用蓍作八卦，以贊化育，其道如此，始于幽贊，終于嚮明（聖人南面而聽天下，嚮明而治，蓋取諸此，言明堂之法，取諸離。蔡邕引說卦謂雖有總章以下五名，而總謂之明堂）。孔子所謂吾道一以貫之也（明則有禮樂，幽則有鬼神，繫辭所謂知幽明之故，原始反終，故知死生之說是也）。

△按：此文爲惠棟案語。前例三條 9 已論，伏犧作八卦乃託辭，其先則有「數卜法」行於當世。張政烺以爲，朱熹撰《本義》附錄之筮儀，其源可溯至繫上「大衍之數五十」章，唯馬王堆〈帛書繫傳〉無此章，比唐石經少 204 字，足見此章爲後加。而《論衡・卜筮篇》，有「案《易》之文，觀揲蓍之法，二分以象天地，四揲以象四時，歸柯於扐以象閏月」云云，皆似上舉大衍章之文，可見大衍章爲西漢中期之作。張氏又舉三二條周初青銅器銘文所刻之數字，乃一、五、六、七、八。占卦實際使用乃八個數字，而記錄只五個數字，說明當時重陰陽而忽於具體數目。此爲初步簡化，逐步取消二、三、四，將之分別向一、六集中。而猶未有陰爻陽爻之符號。長沙馬王堆《帛書周易》約書於公元前 180～170 年，其六十四卦所畫之陰陽爻則與後世使用者同矣。〔註 76〕張亞初、劉雨二氏以爲，據文獻記載，筮法起源於遠古之伏犧，而就現有材料看，筮法之出現，最遲不能晚於武丁。運用筮法以占卦，商人已有之也。現存最早之筮書《周易》，其中〈繫上・大衍章〉載有演算一卦之成卦法，有所謂四營，得六、七、八、九。七九象陽，六八象陰。馬王堆《帛書周易》無此成卦法之記載。其前商代和西周之卦，乃由三個或六個重疊之數字符號來表現。其主要由五個數字組成，即一、五、六、七、八。而商代西周，豈另有一套成卦法歟？抑同爲一成卦法，止因時地之異而有所差別耶？當然，後世之成卦法即使適用于早期，也不一定爲早期唯一之成卦法。因早期筮書除周易外，猶有連山、歸藏等，筮法或相異也。張、劉二氏又於商周金文璽印文中發現類似卦畫符號之銘刻，與揚雄《太玄經》之符號——四位一首，一致或相近，二者應有關係。〔註 77〕故張政烺謂〈大衍章〉爲西漢中期之作，殆有所承者也。李道平曰：「天一生水，地六成之也；地二生火，天七成之也。」〔註 78〕朱熹云：「變生水而六化成之，

〔註 76〕見〈試釋周初青銅器銘文中的易卦〉，1980 年《考古學報》。
〔註 77〕見〈從商周八卦數字符號談筮法的幾個問題〉，1981 年《考古學報》，第二期。
〔註 78〕見《周易集解纂疏》卷一，廣文書局，頁 35。

二化生火而七變成之，三變生木而八化成之，四化生金而九變成之，五變生土而十化成之。」〔註 79〕故知土生數五，惠註是也。土成數十，而惠註云「成數五，二五爲十，故有地十。《太玄經》五五爲土。月令：中央土，其數五。亦是成數。」豈惠棟案語以五爲虛，則一、二、三、四、五之生數，各加五，爲六、七、八、九、十之成數耶？大衍之數五十，何以得之？孔穎達《周易正義》引諸家之說如下：

（1）京房云：「五十者，謂十日十二辰二十八宿也，凡五十。其一不用者，天之主氣，將欲以虛來實，故用四十九焉。」

（2）季辰曰：「《易》有太極，謂北辰也；太極生兩儀，兩儀生日月，日月生四時，四時生五行，五行生十二月，十二月生二十四氣。北辰居位不動，其餘四十九，轉運而用也。」

（3）荀爽云：「卦各有六爻，六八四十八，加乾坤二用，凡有五十。乾初九潛龍勿用，故用四十九也。」

（4）鄭玄云：「天地之數五十有五，以五行氣通，凡五行減五，大衍又減一，故四十九也。」

（5）姚信，董遇云：「天地之數五十有五者，其六以象六畫，故減之而用四十九。」

（6）王弼曰：「演天地之數，所賴者五十也。其用四十有九，則其一不用也，不用則用之以通，非數而數之以成，斯易之太極也。」趙汝楳《筮宗先傳考》第三載「大衍之數五十」，二十六家之說甚詳備（見《四庫》冊十九、頁三二七、商務）。

今述其說如下：

（1）《乾鑿度》曰：「日十辰十星二十八，凡五十。」

（2）漢馬氏曰（同上 2）。

（3）沈氏曰：「土生數五，成數亦五，則大衍之數五十。」

（4）楊氏曰：「以一加九，以二加八，以三加七，以四加六，以五加五，而大衍之數成矣。」

（5）張氏曰：「天數二十五，合之則五十。」

（6）漢上朱氏曰：「黃帝書亦曰：土生數五，成數五，是以大衍之數五十。」

〔註 79〕見《周易本義》，皇極出版社，頁 243。

（7）漢鄭氏曰：「天地之數五十有五者，以五行氣通於萬物，故減五。」

（8）魏王氏曰：「演天地之數，所賴者五十。」

（9）後魏關氏曰：「蓍不止法於天地，必以五行，大偶則五十，小奇則五；天地之數舉大而去小，小奇之五，虛而不用。」

（10）唐孔氏曰：「萬物之數，萬有一千五百二十，推天地之數，唯用五十也。」

（11）臨川王氏曰：「五之所宗者五。」

（12）三衢劉氏曰：「天地之數五十五有五，大衍之數五十者；天五退藏於密。」又曰：「五十有五者，天地之極數。大衍之數者，天地之用數。天五不用，所以大衍之數少天地之數五。」

（13）陳氏曰：「天地之數五十有五，五行各虛其一，故大衍之數五十。」

（14）耿氏曰：「五在五十之中，五者，胃氣插於諸脈。」

（15）鄭氏曰：「數起於一，一中必函三之理，三引之則六，于地五十五數之中，合六爲一以成五十。」

（16）谷水林氏曰：「十五，小衍也。五十有五者，大衍也。」又曰：「天地之數五十有五，而大衍之數五十者，自五十以下，五其本體也。一四，五也。三二，亦五也。自五以上，六一，五也。七二，五也。八三，五也。九四，五也。十五，五也。天五無往而不在，此大衍之數，所以止於五十也。」

（17）希夷陳氏曰：「物數有進退，人壽百歲，前五十爲進，後五十爲退，大衍者，半百之進數也。」

（18）晁氏曰：「小衍者，參兩是也。參者，一三五，水木土也。兩者，二四，火金也。各循而十之，一衍之至十，二之至一，三至二，四至三，五至四，所謂互爲首者衡衍之也，縱衍之則，一十百千萬也。」

（19）《易數大略》曰：「大衍者，八卦之衍數也。八卦經畫二十，四重之則四十八，又每卦各八變，其爻亦四十八。四十八者，八卦之正數，衍其正數，是謂大衍。衍，羡也，以四十八而羡其二，則爲五十之成數。」

（20）司馬氏曰：「《易》有太極，一之謂也。分爲陰陽，陰陽必有中和，故一衍之則三，而小成。」

（21）兼山郭氏曰：「河圖縱橫棋列之爲十，五，小衍之數也。天五潛運於中，統而用之，則大衍之數也。」

（22）漢班氏曰：「以五乘十，大衍之數也。」

（23）程氏曰：「數始於一，而備於五，小衍之而成十，大衍之則為五十。」

（24）龜山楊氏曰：「天地之數，備於五。其十也，以至成之。」

（25）呂氏曰：「參天兩地，以為五，小衍之為十，兩其五也，大衍之為五十，十其五也。

（26）朱熹曰：「蓋以河圖中宮天五乘地十而得之。」〔註 80〕又曰：「大衍之數，以天地之數五十有五，除土金木水火五數，并天一，便用四十九，此一說也。」（《語類》卷七五）

愚觀上列《正義》及趙汝楳所引諸家之說，多附會於五十之數。朱熹《語類》之語，與鄭玄之說相近，以天地之數五十有五，減五行數五，而得大衍之數五十也。然本義未舉是語，反以河圖中宮天五乘地十而得之。此乃矛盾所在。又朱氏於《啓蒙・明蓍策》第三曰：「河圖洛書之中數皆五，衍之而各極其數，以至於十，則合為五十矣。河圖積數五十五，其五十者，皆因五而後得，獨五為五十所因，而自無所因，故虛之則但為五十。」惠棟案語近此義，而附註則謂虛五之數乃土之數，與鄭異，似欲合天地之數大於大衍之數也。唯《帛書周易》無大衍章，則大衍之數五十，蓋經多次改良後用蓍之定數。然惠棟逕去天地之數五十五之尾數以合之，甚為牽強。京房〈章句〉釋三才，日十也者，蓋取天干之數；月十二也者，殆取地支之數；星二十八也者，則所謂二十八宿之數也。〔註 81〕惠氏既以大衍之數五十，從天地之數虛五而得之，而又舉京房〈章句〉日、月、星合數，亦相抵矣。

虞氏逸象曰：「艮為星，為斗。」〔註 82〕而艮為人，不知從何取象。惠棟於此曰「其德圓而神，故四十九。」註：「七七，故圓而神。」而於例五條（1）云「六畫而有六十四，八八之數，所謂卦之德方以知也」，益見其散漫無主。其八八為方而七七為圓，反之亦可說。例五條（1）云「分二，則有陰陽」，而此云「分而為二以象兩，乾坤也」而例五條（2）又云「揲卦之時，尚未有畫，故仲翔曰：不道乾坤者也」，乃顯其前後乖違。而此文有云太極生兩儀，

〔註 80〕見《周易本義》，皇極出版社，頁 243。

〔註 81〕見《中國古代天文簡史》，二十八宿條。參見《中國文化史工具書》，頁 142、二十八宿條。

〔註 82〕見《惠氏易學》，易漢學卷三，頁 13，廣文書局，頁 1131。

兩儀生四象，四象生八卦之序，故知揲卦尚未有畫，則分二何以速得乾坤耶？分二以示陰陽可矣。

其下「乾道成男，坤道成女，掛一以象三，六子也。」愚疑〈繫辭・大衍章〉所謂「象兩、象三、象四時、象閏」乃取其象徵之義。是兩非乾坤，三非三才之單卦，四時非春夏秋冬所値之四正卦（例七四言「說卦即明當方位」，而此言「四時，明堂之本也」則知惠氏乃以四時表震兑坎離矣），若皆可生卦，乃與「十有八變而成卦」相違也。惠棟於例四八條（2）引「繫辭上曰：兩儀生四象。仲翔曰：四象，四時也」此惠棟則云「揲之以四以象四時」而又云「象兩、象三、象四時、象閏，是爲四象」而此文又云「分而爲二以象兩」又云「四象由分二而生，故云兩儀生四象」，象兩既在四象之中，而四象又由象兩而生；四時即四象，又爲其一部份。乖違之甚也矣！益見隨文而釋，以致於此。

「四營而成易，十有八變而成卦」者，朱熹註云：「四營，謂分二、掛一、揲四、歸奇也。易，變易也，謂一變也。三變而成爻。十八變而作六爻也。」說文營字段註：

「引伸之爲經營、營治，凡有所規度，皆謂之營。」故知四營者，以動詞言，謂經營程序，歷四次也。「四營而成易」乃和「十有八變而成卦」，在文法上爲相對狀態。四對十八，則營對變矣；是皆做動詞解。今高亨謂九、八、七、六，此四個數謂之四營。〔註 83〕非然也。然高亨又云：「通過三次演算，只能得出一個爻。單卦由三個爻組成，需要經過九次演算；重卦則需要經過十八變才能成一個卦。」（同上）則與朱熹所言相同。朱氏云「易，變易也，謂一變也。」乃就蓍揲之法而言，而惠棟云「太初之氣，寒溫始生，故云易也。」以義理上釋易，當非如是。夫十有八變，而成一六爻之卦。惠棟云「十有八變，乾坤各三畫，故成卦。」謂十八變，止成乾坤兩卦，而未及六子卦；且謂成三畫之卦，而非六爻之重卦，誤矣。大衍章云「八卦而小成」，朱熹本義云：「謂九變而成三畫，得內卦也。」即三爻之才也。

「引而伸之，觸類而長之，天下之能事畢矣。」者朱熹《本義》云：「謂已成六爻（案：指「引而伸之」），而視其爻之變與不變以爲動靜，則一卦可變而爲六十四卦以定吉凶，凡四千九十六卦也。」故惠棟云「引信三才」，同

〔註 83〕見〈從商周八卦數字符號談筮法的幾個問題〉引語、《考古學報》，1981 年第二期，頁 159。

朱熹釋大衍章之義。即繫傳下所云「兼三才而兩之」，謂將八卦，各重之以八卦，而得六十四卦也。唯惠棟將「觸類而長之」謂於成六十四卦而言也，與朱熹言成四千零九十六卦者異。當以朱熹所言較長。

右已言〈大衍章〉所謂「大衍之數五十，其用四十有九。分而爲二以象兩，掛一以象三，揲之以四以象四時，歸奇於扐以象閏，五歲再閏，故再扐而後掛。」其「象兩、象三、象四時」朱熹《本義》曰：「兩，天地也。三，三才也。」乃取其象徵之義，兩非指乾坤兩卦，三才亦非指三才之單卦，或兼三才之重卦也。惠棟云「大衍之數有三才」是也，然而當在「四營而成易」之後，非如惠棟所云「大衍之數有三才，故分二以象兩，掛一以象三」之次序也。以三爻之八卦成立，始得有斯說也。

「大衍之數有五行」者宜作「天地之數有五行」，文前已引朱熹所云「一變生水而六化成之」云云是也。惠棟有〈明堂大道錄〉，其言：「明堂爲天子太廟禘祭、宗祀……皆行于其中，故爲大教之宮……外有四門……有四郊……外薄四海，有四極。」〔註 84〕蓋四時之位，爲東南西北，其四門、四郊、四海、四極皆準此也，乃惠棟所言明堂之位也。惠註云：「聖人南面而聽天下，嚮明而治，蓋取諸此，言明堂之法，取諸離。」愚審朱子本義載「文王八卦方位」，及《中國文明史話》一書載古代地圖，皆南在上北在下，東在左西在右也，是惠棟所云明堂之法，其源有自。而惠棟云明堂之法，「權輿于伏犧之《易》，剏始于神農之制，自黃帝、堯、舜、夏、商、周，皆遵而行之。」〔註 85〕然據諸近代學者發掘出土材料，八卦陰陽符號之確立約當西周晚期，其先則有「數卜法」之卦畫也。然則伏犧於神農、黃帝之前而創八卦之說殆爲託辭，是以明堂之法是否權輿于伏犧，不得而知。此例之大義，殆爲惠棟一己之見，當非八卦成立時之義，以其言矛盾處甚多也。

五、伏羲作八卦之法

（1）　**聖人之作《易》也，以至誠能盡其性，立天下之大本，故幽贊于神明而生蓍。大衍之數五十其用四十有九，所謂蓍之德圓而神也。分二，則有陰陽，所謂觀變于陰陽而立卦也。掛一則有三才，所謂參天也。揲四、歸奇，則發揮于剛柔而生爻，所謂兩地也。和順于道德而理于**

〔註 84〕見《惠氏易學》，廣文，頁 1235。

〔註 85〕見同註 84。

義，則人道立而三才具，兼三才而兩之，立六畫之數，所謂參天兩地而倚數也。六畫而有六十四，八八之數，所謂卦之德方以知也。

△按：此文爲惠棟案語。「聖人之作易也……而生蓍」云云，俱論於例三條5。今有疑焉者：〈大衍章〉不見於《帛書周易》，張政烺以爲西漢中期之作，則是否爲《周易》之成卦法，一也；若爲《周易》之成卦法，而依徐錫台、樓宇棟之見，陰陽符號成立於西周晚期，則伏羲其人遂晚出於文王、武王，此不合歷史次序，亦與卦爻辭所載史實相背，二也。陰陽符號成立之前有所謂「數卜法」之單卦、重卦也，然「八卦」之確定，必肇端於陰陽符號之成立。是以即使伏犧確有其人，乃「數卜法」或類似《太玄經》四位一首之卦畫之發明者也，而非八卦之創立者也。愚竊以爲，商周出土材料，其卦占有數象並行於世之趨勢。「數卜法」以數立卦，而張亞初、劉雨所發現類似《太玄經》之卦畫乃以象立卦。若大衍之數爲《周易》之成卦法，當爲揉合前二者而成也。愚以爲，惠棟云「聖人作易也」可也，謂「伏犧作八卦」不可也。惠棟於此條，乃取繫上本義第九、第十，及說卦第一二章互釋之也。

「蓍之德圓而神」者，朱熹云：「謂變化無方。」是蓍數用四十九，分而爲二，所分出者其數變化無方，故云。「卦之德方以知」者，朱熹云：「謂事有定理。」〔註86〕而惠棟則八乘以八得六十四卦之數釋之，近似數學原理。「分二」當指「蓍之德圓而神」而說，然四十九分爲二，必爲一奇數一耦數，奇爲陽、耦爲陰，則惠氏云「分二，則有陰陽，所謂觀變于陰陽而立卦」可以認同。

然則「參天兩地」蓋非如惠氏所云之義。屈萬里云：「《正義》引馬融曰：『五位相合，以陰從陽。天得三合，謂一三與五也。地得兩合，謂二與四也。』案；〈繫辭傳〉以天地配數字，奇數屬天，偶數屬地。一、三、五，三數皆奇，天數也；故曰參天。二、四兩數皆偶，地數也；故曰兩地。而五行之數字，於一至五，謂之生數；六至十，謂之成數。參天兩地而倚數者，據五行生數言，蓋一、三、五合爲九，二、四合爲六；九、六，易之數也。」〔註87〕其說較惠棟所言，更爲合理也。然此筮法有「數卜法」存焉。

張政烺於〈試釋周初青銅器銘文中的易卦〉文中論「數卜法」云：「計一

〔註86〕引自《周易本義》，皇極出版社，頁250。
〔註87〕引自《續僞書通考》，學生書局，頁32。

至八字出現次數如下：一（36）二（0）三（0）四（0）五（11）六（64）七（33）八（24）……《易》以道陰陽，陰陽不成對還有什麼《易》理可讀？可是我們把奇數出現的次數加起來爲八十，把偶數出現的次數加起來爲八八，兩個得數卻差不多，可見二、三、四這三個數字雖不見，它實際上還是存在的。只是不曾正式列出來，而把它寄存在其他數字之中。案照簡單的推想是：二、四併入六，三併入一。什麼原因使它如此呢？我的解釋是這樣：古漢字的數字，從一到四都是橫畫爲之，一 二 三 亖自上而下書寫起來容易彼此摻合，極難區分，因把二、三、四從字面上去掉，歸併到相鄰的偶數或奇數之中，所以我們看到六字和一字出現偏多，而六字尤占絕對多數的現象。占卦實際使用的是八個數字，而記錄出來的只有五個數字，說明當時觀象重陰陽，那些具體數目並不重要。這是初步簡化，只取消二、三、四，把它分別向一和六集中，還沒有陰爻（--）、（—）的符號。長沙馬王堆帛書《周易》大約寫于公元前一八〇～一七〇年左右，其中的六十四卦所畫的陰陽爻則與後世用的-- —相同了。」〔註88〕

愚謂張氏言其時只重陰陽，而具體數目之一三五或二四六等不重要，甚有理也。而所謂陰即偶數、陽即奇數也。「數卜法」止用一、五、六、七、八等五個數字，張氏推想爲「二四併入六，三併入一」，乃原先因防止數字符號混淆而如此也，亦有理也。愚又以爲，時人重視陰陽觀念之結果，遂演生爲後代陰陽之符號，以取代用奇偶數字成卦之「數卜法」也。愚依馬融及屈萬里釋「參天兩地倚數」之義，以爲合「一、三、五」爲「九」，合「二、四」爲「六」，是「參天兩地倚數」者也。然馬融曰「五位相得，以陰從陽」，陰者二、四、六、八、十也，陽者一、三、五、七、九也。《正義》於〈繫辭傳〉「五位相得而各有合」一句下疏云：「若天一與地六相得合水」云云，乃以陽數與陰數兩兩相合而配以五行。唯馬融「五位相得，以陰從陽」之言，止以偶數（陰）合奇數（陽），而分配於東西南北中五個方位也，其未言配以五行也（世傳河圖黑白點數及方位同其說，唯不知孰早出也）。若既有如屈萬里所云配以五行之義，而繫傳之「五位相得而各有合」終究與「參天兩地而倚數」有別。察〈說卦傳〉首章云「昔者聖人之作《易》也，幽贊於神明而生蓍，參天兩地而倚數，觀變於陰陽而立卦，發揮於剛柔而生爻。」乃揲蓍成卦之

〔註88〕引自〈試釋周初青銅器銘文中的易卦〉一文、《考古學報》，1980年，第四期，頁406。

次第也。愚竊以爲「參天兩地而倚數」一語無有深義，與五行之說無關。即如同張政烺所云只重陰陽，不重具體數目也。所謂「天」即「陽奇」也，「地」即「陰偶」也。「數卜法」乃「二四併入六，三併入一」止成「一、五、六、七、八之五個用數。所謂「參天兩地而倚數」，正義曰：「倚，立也。」

是繼「數卜法」，更將「一、三、五」併入「九」，「二、四」併入「六」，而沿用「數卜法」之「七、八」，遂立「六七八九」四個揲蓍成卦之數。即朱熹、高亨所解〈大衍章〉成卦法所得之數也。〔註 89〕

張亞初、劉雨曰：「《馬王堆漢墓》出土的帛書《周易》，並無成卦法的記載。所以，商和西周的成卦法是否依上面的辦法（案：指高亨所解〈大衍章〉筮法），這個問題還有待于今後進一步來研究。」〔註 90〕其〈大衍章〉筮法，是否與「數卜法」筮法相同，有待研究。愚竊以爲「數卜法」用「一、五、六、七、八」，張政烺又謂其「二、三、四」用而不寫，則一至八皆「數卜法」之用數也。而〈大衍章〉筮法止用「六、七、八、九」，其筮法必經改良也。然而，「參天兩地而倚數」乃就後起之「天地之數」思想，以數字字面上之合併爲主。顯然爲〈大衍〉筮法成立後而有此語也。因說卦傳於此語下繼之曰「觀變於陰陽而立卦」，是「九、六」乃爻變動之用數也，亦合易經「變易」之義也。若在〈大衍〉筮法成立前，既有此語，則依「數卜法」，是「九、六」出現之次數，較「七、八」更多也。此不合〈大衍〉筮法「九、六」得數少、「七、八」得數多之原則也。故〈大衍〉筮法必經改良，將「九、六」之得數少者代表變動之陰陽爻，曰「老陽、老陰」：又將「七、八」之得數多者代表不變之陰陽爻，曰「少陽、少陰」也。〈大衍〉筮法之前，當有將「一、三、五」併入「九」，「二、四」併入「六」之筮法也，或稍有所異，而皆類於「數卜法」以多個數字爲用數。因其二筮法間，容有多種筮法存焉，而其一至九之數字皆可用也。可知者，將「一、三、五」之用數併入「九」，而「二、四」之用數併入「六」，是「九、六」出現次數必多於「七、八」，絕非〈大衍〉

〔註 89〕《周易本義》之「筮儀」，與高亨於《周易古經通說》一書所提及之筮法（見張亞初、劉雨著〈從商周八卦數字符號談筮法的幾個問題〉，《考古學報》，1981 年，第二期，頁 159 所引），二者相同。唯「四營」之解，高氏謂「六、七、八、九」，非然也。「營」者，說文段注：「引伸之爲經營、營治，凡有規度，皆謂之營。」朱熹謂：「分二、掛一、揲四、歸奇也。」是朱說較勝。

〔註 90〕見〈從商周八卦數字符號談筮法的幾個問題〉，《考古學報》，1981 年，第二期，頁 161。

筮法可類比。然於發掘數字卦之材料中，止有一事多筮之例，而無爻變卦變之例，〔註91〕則其出現數字次數之多寡，乃無關於爻之變與否，因其數字皆無所謂變，而時人止重陰陽也。

故知「參天兩地而倚數」一語，吾人從中隱約可尋古代數字成卦法之遺跡也。

（2） **〈繫下〉曰：陽卦多陰，陰卦多陽，陽一君而二民，陰二君而一民。揲卦之尚未有畫，故仲翔曰：不道乾坤者也。**

△按：此文為惠棟案語。朱熹云：「震坎艮為陽卦，皆一陽二陰；巽離兌為陰卦，皆一陰二陽。」〔註92〕又曰：「君謂陽，民謂陰。」〔註93〕而乾為純陽爻，自為陽卦；坤為純陰爻，自為陰卦。凡此皆言三爻之八卦也。惠氏曰：「揲卦之時，尚未有畫，故仲翔曰：不道乾坤者也。」未詳其義。審〈繫下〉同章云：「陽卦奇，陰卦偶。其德行何如也？陽一君而二民，君子之道也；陰二君而一民，小人之道也。」而泰卦〈彖傳〉：「內陽外陰，內健外順，內君子而外小人。」否卦彖傳：「內陰而外陽，內柔而外剛，內小人而外君子。」是以張惠言云：「乾為君，坤為民。」也。〔註94〕故乾為陽卦，坤為陰卦明矣。此章不言純陽、純陰者，蓋略之也。

（3） **乾六爻二四上為陰，則坤之位也。坤六爻初三五為陽，則乾之位也。故用九用六之法，乾二居坤五，坤五降乾二，乾四居坤初，坤初居乾**

〔註91〕許多材料中載有二個數字卦，或並列，或上下連寫，張烺政以為是兩兩之變卦也，又謂八可變六，同是陰爻：五變一，同是陽爻。而結論云：「這幾條材料則一、五、六、七、八皆可變，沒有不變之爻。」（參見同注十一，頁408）而張亞初、劉雨則云某些材料，或二個、或三個同在一材料中，推測乃為一事多筮之例也，其結論云：「可見占筮的次數，一次、兩次、三次，並不一定，但一事之筮，一般當不超過三次。」（參見同注五，頁162）比較二論，當以後者為勝。因張政烺將「八變六、五變一」解釋為：「案照《周易》家的方法，卦變是推出卦中某爻宜變，隨手把陰爻改為陽，或陽爻改為陰即得……八變六，同是陰爻……五變一，同是陽爻。知道它和《周易》不同，當是布著推算的結果。」其說乃採虞翻之倫之「卦變」說，然其法非易筮之正例，不可憑也。又「八變六、五變一」顯有違常理。故愚不取張政烺之見，而採張亞初、劉雨二氏之見，彼乃一事多筮之例，且爻皆不變也。

〔註92〕見《周易本義》，皇極出版社，頁263。

〔註93〕見同上。

〔註94〕見徐芹庭撰、《虞氏易述解》，五洲出版社，頁260所引。

四，乾上居坤三，坤三居乾上，坤稱用，發揮子剛柔而生爻，立地之道，故稱用也。

△按：此文爲惠棟案語。《帛書周易》，用九用六之「用」作「迵」，黃師慶萱，謂「迵」字作「通」解。即用九者，乾六爻陽盡變爲陰；用六者，坤六爻陰盡變爲陽。《左傳》占例多一爻動，然亦有多爻動，及六爻全變之例。左傳昭公二十九年：「《周易》有之：在乾之姤，曰『潛龍勿用』。其同人曰『見龍在田』，其大有曰『飛龍在天』，其夬曰『亢龍有悔』，其坤曰『見群龍無首，吉』，坤之剝曰『龍戰于野』。」〔註95〕依其說，可知乾之坤，即用九之義也。而現行本《周易》，與漢文帝初年所書之帛書本《周易》，皆有「初九」「初六」等名詞。〔註96〕從《左傳》昭公二十九年所載，初九在乾，即乾之姤也，餘例依此。何以《左傳》、《國語》筮辭，皆無「九」、「六」之說？嚴靈峰謂其時未有此名也，「九」、「六」之插入《周易》本，當在戰國末，秦、漢間，其創作者，當是《易》〈象傳〉、〈文言傳〉等儒生。〔註97〕其言殆是。察《禮記・深衣》：「……方其義也，故《易》曰：『坤、六二之動，直以方也。』」〔註98〕《禮記》著於先秦，則「九」「六」之插入《周易》本在《禮記》之前也。惠棟云用九用六之法，誤矣。

總案：伏羲既爲託古之稱，而八卦繼殷周「數卜法」之後始定其勢，則例題「伏羲作八卦之法」已不可成立。且惠棟案語云云，皆一已之辭，所謂「惠《易》」則可。矧其矛盾之處不少，非八卦原法也。

六、大衍太極

（1）　**天地之數，五十有五，虛五而可衍。大衍之數五十，虛一而可用。一與五，皆道之本也。一者，大也。五者，極也。故謂之太極。**

△按：例四條1愚已論明，大衍章不見於《帛書周易》，則其與天地之數有否關係，令人生疑。矧惠棟虛其天地之數五，以就大衍之數五十也。毛奇齡曰：「大衍指筮言，舊指天地之數，謬矣。蓋以天地之數爲大衍，非大衍即天地

〔註95〕見《周易古義》，河洛圖書出版社，頁12。
〔註96〕見〈帛書六十四卦跋〉，張政烺著，《文物》，1984年，第三期。
〔註97〕見《易學新論》，正中書局，頁124。
〔註98〕見《先秦諸子易說通考》，文史哲出版社，頁10。

數也。其數五十即下文天地之數五十五也。衹言五十者，蓍數五十，凡蓍五十莖。且亦以天地生成之數止五十也。生數止五，成數止十，故稱五十。鄭康成謂五行氣并，故滅五，不可解。」〔註 99〕惠棟《周易述》云：「天地之數五十有五，五行也，而五為虛。」〔註 100〕足見惠氏承鄭氏之說也。毛氏謂其見不可解，然毛氏之見亦不可解也。既言蓍數五十，而又言生數止五，成數止十，故稱五十。豈前言整數「五十」，後言「五」與「十」合為「五、十」耶？又謂天地生成之數止五十，是言「五」與「十」合為「五、十」耶？抑言整數耶？斯又不合繫上所言「五十五」之數。陶定山大衍論：「或曰：天地之數五十五，虛其中金木水火土五數而為五十，則尤謬解。夫衍者，演也。……而天地之用，莫大于五行，豈有金五行而置空虛無用之區哉？」〔註 101〕此可一語道破惠棟之見矣。惠棟《周易述》云：「大極，大一也。」〔註 102〕遵此，極者，一也。而今惠棟又云：「一者，大也；五者，極也。」與之相矛盾矣。

（2）　〈洪範〉五皇極鄭註云，極，中也。楊子曰，中和莫尚于五。

△按：焦循《易章句》云：「太極，猶言大中也。」〔註 103〕然則極可稱中也。惠棟《周易述》有言：「太一者，極大曰太，未分曰一。太極者，極，中也。未分曰一，故謂之太一。未發為中，故謂之太極。在人為皇極，其實一也。」〔註 104〕然則，何謂中和？中庸首章云：「喜怒哀樂之未發，謂之中；發而皆中節，謂之和。中也者，天下之大本也；和也者，天下之達道也。致中和，天地位焉，萬物育焉。」何以「中和莫尚于五」？朱熹云：「五變生土而十化成之。」〔註 105〕且《周易本義》載河圖洛書，其數五皆位於圖之中央。《卜筮正宗》云：「戊己中央土。」〔註 106〕故云。

總案：惠棟以天地之數，虛其尾數之五，以就大衍之數，不可據也。又極或曰一，或曰五，已有矛盾矣。

〔註 99〕見《易經集成》第七八冊《仲氏易》，成文出版社，頁 637。
〔註 100〕見同上，頁 498。
〔註 101〕見同上，頁 498。
〔註 102〕見《惠氏易學》上，頁 450。
〔註 103〕見《易經集成》第九一冊，頁 199。
〔註 104〕見同上。
〔註 105〕見《周易本義》，皇極出版社，頁 243。
〔註 106〕見卷一，宏業書局，頁 2。

七、元亨利貞大義

《易》首晦蝕且二千年矣。元亨利貞，乃二篇之綱領。魏晉已後，註《易》者皆不得其解。案革彖辭曰：巳日乃孚，元亨利貞，悔亡。虞翻註云：悔亡，謂四也，四失正，動得位，故悔亡。離為日，孚謂坎，四動，體離，五在坎中，故巳日乃孚。已成既濟，乾道變化，各正性命，保合太和，乃利貞，故元亨利貞，悔亡，與乾彖同義。又乾〈文言〉曰，時乘六龍，以御天也。雲行雨施，天下平也。荀爽註云、乾升于坤，為雲行。坤降于乾，為雨施。乾坤二卦成兩既濟，陰陽和均而得其正，故曰天下平也。是漢已前解四德者，皆以既濟為言。莊三年〈穀梁傳〉曰：獨陰不生，獨陽不生，獨天不生，三合然後生。《乾鑿度》曰：天地不變，不能通氣。鄭元註云：否卦是也。又曰：陰陽失位，皆為不正。註云：初六陰不正，九二陽不正。故虞翻註〈下繫〉云：乾六爻二四上非正，坤六爻初三五非正，蓋乾必交坤而後亨，爻必得位而後正。若四德專謂純乾，獨陽不生，不可言亨，二四上爻不可言貞，既非化育之常又失用九之義，原其所以，因漢末術士魏伯陽《參同契》用坎離為金丹之訣，後之學者黴郴異說，諱言坎離，于是造皮膚之語，以釋聖經。微言既絕，大義尤乖，殊不知聖人贊化育以天地萬物為坎離，何嫌何疑，而諱言之乎？今幸東漢之《易》猶存，荀虞之說具在，用申師法，以明大義，以溯微言，二千年絕學，庶幾未墜，其在茲乎，其在茲乎！

△按：蒙傳銘於「《周易》元亨利貞析論」一文中指出：「本文之結論有二：一爲關於『元亨利貞』之訓詁者，即訓元爲大，訓亨爲通，訓利爲利益之利，訓貞爲守其素常而不變。二爲關於『元亨利貞』之讀法者，即此四字原爲二詞，應讀爲『元亨，利貞』所謂『元亨』，即『大亨』也；所謂『利貞』，即『守其素常而不變乃利也』由此，可知昔賢謂『元亨利貞』爲乾卦之『四德』者，其誤殊不必辯也。」〔註107〕季旭昇於〈易經占筮性質辨說〉一文中指出：「(1) 元亨就是大亨的意思。《易經》有『元亨』(大亨)，也有小亨，大小對待，可見『亨』上面的『元』、『小』只是副詞，不是斷辭。……遍查全經、元沒有單獨當斷辭用的，可見得元亨只是一個斷辭。(2) 利貞就是利於貞問

〔註107〕引自《中國學術年刊》第六期，頁1，民國73年6月版。

的意思。卜問是貞的本義，《易師》卦〈彖辭〉:『貞，正也。』那是後起義，不適用於《易經》。貞是動詞，所以底下可以有受詞，如貞疾（豫六五爻辭）；貞大人，吉（困卦辭）；貞婦人吉，夫子凶（恆六五爻辭）。貞上面也可以有主詞，如：女子貞，不字（屯六二爻辭）；幽人貞，吉（履九二爻辭）；婦人貞，吉（恆六五象）。

由於貞問本身無吉凶，但是貞問的結果卻有吉凶，因此貞下面的斷辭有很多種，吉凶各異，如：小貞吉，大貞凶（屯九五爻辭）；弟子輿尸，貞凶（師六五爻辭）；婦貞，厲（小畜上九爻辭）；貞吝（恆九三爻辭）。《易經》中有『利貞』，也有『不利貞』，如：不利君子貞（否卦辭）；不可貞（蠱九二爻辭）；小利貞（遯卦辭）。以上這些句子，把貞解釋作『卜問』，無不文從字順；；解釋作『正也』，立刻窒礙難通，可見利貞也只能是一個斷辭（以上貞字略本錢穆先生《易經研究》之說）。《易經》中類似『元亨利貞』這種被人誤解的句子很多，這些文字障不解決；《易經》的廬山眞面目永遠無法看清。」〔註108〕高亨釋「乾元亨利貞」云：「乾，卦名也。元，大也。亨即享字。古人舉行大享之祭，曾筮遇此卦，故記之曰元亨。利貞猶言利占也。筮遇此卦，舉事有利，故曰利貞。」〔註109〕蒙傳銘云：「蓋《周易》經文中，首字用『亨』而能獨立爲句者，乃與『吉』字同類之占辭，並非『享祭』之義也。然如隨上六：『王用亨于西山。』升六四：『王用亨于岐山。』益六二：『王用亨于帝。』此三『亨』，確爲『享祭』之義。」〔註110〕

愚謂，蒙氏讀爲「元亨，利貞」二詞，是也。其曰「元亨」爲「大通」，與「大吉」「元吉」爲同類之占辭，可以贊同。又謂分「元亨利貞」爲四德乃誤解，則惠棟所言非本義矣。依季旭昇先生所分析，則貞字作「卜問」之義爲確也。高亨所云「利貞」之義是矣。嚴靈峰云：「又彖傳上云：『貞，正也。』則『貞』，固有『正』義；惟後鄭必欲『卜問』與『貞正』一義貫通一解，殊失古義。羅振玉在殷墟書契考釋中說：『古經註「貞」皆訓「正」，惟許書有「卜問」之訓。古誼古說，賴許書而僅存者，此其一也。』羅說極爲正確！」（引自《易學新論》，正中，頁117）此亦一證也。

〔註108〕引自《中國學術年刊》第四期，民國71年6月版，頁8～9。
〔註109〕參見《周易古經今註》，卷一，頁1，民國63年2月版，樂天書局。
〔註110〕同註107，頁12。

八、利　貞

> **虞仲翔註《易》，以《易》之利貞，皆謂變之正，及剛柔相易，乾升坤降之類。案《荀子‧臣道篇》曰：上下易位然後貞。此說與《易》合，但《荀子》專指湯武，則有不盡合耳。**

△按：《易經》之「利貞」本義已明於例七，即「筮遇此卦，舉事有利」也。十翼以降，多以貞字作「正」解。虞翻如是。惠棟亦如是。然則，漢有漢《易》，宋有宋《易》，民國亦有現行之《易》說；虞翻有虞氏《易》，鄭玄有鄭氏《易》，惠棟有惠氏《易》，朱熹有朱氏《易》，眞可謂眾說紛紜，通變己說。而學問當求乎原本大義，然後始可循其脈絡，察其得失之地。

又此例宜與例七合併。

九、天地之始

> **序卦曰，有天地，然後萬物生焉。干寶註云，物有先天地而生者矣。今正取始于天地，天地之先，聖人弗之論也。余謂聖人言太極、太一（禮運），言元，言一，即天地之先也。但不言元與言先天圖耳。**

△按：物有先天地而生者，太極也。然太極由何生焉？愚謂：無極也，即道也。宇宙一太極，人亦一太極，羅光先生有云：「人是宇宙的一部份，而且是最優秀的部份，因爲人最靈，在人的靈性上反映出宇宙的一切特性，人也稱爲一個小宇宙，一個小天地。小宇宙和大宇宙相連，互相貫通。天地變易的原則就是人的生活原則，天地運行的氣，也在人的身體中運行。因此，人中的最智慧者，即是聖人能明瞭宇宙原則的奧妙，又能夠仿效宇宙的原則去實行。」〔註111〕無極而太極，太極而天地，天地而萬物，實包括時間與空間之程序。羅光所言，即空間之一種程序。而其物質空間上下內外，充塞無形無名者，即「無極」也。莊子曰：「六合之外存而弗論，六合之內論而弗議。」乃以空間言也。愚以爲「六合」者，《易》卦六爻之相合也。宇宙一太極，人一太極，則六爻之卦，亦一太極也。故六合者，實言萬物之太極也。主乎其間曰無極，無形無名，故存而弗論也。此猶惠棟云：「天地之先，聖人弗之論也。」特愚以爲時間程序，太極之前當有無極也。

〔註111〕參見《哲學與文化月刊》，卷五，期八，頁13，〈中國哲學的基本觀念〉——十二講」。

何謂先天圖也？朱熹云:「伏羲四圖，其說皆出邵氏。……所謂先天之學也。」〔註112〕此四圖者，即《周易本義》所載之伏羲八卦次序、伏羲八卦方位、伏羲六十四卦次序、伏羲六十四卦方位四圖也。胡渭云：「案康節先天八卦次序，伊川不用，以為聖人八卦，每卦便是三畫。其後精通邵學者，莫如漢上。而集傳釋兩儀、四象、八卦，亦不從康節意可知矣。朱子初亦疑之，謂伏羲至淳厚，未必如此推排。」〔註113〕惠棟殆有鑑於斯，故云聖人不言先天圖也。愚謂此四圖必在西周陰陽符號成熟後，方能產生。黃宗羲引朱震〈經筵表〉云：「陳摶以先天圖傳种放，放傳穆修，修傳李之才，才傳邵雍。」〔註114〕陳摶承於何人已不可考。豈陳氏所作乎？

十、象五帝時書名

> **象者，五帝時書名也。〈堯典〉歷象，日月星辰，此歷書也。象以典刑，〈皋陶謨〉（俗稱益稷）曰方施象刑，惟明此刑書也。予欲觀古人之象，此易書也。《易》曰：在天成象，法象莫大乎天地，聖人因天，故治天下之書，皆名象。《周禮》六官六象，縣于象魏，故《春秋傳》命藏象魏，曰舊章不可忘也。韓宣子聘魯見《易》象，猶沿五帝之名，則象為書名無疑也。**

△按：《說文》「象」字，段註云：「《周易・繫辭》曰：象也者像也。此謂古《周易》象字，即像字之假借。韓非曰：人希見生象，而案其圖以想其生，故諸人之所以意想者，皆謂之象。似古有象無像，然像字未製以前，想像之義已起，故《周易》用象為想像之義。如用《易》為簡易、變易之義，皆於聲得義，非於字形得義也。」又「像」下曰：「韓非以前或祗有象字，無像字。韓非以後，小篆既作像，則許斷不以象釋像，復以象釋像矣。繫辭曰：爻也者，效此者也；象也者，像此者也。又曰：象也者，像也；爻也者，效天下之動者也。蓋象為古文，聖人以像釋之。雖他本像字亦作象，然鄭康成、王輔嗣本，非不可信也。」余審胡自逢先生所著《周易鄭氏學》，引鄭玄本是作「象也者，像也」，《十三經註疏》引王弼本作「象也者，像也」。而李鼎祚集解本、徐芹庭先生著《虞氏易述解》引虞翻本，作「象也者，象也」由此知，

〔註112〕引自《周易本義》，頁24，皇極出版社，民國69年10月版。
〔註113〕引自《易圖明辨》，廣文書局，民國65年5月版，頁329～330。
〔註114〕引自《易學象數論》，廣文書局，民國63年9月版，頁38。

《周易》傳本有此差異存焉。余以爲，韓非以前或祇有「象」字而無「像」字，而其後小篆方有之。細思之，其繫辭傳作「像」者，有鄭王二本，段氏謂非不可信，則繫辭傳之作當不早於韓非之時，以作繫辭傳者，乃以像釋古文象也。

又遍查諸書，尚未見類惠棟之言，以象爲書名。夫繫辭「在天成象」，與「在地成形」連句，則此象字與圖形之義近矣。「法象莫大乎天地」，與下二句「縣象著明莫大乎日月」之句構相同。後句乃言其物象懸於天而著其光明者莫大乎日月：前句乃言，吾人取法於物象，莫大乎天地也。故法象之象，絕非書名。然則，「象曰」之象，或以爲官名，惠棟云「周禮六官稱六象」，豈非以象爲官名耶？又云「韓宣子聘魯，見《易》象」，豈非見掌《易》卜之官也？

十一、八　卦

伏羲時止有八卦，參天兩地，而有六畫，故有六十四。其六十四卦之名，則後人所加也。

△按：例四例五已論及八卦及六十四卦之陰陽符號，乃形成於西周晚期。卦名之定，當亦在彼時。若謂伏羲乃三代前之人物，是不合演進之程序也。愚疑八卦、六十四卦、及卦名，皆同時於數字卦後所產生。參見例三條（9）（17）。惠棟之見，案之〈繫辭〉亦不合焉。〈繫下〉第二章云。「古者包犧氏之王天下也……作結繩而爲罔罟，以佃以漁，蓋取諸離。」朱熹《本義》云：「兩目相承，而物麗焉。」足見〈繫辭〉此文作者以爲伏犧已重卦也。

十二、兼三才

兼才之說：乾稱天行。坤稱地勢。坎稱習，習，襲也。離稱兩，兩地之義。震稱薦，薦，再也。巽稱重。艮稱兼，兼三才之義。兌稱麗，麗澤兌，君子以朋友講習，習亦習也。皆有重義。〈繫下〉所謂因而重之也。

△按：兌大象，朱熹註云：「兩澤相麗，互相滋益，朋友講習，其象如此。」〔註 115〕故惠棟所言確矣。又爲卦內外皆兌，說卦：「兌爲口」，故有口說之

〔註 115〕《周易本義》，皇極出版社，民國 69 年 10 月版。

象。以爻等諸法釋之，兌上六世爻未土與六三應爻丑土，皆爲父母爻。王洪緒云：「文書即父母。父爻爲書籍、爲學館、爲學分。」〔註116〕今世應皆父母爻，以生九五酉金兄弟，兄弟爻爲朋友之象也，故云。《尚書・洪範篇》曰：「曰貞曰悔。」是古代數字卦有一事二筮之例。則以重卦言之，是內卦爲貞，外卦爲悔，一重卦即筮二次三爻單卦也。所謂「天地人三才」乃後起之說，而八純卦中，坎稱習、離稱兩、震稱薦、艮稱兼、巽稱重，皆指內外卦重復而言，猶保存「貞悔」之原義也。

十三、《易》初爻

乾初爻曰：潛龍勿用。坤初爻曰：履霜堅冰至。虞仲翔以乾初積善，坤初為積惡，故曰：善不積不足以成名，惡不積不足以滅身。《史記・太史公自敘》曰：故《易》曰：失之毫釐，差以千里，故曰：臣弒君，子弒父，非一旦一夕之故，其漸久矣。仲翔註《易》云：坤消至遯，艮子弒父；至否，坤臣弒君，是其義也。《易》甲子卦氣起中孚，甲子即初九也。〈繫辭〉論中孚九二曰：君居其室，出其言善，則千里之外應之，況其邇者乎？居其室，出其言不善，則千里之外違之，況其邇者乎？即所謂失之毫釐，差以千里也。故曰：正其始，萬物理（始即初爻）。此當是《易傳》之闕文，而《易緯》引之，非《易緯》之本文也（正其始，一作正其本。本與始，皆為初也。初最微，故曰毫釐，即詩之德輶如毛也。初九積善成名，初六積惡滅身，故曰失之毫釐，差以千里）。〈繫辭〉：憂悔吝者存乎介。介謂纖介，初之類也。《參同契》曰：纖介不正，悔吝為賊。

△按：成蓉鏡以爲：凡初爻稱始，亦稱下，亦稱卑，亦稱足，亦稱趾，亦稱履，亦稱屨，亦稱尾，亦稱窮，又稱元，初爲本，又爲賤位，又有藉薦之義。〔註117〕愚甚同其意。而在三才地道之下，故亦有潛之象，惠棟所舉乾初九爻曰潛龍勿用，是矣。然惠棟舉「善不積，不足以成名；惡不積，不足以滅身。」於〈繫辭傳下〉乃釋噬嗑上九爻之義，與此例「《易》初爻」異義，非釋乾坤初爻義也。特其與〈文言傳〉釋坤初六「積善之家，必有餘慶。積不善之家，

〔註116〕見《卜筮正宗》，卷十，頁3，宏業書局，民國74年3月版，頁103。
〔註117〕見《周易釋爻例》，廣文書局，民國63年9月版，頁25～26。

必有餘殃。臣弒其君……其所由來者漸矣，由辯之不早辯世。」相呼應。是前者所重在果，後者所重在因也。太史公云「失之毫釐，差以千里」，不見於今本《周易》。

虞氏註《易》云云，坤消至遯，謂陰進陽退爲遯卦，外乾內艮，乾爲父、艮爲少男，故曰「子弒父」。至否，外乾內坤，說卦：「乾爲君」，〈文言傳〉：「坤……臣道也。」故曰「臣弒君」也。「君子居其室」云云，乃論中孚九二，非初爻也。此乃對應關係，非漸進之趨勢也。故朱熹云：「九二中孚之實，而九五亦以中孚之實應之。」〔註 118〕「憂悔吝者存乎介」，與初爻無絕對關係。查《周易》爻辭，二、三、四、五、上各爻、皆或見「悔」「吝」二字。朱熹云：「介，謂辯別之端，蓋喜惡已動而未形之時也。」〔註 119〕然則，惠棟云「介謂纖介」其義可通，唯以之爲「初之類」，乃囿於爻象，是其失也。

十四、虞氏之卦大義

之卦之說本諸〈彖傳〉，而雜見于荀慈明、姚元直、范長生、候果、盧氏諸人之註。惟虞仲翔之說尤備，而當今從。考之乾坤者，諸卦之祖，乾二五之坤，成震、坎、艮；坤二五之乾，成巽、離、兌。所謂兩儀生四象，四象生八卦也。復、臨、泰、大壯、夬，陽息之卦，皆自坤來；遘、遯、否、觀、剝，陰消之卦，皆自乾來。而臨、觀，二陽四陰；大壯、遯，四陽二陰；泰、否，三陽三陰。又以例諸卦，自臨來者四卦，明夷、解、升、震也；自遯來者五卦，訟、无妄、家人、革、巽也；自泰來者九卦；蠱、賁、恆、損、井、歸妹、豐、節、既濟也；自否來者九卦，隨、噬嗑、咸、益、困、漸、旅、渙、未濟也；自大壯來者五卦，需、大畜、睽、鼎兌也；自觀來者四卦，晉、蹇、萃、艮也。自乾來而再見者，從爻例也。卦無剝、復、夬、遘之例，故師、同人、大有、謙，從六子例，亦自乾坤來；小畜，需上變也；履，訟初變也。豫自復來，乃兩象易，非乾坤往來之謂也。頤、小過，晉四之初、上之三也；大過、中孚，訟上之三、四之初也。此四卦與乾坤坎離反復不衰，故不從臨觀之例。師二升五成比；噬嗑上之三，

〔註 118〕見《周易本義》，皇極出版社，民國 69 年 10 月版，頁 212。
〔註 119〕見同上，頁 231。

> 折獄成豐；賁初之四，進退無恆，而成旅；皆據〈傳〉為說，故亦從兩象《易》之例。屯、蒙從坎、艮來，屯剛柔始交，蒙以亨行時中，亦據〈傳〉為說，不從臨觀之例。因〈繫辭〉、〈彖傳〉而復出者二，睽自無妄來，蹇自升來，皆二之五。其得李挺之作六十四卦相生圖，用《老子》一生二、二生三之說，至于三而極。朱子又推廣之，而用王弼之說，名曰卦變，且以己意增益，視李圖而加倍，至作《本義》，又以二爻相比者而相易，不與卦例相符，故論者謂不如漢儒之有家法也。

△按：此惠棟案語解虞氏「之卦」大義。

其言「乾二五之坤……四象生八卦也」，語有弊漏，愚已論於例一條（2）矣。「復、臨、泰、大壯、夬，陽息之卦，皆自坤來。遘、遯、否、觀、剝，陰消之卦，皆自乾來。」者，乃以消息十二卦，皆由乾坤變來。屈萬里曰：「虞氏以爲諸卦胥由消息卦而出，故一陽五陰之卦，生自剝、復；一陰五陽之卦，生自姤、夬；二陰四陽之卦，生自遯、大壯；二陽四陰之卦，生自臨、觀；三陰三陽之卦，生自泰、否。然亦有變例，變例以一陰一陽爲多。」〔註 120〕屈氏以爲有一陽爻一陰爻卦之例矣。其載「甲、一陽五陰之卦凡六：一、復，彖傳集解引虞翻曰：『陽息坤。』（以下所引，皆出《集解》，但曰註云，不更詳所出）。二、師，註闕。三、謙，註云：『乾上九來之坤。』四、豫，註云：『復初之四。』五、比，註云：『師二上之五。』六、剝，註云：『陰消乾也。』乙、一陰五陽之卦凡六：一、姤，註云：『消卦也。』二、同人，註闕。三、履，註云：『謂變訟初爲兌也。』四、小畜，註云：『需上變爲巽。』五、大有，註闕。六、夬，註云：『陽決陰，息卦也。』案一陽五陰之卦，豫之『復初之四』則明言自復來矣。師註闕而弗詳，謙比則皆變例。一陰五陽之卦，同人大有註皆闕，不詳所自。履小畜兩卦，又皆變例也。」而惠棟云：「卦無剝、復、夬、姤之例，故師、同人、大有、謙從六子例，亦自乾坤來。」惠棟以虞註復、剝、姤、夬諸四卦爲消息卦例，非「之卦」例也，此與屈氏所舉者異。愚察《集解》本引虞註〈彖傳〉：於師卦云：「二失位，變之五爲比。」既非「之卦」例，亦非「六子」例，乃「升降」例也。虞註同人〈彖傳〉云：「旁通師卦。」李道平疏曰：「虞無一陰五陽之例。蓋消息師二降初爲復，息

〔註 120〕本愚案所引屈萬里之語，皆見《先秦漢魏易例述評》一書。

成同人，故云旁通師卦。」李氏言虞無一陰五陽之例，與惠棟所言同，是虞註同人無「之卦」例也。唯李氏不明「旁通」例陰陽爻俱變義，其釋遂誤。虞註大有亦無「之卦」例。唯謙卦虞註：「乾上九來之坤。」合其「六子」例，師、同人、大有皆未載「六子」例，是惠棟所言此四卦皆從「六子」例者，非然也。惠棟又云：「小畜，需上變也。履，訟初變也。」皆屈氏所謂之變例。惠棟又云：「豫自復來，乃兩象易，非乾坤往來之謂也。」然虞註豫卦辭曰：「復初之四。」顯為一陽五陰「之卦」例也，非虞氏「兩象《易》」例也（參見例六四）。因《周易集解》，卷十五「蓋取諸大壯」下引虞註曰：「無妄兩象《易》也。」「蓋取諸大過」下引虞註曰：「中孚上下易象也。」「蓋取諸夬」下引虞註曰：「履上下易象也。」而屈萬里乃云：「虞氏以兩象《易》說《易》者，凡此三見。」是也。故虞註豫卦辭註，屈氏以為變例，此惠棟未及。由此知虞註師〈彖傳〉云：「二失位，變之五為比。」實即屈氏所謂之「變例」，而屈氏未及也。屈氏又謂：「二陽四陰之卦凡十五：一、臨，註云：『陽息至二，與遯旁通。』二、明夷，註云：『臨二之三，而反晉也。』三、震，註云：『臨二之四。』四、屯，註云：『坎二之初。』五、頤，註云：『晉四之初，與大過旁通。』六、升，註云：『臨初之三。』七、解，註云：『臨初之四。』八、坎，註云：『乾二五之坤，于爻觀上之二。』九、蒙，註云：『艮三之二。』十、小過，註云：『晉上之三。當從四陰二陽臨觀之例，臨陽未至三，而觀四已消也。』十一，蹇，註云：『觀上反三也。』十二、艮，註云：『觀五之三也。』十三、萃，註云：『觀上之四也。』十四、晉，註云：『觀四之五。』十五、觀，註云：『觀反臨也。』右十五卦惟屯、頤、蒙、小過四卦為變例，餘卦皆自臨觀來。然屯出於坎，坎固出於觀；蒙出於艮，艮亦出於觀；頤、小過並出於晉，晉亦出於觀也。又案虞氏以爻位消息推卦變之例，皆以一爻易一爻，無同時易兩爻。小過若謂來自臨，或來自觀，皆須同時易兩爻；故不取臨觀，而別取晉也。下文中孚例視此。」

惠棟云：「而臨、觀，二陽四陰……自臨來者四卦，明夷、解、升、震也……自觀來者四卦，晉、蹇、萃、艮也。……頤、小過，晉四之初、上之三也……與乾坤坎離反復不衰，故不從臨觀之例。……屯、蒙從坎、艮來。屯剛柔始交，蒙以亨行時中，亦據傳為說，不從臨觀之例。」故知，惠棟不以虞註臨、觀二卦為「之卦」例，而為「消息」例。唯虞註觀云：「觀反臨也。」乃以倒反為說矣。惠棟未以頤、小過、屯、蒙為「之卦」例，即屈氏所謂變例也。

唯屈惠二人所釋不同。若屈氏解小過之言為是，然頤「之卦」固由一爻變來，而虞註「晉四之初」，非「臨二之上」也。惠棟謂頤、小過與大過、中孚因為反復不衰卦，故不從臨觀。然顯又非是（詳見愚論二陰四陽例）。屈氏未釋虞註屯、蒙之變例，今暫從惠棟所釋。又惠棟未以虞註坎卦為「之卦」例，乃以為「六子」例也，此與屈氏舉以為「之卦」例者不同。唯虞註坎卦云「于爻觀之上」，顯又與「之卦」通例有所矛盾之處。因虞氏謂坎乃從「乾二五之坤」變來，復言從「觀上之二」來，一身而二首，失標準矣。惠棟未言此矛盾處，似有避重就輕之嫌。

屈氏列二陰四陽之卦例凡十五：「一、遯，註云：『陰消姤二也。』二、訟，註云：『遯三之二也。』三、巽，註云：「遯二之四。』四、鼎，註云：『大壯上之初。』五、大過，註云：『大壯五之初，或兌三之初。』六、無妄，註云：『遯上之初。』七、家人，註云：『遯初之四也。』八、離，註云：『坤二五之乾。……于爻遯初之五。』九、革，註云：『遯上之初。』十、中孚，註云：『訟四之初也。……此當從四陽二陰之例，遯陰未及三，而大壯陽已至四，故從訟來。』十一、睽，註云：「大壯上之三。在繫蓋取無妄二之五也。」十一、兌，註云：「大壯五之三也。」十三、大畜，註云：「大壯初之上。」十四、需，註云：「大壯四之五。」十五、大壯，註云：「陽息泰也。」右二陰四陽之卦凡十五，除中孚外，餘皆自遯及大壯來也。」惠棟則云：「大壯、遯，四陽二陰。……自遯來者五卦，訟、無妄、家人、革、巽也。……自大壯來者五卦，需、大畜、睽、鼎、兌也。」其兌卦，虞氏既謂從「坤二五之乾」來，又謂從「大壯五之三」來，此于合理也。睽，虞氏亦謂從「大壯上之三」，又謂從「無妄二之五」來，此不合理也。惠棟未舉離卦，然虞註云「干爻遯初之五」，是以之從遯來之例。惠棟舉兌而捨離，又失察焉。且虞氏既以離從「坤二五之乾」來，又從「遯初之五」，此不合理也。於諸不合理之處，惠棟皆未指明其失也。

惠棟云：「頤、小過，晉四初、上之三也。大過、中孚，訟上之三、四之初也。此四卦與乾坤坎離反復不衰，故不從臨觀（愚案：當增「遯大壯」三字）之例。」乃謂頤、小過從晉來，大過、中孚從訟來，因為反復不衰卦之故，故不從臨觀遯大壯例。然虞註大過云：「大壯五之初，或兌三之初。」固已矛盾不合理矣，而未言從訟來也，是惠氏之說不可據也。

屈萬里列三陰三陽之卦例凡二十，除泰否二卦，惠氏歸入「消息卦」例外，餘皆在惠棟所列自泰自否來者凡十八卦中。屈氏云：「右三陰三陽之卦二十，除豐旅外，餘皆自泰否來（賁、噬嗑、恆、咸等卦，所謂乾之坤之者，亦皆謂泰否也。）。然於豐固明言『當從泰二之四』，於旅亦明言『否三之五』也。」察屈氏引虞註豐卦云：「此卦三陰三陽之例，當從泰二之四。而豐三從噬嗑上來之三，折四於坎獄中而成豐。」

引虞註旅卦曰：「賁初之四，否三之五，非乾坤往來也，與噬嗑之豐同義。」其一卦二自，一身二首，其不合理，固不待指矣。虞氏言旅卦「非乾坤往來，與噬嗑之豐同義。」乃謂旅、噬嗑二卦不從「之卦」，而惠棟未說明焉。屈氏於此見疑，而於「二陰四陽之卦」例，於大過、離、睽、兌則未舉疑也。屈氏又於「二陽四陰之卦」例，言「然屯出於坎，坎固出於觀；蒙出於艮，艮亦出於觀；頤、小過並出於晉，晉亦出於觀也。」，驗之虞註旅卦之文義，屈氏所言非虞義也。

惠棟云：「因繫辭、彖傳而復出者二，睽自無妄來，蹇自升來，皆二之五。」屈氏未舉後者，察集解本亦未有「蹇自升來」之虞氏註文。

焦循《易圖略》卷七論卦變上曰：「三陰三陽，既本諸泰否；二陰四陽，四陰二陽，既本、觀、大壯、遯；則一陰五陽，五陰一陽，亦宜本諸復、姤、夬、剝矣。乃謙則乾上九來之坤，與荀氏同，所謂自乾坤來，與荀氏同，所謂自乾坤來，無復姤夬剝之例矣。豫則復初之四，比則師二之五。說者以爲從兩象易之例，非乾坤往來。而履則變訟初爲兌，小畜則需上變爲巽，此亦荀氏萃本否卦之說，於卦變中別一義矣。……」

其屯、蒙、頤、坎四卦，可自觀來，亦可自臨來，莫知所指；乃以屯爲坎二之初，蒙爲艮之二，用荀說也。坎則云：『乾二五之坤，與離旁通，於爻觀三之上。』是既本乾坤，又本十辟（愚案：即消息卦除乾坤外之十卦）。而頤則晉四之初，晉則非乾坤，非六子，非十辟，又何說乎？。……且所謂『之』者，兩爻相易也。……。至大畜則云：『大壯初之上。』無妄則云：『遯上之初。』損則云：『泰初之上。』益則云：『否上之初。』依諸例，則大壯初之上鼎也，遯上之初革也，泰初之上蠱也，否上之初隨也。此則以初爻加於上爻之上，上爻續於初爻之上，與兩相易者迥別。……。然則，卦之來，自乾坤，一也。自六子，二也。自十辟，三也。上下相加如損益，四也。上下剛柔相變如小畜履，五也。兩象《易》，六也。兩爻齊之，如遯先生訟，次生中孚，七也。謂諸卦各有所自來乎？謂每卦兼有所自來乎？予於此求之最深最久，知其非《易》義所有，決其必無此說。」〔註121〕其言甚詳，切中虞《易》之弊也。

愚謂，殷周之數字卦法，有「一事二筮」，即筮二次重卦。《尚書・洪範》云「曰貞曰悔，占用二」即指此也。乃以前卦爲貞，後卦爲悔。以六爻卦言，乃可視爲筮二次單卦，以內卦爲貞，外卦爲悔矣。早先有貞悔而無所謂爻動而變之卦法（參見例四六「貞悔」）。至《左傳》，有「某卦之某」者，則有爻動而變之卦法矣。嚴靈峰云：「《左傳》中所云「某卦之某」者，乃指其本卦後所附以代表六爻的某一卦的。這裡，『之』字絕無任何意義；而後人卻把牠穿鑿傅會，一變而爲『之卦』的特有名詞；由『之卦』又演化爲『變卦』等等。」〔註122〕然而「『之』絕無任何意義」之說猶待修正。因《左傳》襄公九年載：「遇艮之八，史曰：是謂『艮之隨』，隨其出也，君必速出。」此當爲與《周易》占法不同之古占法。顯然其筮史乃占變卦而非占本卦，則「之」字有「變」義。「之八」是五爻變，而視其不變之爻也（參見例十五、十六）。「艮之隨」是艮卦變爲隨卦也。《國語・周語》載：「遇乾之否，曰：配而不終，君三出焉。」嚴靈峰曰：「案：易否卦的大象：『天地不交，否。』這裡，『配而不終』也許就是這個意思：『配』爲『交』字的異文。」〔註123〕此處，亦占變卦否，而否爲乾之內卦俱變而來。

故嚴氏謂「《左傳》中所云『某卦之某』者，乃指其本卦後所附以代表之六爻旳某一卦的。」就《左傳》本身，其襄公九年得「艮之八」史曰「艮之隨」，「八」乃代表不動之爻，若以「隨」止於代表此不動之第二爻，本不當以變卦爲占矣，然史曰「隨其出也，君必速出。」顯以變卦爲占，故非止於代表本卦某一爻耳。驗之《國語》得「乾之否」，亦以否爲占，非止於代表乾卦下三爻俱變也。是以嚴氏謂「某卦之某」乃止於代表本卦某一爻而「之」字絕無任何意義，非然也。

《左傳》多一爻動之占例，其所載占辭，雖多與《周易》經文相合，亦有不同者。相合者，如莊公二二年、僖公十五年、僖公二五年、宣公十二年、襄公二五年、襄公二八年、昭公三年、昭公七年、昭公十二年、哀公九年、昭公二九年皆是。又襄公二八年、昭公二九年、文中明載「《周易》有之」，

〔註121〕見《易學三書》，廣文書局，民國59年10月版，上冊，頁169～174。
〔註122〕見《易學新論》，正中書局，民國58年7月版，頁133。
〔註123〕同註122，頁136。

是知此二條乃引《周易》經文之辭。若其時《周易》已成書與今世傳本同，則餘條合《周易》經文者當亦全爲引《周易》經文之辭。如果其時《周易》尚未全備，則諸條文可能爲後人增入《周易》經文中也。

右列合《周易》經文占例，皆以本卦爲占。又與史筮得「艮之八」「乾之否」，以變卦爲占者不同也。依其引卦名皆同於今世傳《周易》者觀之，當卦名較今世傳《周易》卦爻辭早先有之，於《左》《國》之時爲人所通用；或《左》《國》所載之卦名，皆爲引《周易》者也。

殷周數字卦法，有一事二筮之例，未有爻動而變之法，而貞卦悔卦，皆占之。其後左傳有「艮之八」「乾之否」以變卦爲占者，愚疑其立辭之前，未嘗盡捨本卦不觀而專就變卦也。其今世傳《周易》卦爻辭之立義，亦未嘗盡捨變卦而專就本卦也。察乾用九之辭：「見群龍無首吉。」左傳時尚無「九、六」之名，昭公二九年但載「其坤，曰：見群龍無首吉。」故知「用九」實即「乾之坤」也。而所謂「見群龍無首」，乾陽爻爲龍象；坤卦辭云「先迷」，故有失去前導之象，即「無首」也。今乾六爻俱變，成坤卦，故云「見群龍無首」。惠棟於例五三「用九用六」案云：「《易》稱乾坤，乾不獨乾，坤不獨坤，故著用九用六一條。乾用九兼坤乾爲首，坤先迷，故無首吉。」即此義也。其「用九用六」，乃後來所謂之「旁通」也。徐芹庭曰：「凡一卦六爻皆變而成他卦者謂之旁通。……凡此卦與彼卦旁通，則此卦之義互見於彼卦。如師與同人旁通，而同人言大師克相遇。渙與豐旁通，豐言遇夷主，而渙言匪夷所思。」〔註124〕然此二旁通卦變之例，非如乾用九坤用六別立一辭，而隱含於爻辭裡也。唯漢代虞翻以「旁通」釋《易》，則多以己意附會，實不足憑（參見例六九、七十、七一）。至於《左傳》占例，有一事而所占有吉凶之異者，又有占本卦或變卦之別者，殆筮法之不同使然。

屈萬里評虞氏「之卦」之說，云：「惟是卦變之說，本於彖傳往來上下之文。而彖傳所謂往來上下者，皆就其前卦之倒轉而言，本不合於虞氏之說。彖傳云云，是否悉當於經文，尚難遽定；則虞氏之塗附，更不足論，又況其例復多向相枘鑿乎？」又曰：「〈彖傳〉皆以反對爲義……之外曰往，反內曰來，一到轉而往來之義見，非有他義也。後世見有往來上下之文，遂創爲升降、卦變之說。……案泰否反對，泰卦辭曰：『小往大來。』否卦辭曰：『大往小來。』損益反對，損六五即益六二，其爻皆曰：『或益之十朋之龜。』夬

〔註124〕見《兩漢十六家易註闡微》，五洲出版社，民國64年12月版，頁65。

姤反對，夬九四姤九三皆曰：『臀無膚，其行次且。』既濟未濟反對，既濟九三曰：『高宗伐鬼方。』未濟九四曰：『震用伐鬼方。』知經文固有反對之義，然以之說全經，則泥矣。又案明來知德《易》註，有錯綜之例，所謂綜者，即反對也。」故知《周易》經文，已隱含旁通（即錯卦）及反對（即綜卦）之義，而今世傳《周易》之卦序，其乾坤坎離大過頤中孚小過，此八卦正反皆同（邵子所謂「正卦」），而兩兩相錯，互爲旁通而排列。餘五十六卦，皆兩兩反對，互爲綜卦而排列。乃知邵子以反對之義，言六十四卦生成之由來（參見例六六條（4）），自較虞氏以爻位消息，推卦之所由來者，更合《周易》之本義。

十五、占　卦

《易林補遺》：「京房占法『一爻動則變，亂動則不變。』若然，一爻變為九六，二爻以上變為七八也。」愚謂《左傳》所占卦，如云：其卦遇蠱，其卦遇復，《穆天子傳》其卦遇訟，皆六爻不動也。其云：遇艮之八，及〈晉語〉遇泰之八，皆二爻以上變，仍為七八，而不變也。

△按：毛奇齡引張文檒曰：「艮不能變隨，必艮之五爻俱變，獨第二爻不變，則爲隨。則此第二爻者，即『之隨』之爻也。乃商《易》揲卦，以八爲少陰不變，故指此不變之爻爲八，是『艮之八』實艮之第二爻耳。」〔註 125〕《國語・晉語》：「公子親筮之，曰：尚有晉國，得貞屯、悔豫，皆八也。」韋昭解曰：「內曰貞，外曰悔。震下坎上屯，坤下震上豫；得此兩卦，震在屯爲貞，在豫爲悔。八謂震兩陰爻在貞在悔皆不動，故曰：『皆八』，謂爻無爲也。」〔註 126〕其意所謂「八」者，乃陰爻不動也。張政烺曰：「《周易》九、六是可變爻，七、八是不變之爻。」〔註 127〕是也。襄公九年杜預註：「周禮大卜掌三《易》，然則雜用《連山》、《歸藏》、《周易》，二《易》皆以七八爲占，故言遇艮之八。」〔註 128〕由此得知，古《易》占法有以七八爲占。愚疑惠棟引《易林補遺》載京房占法，所謂「一爻動則變，亂動則不變」，其「亂動則不變」，驗之左傳

〔註 125〕見《春秋占筮書》，廣文書局，民國 62 年 9 月版，頁 38。
〔註 126〕見《易學新論》，正中書局，民國 58 年 7 月版，頁 134。
〔註 127〕見〈試釋周初青銅器銘文中的易卦〉，《考古學報》，1980 年，第四期，頁 408。
〔註 128〕見〈先秦筮書考〉，《書目季刊》，卷十七，期三，頁 85。

「艮之八」例，以艮之變卦爲占，彼說不可據也。而〈晉語〉云「貞屯、悔豫，皆八。」似爲「筮不過三」之多占法也，〔註 129〕是一事二筮。例四六愚論《尚書・鴻範》云「占用二」，乃兼言內外卦及前後二個重卦而爲說。是前卦爲貞，後卦爲悔，非以爻之變動以本卦之卦爲說。

愚又觀啓蒙占法：「一爻變，則以本卦變爻辭占。二爻變，則以本卦二變爻辭占，以上爻爲主。三爻變，則占本卦及之卦之彖辭，而以本卦爲貞，之卦爲悔。前十卦主貞，後十卦主悔。四爻變，則以之卦二不變爻占，以下爻爲主。五爻變，則以之卦不變爻占。六爻變，乾坤占二用，餘卦占之卦彖辭，而以內卦爲貞，外卦爲悔。」〔註 130〕其占法愚驗之《左傳》、《國語》如下：左傳莊二十二年：「陳侯使筮之，遇觀䷓之否䷋。曰：是謂觀國之光，利用賓于王。」此合啓蒙占法「一爻變，則以本卦變爻辭占。」《左傳》昭七年：「孔成子以《周易》筮之，曰：『元尚享衛國，主其社稷！』遇屯。又曰：『余尚立縶，尚克嘉之！』遇屯之比。以示史朝。史朝曰：元亨，又何疑焉？……且其繇曰：『利建侯』……。」此文明筮卦之前，必先有祝問也。「遇屯」者，六爻皆不變，而占本卦卦辭（《啓蒙》之彖辭，即卦辭）。「遇屯之比」者，乃屯初爻變，屯初九：「利建侯。」凡此，皆合啓蒙占法六爻變及一爻皆不變之例也。《國語・晉語》四：「公子重耳親筮之，曰：『尚有晉國！』得貞屯、悔豫，皆八也。筮史占之，皆曰：『不吉。閉而不通，爻無爲也。』司空季子曰：『吉。是在《周易》，皆利建侯。』」惠棟於其《松崖文鈔》云：「京氏占法，一爻變爲九六，二爻以上變爲七八，故晉語重得貞屯、悔豫，皆八，乃屯之豫。……或疑左氏非知古法者。」〔註 131〕「屯之豫」乃屯初、四、五爻皆變，爲豫也。查今屯、豫卦辭，皆曰「利建侯」，則司空季子乃引《周易》卦辭爲占。凡此，合《啓蒙》占法「三爻變，則占本卦及之卦之〈彖辭〉（案：即卦辭），而以本卦爲貞，之卦爲悔。」然惠棟引《補遺》云「二爻以上變，爲七八」，似又與左傳所載「皆八」有所不合之處。若「貞屯、悔豫」爲「屯之豫」則不當云「皆八」。因本卦爲屯初、四、

〔註 129〕見〈從商周八卦數字符號談筮法的幾個問題〉，《考古學報》，1981 年，第二期，頁 161～162。

〔註 130〕見《易學象數論》，廣文書局，民國 63 年 9 月版，頁 151。《啓蒙》占法所載之「彖辭」，皆所謂「卦辭」也。朱熹於《周易本義》乾卦辭「元亨利貞」下註云：「元亨利貞，文王所繫之辭，以斷一卦之吉凶，所謂彖辭者也。」可見「卦辭」亦稱「彖辭」也。

〔註 131〕見卷二，頁 1。《聚學軒叢書》第一集。

五變，而之卦爲豫，其初、四、五爲所從變之爻，而不曰「變」也。豈筮史占之曰：「不吉。閉而不通，爻無爲也。」爲「貞屯、悔豫，皆八」之古法耶？故惠棟云「或疑左氏非知古法者」蓋有此意也。然則「貞屯、悔豫，皆八」，乃一事二筮之例。即先筮得前卦爲屯，再筮得後卦爲悔，而二卦皆有一陰爻不動，餘爻皆動，而視二本卦或二之卦之不動爻也。

《左傳》襄九年：「穆姜薨于東宮。始往而筮之，遇艮之八。史曰：『是謂艮之隨。隨其出也，君必速出。』姜曰：『亡！是於《周易》，曰：隨，元亨利貞，無咎。——元，體之長也；亨，喜之會也，利，義之和也；貞，事之幹也；體人足以長人，嘉德足以合禮，利物足以合義，貞固足以幹事。』嚴靈峰云：「並且把乾卦釋元、亨、利、貞的〈文言〉辭全部抄入；這裡恐怕不是有錯簡，那就是根據他本的《周易》來占卦的了。」〔註 132〕然，觀〈文言傳〉，黃師慶萱以爲釋「元亨利貞」有四分法、三分法、二分法、及連釋法，愚謂就其釋辭如此之夥，必爲薈集他言而成者也。高亨云：「《左傳》襄公九年記有魯穆姜釋《易經》隨卦卦辭『元亨利貞』，〈文言〉襲用之，以釋乾卦卦辭之『元亨利貞』，而小有增改，足證〈文言〉作於《左傳》之後。」〔註 133〕然則，高氏之言較嚴氏之言確矣。

故知，吾疑穆姜乃不知古占法者也，遂誤用隨卦辭且自加解說，遂遭凶禍。愚觀此段《左傳》載文，當史所云爲確。史曰「隨其出也，君必速出。」殆合《啓蒙》占法所載「五爻變，則以之卦不變爻占。」而張文黴則云「乃商《易》揲卦，以八爲少陰不變，故指此不變之爻爲八，是『艮之八』實艮之第二爻耳。」愚查隨六二爻辭，曰：「係小子，失丈夫。」朱熹云：「凶吝可知，不假言矣。」〔註 134〕又查艮卦六二爻辭：「艮其腓，不拯其隨，其心不快。」象曰：「不拯其隨，未退聽也。」其義近於穆姜之事蹟也。然則，「之八」者，乃一古占法也。是以知，惠棟引《易林補遺》云：「二爻以上變爲七八。」蓋失察之言也。

《左傳》所載「乾之姤」（昭二十九年）「觀之否」（莊二十二年）「師之臨」（宣十二年）「困之大過」（襄二十五年）「復之頤」（襄二十八年）「明夷之謙」（昭三年）「屯之比」（昭七年）「坤之比」（昭十三年）諸本卦爻辭，皆

〔註 132〕見《易學新論》，正中書局，民國 58 年 7 月版，頁 135。
〔註 133〕見《續僞書通考》，頁 31。學生書局。鄭良樹撰，民國 73 年 6 月版。
〔註 134〕見《周易本義》。皇極出版社，民國 69 年 10 月版，頁 76。

與今本同。此咸爲左傳一爻動之占例，則知今本爻辭，亦皆爲本卦一爻變動之占辭也。

《左傳》載單卦者，其占辭，皆異於今本卦辭。僖公十五年載：「其卦遇蠱，曰『千乘三去，三去之餘，獲其雄狐。』夫狐蠱，必其君也。蠱之貞，風；其悔，山也。」其占例乃與《啓蒙》占法：「六爻皆不變，則占本卦彖辭（案：指卦辭），而以內卦爲貞，外卦爲悔。」相近也，唯其辭與今本蠱卦卦辭迴異。成公十六年載：「其卦遇復，曰『南國蹙，射其元，王中厥目。』」亦與今本卦辭異。昭公元年載：「在《周易》，女惑男，風落山，謂之蠱，皆同物也。」似引今本〈彖傳〉及〈象傳〉之義，然非引今本卦辭也。昭公七年載：「以《周易》筮之，曰『元尙享衛國，主其社稷。』遇屯。」嚴靈峰謂：「《易》無此文，惟彖辭說『勿用有攸往，利建侯。』文頗類似。」〔註 135〕然而，此文「元尙享衛國，主其社稷」乃書於「遇屯」之前，是筮卦時所祝問之辭，非筮畢成卦後之占辭也，是嚴氏誤以爲占辭也。昭公三十二年載：「在《易》卦，雷乘乾，曰大壯，天之道也。」似引今本〈大象〉及〈說卦傳〉之義，而非引今本卦辭也。

《左傳》明言《周易》之卦辭，其與今本相同者，唯襄公九年所載（見本文中）。特穆姜舉隨卦卦辭，乃艮之「之卦」隨卦辭也，非如《啓蒙》占法所謂「六爻皆不變，則占本卦彖辭（案：指卦辭）。」或「五爻變，則以之卦不變爻占。」也。本案語中舉《國語・晉語》四所載屯、豫二卦今本卦辭，其惠棟釋「貞屯、悔豫」與啓蒙占法「三爻變」之占例合，然不合「皆八」。豈司空季子亦不知古占法，而誤用屯、豫之卦辭耶？觀《左傳》襄公九年「艮之八」及《國語・晉語》四「貞屯悔豫皆八」之占例，因斷占者異釋，遂有吉凶之別。愚謂，《左傳》「艮之八」占例，史曰：「是謂『艮之隨』，隨，其出也，君必速出。」驗之隨六二爻辭：「係小子，失丈夫。」正合史所云：「隨，其出也。」之義。

唯《國語》「貞屯悔豫皆八」占例，乃一事二筮也，其筮史皆曰「不吉」。驗之屯卦，合六二六三上六之義。且其占辭「閉而不通，爻無爲也。」顯然是以爻來占，又近「屯難遇阻」之義，故愚其疑異於「艮之八」之占例，乃就某陰世爻不動者，而以此爻爲用神也。

「豫」，《正義》及《本義》皆釋爲豫樂之義，而繫辭下傳載「重門擊柝，

〔註 135〕見《易學新論》，正中書局，民國 58 年 7 月版，頁 134。

以待暴客。」《本義》曰：「豫備之意。」是「豫」亦有此義。〈雜卦傳〉：「豫，怠也。」高亨於《周易古經今註》從之，是又另一義也。作「豫樂」之義，乃同大象傳：「豫，先王以作樂崇德」之義。初六：「鳴豫，凶。」愚以爲乃鳴警示豫，以備凶禍之義也。故六三曰：「盱豫，遲有悔。」《說文》云：「盱，張目也。」，是守望豫備，遲則禍事已起，敵人已犯，故曰有悔。九四曰：「由豫。……勿疑。」《釋文》：「由，馬作猶，云：猶，疑也。」徐芹庭先生云：「馬作猶，解作疑。蓋此二字同音，古多通用，孟子常以由爲猶。《荀子・富國篇》註亦云：『由與猶同。』是也。」〔註 136〕然則，「由豫」即今「猶豫」之慣用辭，是「豫」爲備待之義也。上六：「冥豫，成有渝，無咎。」「冥豫」乃守夜以待。「成有渝」，高亨謂：「城有毀圮也。」〔註 137〕而渝字，段註云：「《釋言》曰：渝，變也。鄭玄〈傳〉，虞翻註《易》、杜註《左傳》皆同。」故「成有渝」疑爲城內有變事，然因有守夜者之防患於未然，故曰無咎也。〈象傳〉曰：「冥豫在上，何可長也。」是禍患及早阻止，故不可長，乃以爻位而有此象也。又六五云：「貞疾，恆不死。」是占問惡病，有不死之象，非凶亦非吉也。卦唯六二曰吉。是「豫」以「備待」之義釋諸爻辭，無不通矣。然其象有凶而欲防患未然，亦即〈繫辭傳〉所云：「重門擊柝，以待暴客。」所謂「鳴豫」即「擊柝示警」也。是禍患將臨也，故《國語》筮史曰：「閉而不通，爻無爲也。」言因應於未然，事所發而無所作爲，止於等待也。「閉」即「重門」之義，明矣。而「皆八」驗之豫卦，疑亦爲某陰世爻不動者，乃視其不動之陰爻也。

綜觀之，「貞屯悔豫皆八」之義，乃一事二筮。先筮得屯卦、有屯難遇阻之義。後筮得豫卦，乃防患於未然之義。皆得筮史占辭之義。然其占法，似以本卦之爻斷之，與《左傳》「艮之八」史曰「艮之隨」而以之卦之爻斷之者異矣。唯《國語・晉語》四又載：「董因迎公于河；公問焉，曰：『吾其濟乎？』對曰：『臣筮之。』得泰之八，曰：『是謂「天地配，亨，小往大來。」今及之，何不濟之有？』。」〔註 138〕嚴靈峰曰：「這也是以繇辭（案，即泰卦辭）、大象占，而不以爻辭占卦的例子了。」〔註 139〕然而《左傳》載穆姜

〔註 136〕見《周易異文考》，五洲出版社，民國 64 年 12 月版，頁 42。
〔註 137〕見《周易古經今註》，樂天出版社，民國 63 年 2 月版，頁 62。
〔註 138〕見《周易古義》，河洛圖書出版社，民國 63 年 5 月版，頁 70。
〔註 139〕見同註 132，頁 136。

釋「艮之八」引艮之「之卦」隨卦之卦辭，而不引「本卦」艮之卦辭。其皆引卦辭，是同也；而董因釋「泰之八」引本卦卦辭，穆姜釋「艮之八」引之卦卦辭，又有所異也。且董因引本卦卦辭，則完全同於司空季子釋「貞屯悔豫皆八」引屯豫二卦之卦辭也。是筮史之占法，乃異於諸臣之引《周易》卦辭，而其辭義近於《周易》爻辭，且又有引本卦與之卦之別也。或諸筮史間之筮法互有異處，而其筮法是否爲《周易》之原法，不可知也。竊其脈絡，「貞悔」乃一事二筮，非以貞爲本卦、悔爲之卦也；「之八」「皆八」，乃視某陰爻不動者也。《左傳》「艮之八，史曰艮之隨」之占例，乃亂動而視其不動之爻爲用神，唯其例乃以之卦爲占也。例四二條（14）引劉禹錫之語，甚有道理。《國語・晉語》載晉公子親筮之祝辭曰：「尙有晉國。」則占問者爲晉公子本人。而占得「貞屯悔豫皆八」，乃一事二筮之筮法。既占己國，而世爲我邦，故以世爻爲用神矣。又因屯豫二卦之世爻皆爲陰爻，又此筮法殆如殷周之數字卦法，無有變動之法也，或二卦之世爻皆無所變動，故曰「皆八」也。

其惠棟案語引《易林補遺》載京房占法「一爻動則變，亂動則不變」，而惠氏曰：「若然，一爻變爲九六」是也，「二爻以上變爲七八」則非也。二爻以上，則三爻、四爻、五爻、六爻之變皆可屬之，然標準焉在耶？且惠氏云「二爻以上變爲七八」，是仍舊有「變」，何以曰「不變」耶？且周語亦有「乾之否」之三爻變之例，則惠氏之論，不攻自破矣。且「艮之八」占例，穆姜及筮史皆以變卦爲占，是二者皆占艮卦爻動變成之隨卦也，則惠氏採「亂動則不變」之說，亦不可憑。

十六、左氏所占皆一爻動者居多

> 左氏所占云云，案《易林補遺》論京房變法，弟六爻為宗廟，縱動不變，其餘一爻動則變，亂動則不變也。此言甚有理。穆姜筮往東宮，遇艮之隨，則云艮之八，是亂動不變。

△按：左傳莊二十二年載觀之否，閔元年載屯之比，閔二年載大有之乾，僖十五年載歸妹之睽，僖二十五年載大有之睽，宣六年載豐之離，宣十二年載師之臨，襄二十五年載困之大過，襄二十八年載復之頤，昭三年載明夷之謙，昭七年載屯之比，昭十二年載坤之比，哀九年載泰之需，昭二十九年載乾之

姤，凡此皆一爻動之占例，凡十四例。僖十五年載蠱，成十六年載復，昭元年載蠱，昭七年載屯，昭三十二年載大壯，凡五例，皆不動爻之卦也。襄九年載艮之八，乃艮之隨，凡一例，爲五爻動。其義已論於例十五。由以上綜觀之，左氏所載占例，以一爻動者居多是也。

惠棟云：「遇艮之隨，則云艮之八，是亂動不變。」乃倒果爲因之說。因左傳原文云：「遇艮之八……史曰：是謂艮之隨。隨其出也，君必速出。」是史乃占本卦爻動變後之隨卦，非如惠棟引《易林補遺》之說也。

十七、陰爻居中稱黃

文言曰，天元而地黃，故爻辭稱黃中者，皆謂陰爻居中。坤六二黃裳、離六二黃離、遯六二黃牛、革初九黃牛（指二）、鼎六五黃耳。

△按：「黃裳」當在坤六五，非六二也。說文：「黃，地之色。從田。」段註：「土色黃，故從田。」愚以爲，河圖五與十爲土生成之數而居中，而土之色爲黃，故黃亦爲中之色也。朱熹云：「黃，中之色也。」〔註 140〕是矣。「元」字，本字爲「玄」。

段註：「玄者，幽遠也，則爲天之色可知。《易》曰：夫玄黃者，天地之雜也。天玄而地黃。」然居中稱黃可也，而非止於陰爻也。成蓉鏡引解九二「得黃矢，貞吉」〈象傳〉九二：「貞吉，得中道也。」引革初九：「鞏用黃牛之革。」註：「呂大臨曰：初九上無正應，比於六二以自固，故鞏用黃牛之革。」又曰：「郊特牲：黃者，中也，故亦稱黃。」〔註 141〕屈萬里以爲，凡二五爻稱中，又爲黃、又爲包、又爲幽隱。註云：「又革初九：『鞏用黃牛之革。』說者謂黃牛指六二言。雖亦可通，究非正例。」〔註 142〕惠棟似避書「解九二」之辭，以自適其說也。

十八、扶陽抑陰

（1）公羊日食伐鼓，義。曰求乎陰之道也。註云，求，責也。此抑陰之義。

〔註 140〕見《周義本義》，皇極出版社，民國 69 年 10 月版，頁 22。
〔註 141〕見《周易釋爻例》，廣文書局，民國 63 年 9 月版，頁 12、16。
〔註 142〕見《先秦漢魏易例述評》，學生書局，民國 64 年 3 月版，頁 16～17。

又曰，充陽也。充，崇也。此扶陽之義。

（2）董子繁露曰，大旱雩祭而請雨，大水鳴鼓而攻社，大地之所為，陰陽之所起也。或請焉，或怒焉者何？曰：大旱者，陽滅陰也。陽滅陰者，尊壓卑也。固其義也。雖大甚，拜請之而已，無敢有加也。大水者，陰滅陽也。陰滅陽者，卑勝尊也。日食亦然。皆下犯上，以賤傷貴，逆節也。故鳴鼓而政之，朱絲脅之，為其不義也，此亦春秋之為強禦也。故變天地之位，正陰陽之序，直行其道，而不忘其難，義之至也。

△按：此惠棟引公羊傳、董仲舒《春秋繁露》二文，以解「扶陽抑陰」之大義。

常理論之天地間未曾有扶陽抑陰之理。《朱子語類》云：「天地間無兩立之理，非陰勝陽，即陽勝陰，無物不然，無時不然。」〔註 143〕然則，此間實無善惡可言。可言善惡，乃由人來看。故朱子又云：「陰陽有以動靜言者，有以善惡言者。如『乾元資始，坤元資生』，則獨陽不生，獨陰不生，造化周流，須是並用。如『履霜堅冰至』，則一陰之生，便如一賊。這道理在人如何看，直看是一般道理，橫看是一般道理，以謂之『易』。」〔註 144〕由人來看，便有「寒暑晝夜，君子小人，天理人欲」之別。朱子又云：「雖是一陰一陽，易中之辭，大抵陽吉而陰凶。」〔註 145〕亦是由人來區分。

《語類》載：「問：『陰何以比小人？』曰：『有時如此。平看之，則都好；以類言之，則有不好。』」〔註 146〕其言是也。

「扶陽抑陰」之道理，於泰否卦辭可見。「泰，小往大來，吉亨。」「否之匪人，不利君子貞。大住小來。」其以陽爲大、吉，陰爲小、不利者，隱約可窺。凡人基於趨善避惡之心態，畏死欲存之念頭者，皆「扶陽抑陰」之所在。

條（2）董子《繁露》曰：「大旱者，陽滅陰也。大水者，陰滅陽也。」乃所謂「平看之，則都好」之客觀立場也。而《繁露》曰：「陽滅陰者，尊壓卑也。固其義，雖大甚，拜請之而已，無敢有加也。陰滅陽，卑勝尊也。日食亦然。皆下犯上，以賤傷貴，逆節也。

〔註 143〕見文津出版社，民國 75 年 12 月版，卷六五，頁 1604。
〔註 144〕見同上。
〔註 145〕見同上，頁 1607。
〔註 146〕見同上，頁 1608。

「故鳴鼓而攻之，朱絲脅之，爲其不義也……義之至也。」乃由人趨善避惡主觀立場而言之也。客觀者，天理也；主觀者，人理也。《黃帝陰符經》：「故曰沉水入火，自取滅亡。自然之道靜，故天地萬物生。天地之道浸，故陰勝陽。陰陽相推而變化順矣。是故聖人知自然之道不可違，因而制之。」〔註 147〕此觀萬物變化而順乎自然者，乃聖人之所以爲聖也。

惠棟創此「扶陽抑陰」之例，乃就人理而發也。

十九、陽道不絕陰道絕義

（1）剝上九曰：碩果不食。

> 《乾鑿度》曰：「陰消陽。言剝當亢日時，陽氣衰消而陰終不能盡陽，小人不能決君子也。謂之剝，言不安而已。」

△按：此惠棟案語引《乾鑿度》之文，以釋剝上九「陽道不絕」之義。

依八宮卦變法，上爻字廟之位不變，然非專言陽爻，陰爻亦然，故剝上九曰「碩果不食」乃止就陽爻獨存在上而言，然終非「陽道不絕，陰道絕」義可以爲說。因以消息言之，剝後爲坤，是陰滅陽也，豈可謂「陰終不能盡陽」耶，若以天理言之，此說可通，然除此之外，「陽終不能盡陰」亦有其理在。朱子云：「陽氣既升之後，看看欲絕，便有陰生；陰氣將盡，便有陽生，其已升之氣便散矣。所謂消息之理，其來無窮。」是也。〔註 148〕又曰：「如『乾元資始，坤元資生』，則獨陽不生，獨陰不成，造化周流，須是並用。」〔註 149〕愚謂，相對上言其以陽爲生存陰爲死滅可矣，然就「陰道」本身而言，未曾有絕跡也。以漢《易》納申支、五行、生剋沖合諸法，其剝卦上九爲世，納寅妻財，野鶴老人曰：「占貨財、珠寶、金銀、錢糧，一切使用之財物、什物、器皿，亦以財爻爲用神。」〔註 150〕今瓜果食物，亦爲財也。碩果，本爲果實成熟碩大之象。然寅木妻財生卦身巳火官鬼，野鶴老人又曰：「占亂臣、賊盜、邪祟，亦以官鬼爲用神。物類亦多一切拘束我身者是也。」〔註 151〕是食此碩果，將有病症之危也。故曰「碩果不食」（參見

〔註 147〕見自由出版社，民國 60 年 6 月版，頁 9。
〔註 148〕見《朱子語類》，文津出版社，民國 75 年 12 月，卷六五，頁 1603。
〔註 149〕見同上，頁 1604。
〔註 150〕見《增刪卜易》，集文書局，民國 65 年 1 月版，用神第八。
〔註 151〕見同註 150。

例四二條（15））。

（2）復彖曰：朋來无咎。

△按：此惠棟引復卦辭之一段，以解「陽道不絕」之義。

推惠氏之意，當以陽生於初爲朋來之象也，其乃欲以合「陽道不絕」之義也，實則，此「朋來」非就陽生初爲說也。

復卦全辭：「亨，出入無疾，朋來無咎，反復其道，七日來復，利有攸往。」依納甲支諸法，是復卦爲納支六合之卦也，即初九子與六四丑合，六二寅與六五亥合，六三辰與上六酉合。王洪緒云：「凡占知交朋友，俱以兄弟爻爲用神。」〔註152〕今六四丑土爲兄弟爻，若發動則來合初九世爻子水，故有朋來之象。然從子日算起，至未日與丑相沖，是朋來而復返之象。子至未共七日，故曰「七日來復」。六四兄弟爻本懼六二寅木鬼剋之，然其發動即與六五亥水相合，六四兄弟不受剋也，故曰「出入無疾」。朱熹云：「『利有攸往』，是利於啓行也。後世儒者鄙卜筮之說，以爲不足言；而所見太卑者，又泥於此而不通。」〔註153〕然則，卦爲六合，乃利於啓行之象也。

（3）坤彖曰：東北喪朋。

△按：此惠棟引坤彖一段文句，以解「陰道絕」之義也。

依黃師慶萱之言，其「文王八卦方位」圖，乾坎艮震皆偏於北與東方，而巽離坤兌皆偏於南與西方，坤爲陰卦，是在西南爲同類卦，在東北爲不同類卦，故曰「西南得朋，東北喪朋」，〔註154〕此頗有理也。坤彖傳云：「西南得朋，乃與類行。」此陰類相聚爲友，猶女子互爲朋伴之象也。「東北喪朋，乃終有慶。」即陰類與陽類合，是捨同類之友，而陰陽相合象也。猶女子終有婚嫁之事也。損六三爻辭：「三人行，則損一人。一人行，則得其友。」即此義也。

所以知，「東北喪朋」乃陰陽相合，而捨同類之陰，此乃與「陽道不絕，陰道絕」無所牽涉也。

依漢《易》諸法，其惠棟《易漢學》引《淮南子・天文訓篇》曰：「木生于亥，壯於卯，死於未，三辰皆木也。……金生於巳，壯於酉，死於丑，三

〔註152〕見《卜筮正宗》，宏業書局，民國74年3月版，頁20。
〔註153〕見《朱子語類》，卷六六，文津出版社，民國75年12月版，頁1633。
〔註154〕參見《周易讀本》。

辰皆金也。」〔註155〕王洪緒及野鶴老人皆曰：「巳酉丑成金局，亥卯未成木局。」〔註156〕是也。今坤卦六爻支本爲六沖，即初六未六四丑相沖，六二巳六五亥相沖，六三卯上六酉相沖，〔註157〕變成三合金局與木局，即與上六世爻酉金相合者爲六二巳火，六四丑土，五行方位丑土居中央不究，其酉金爲西方，巳火爲南方。以丑土言，是與西南二方者相合爲金局，且上六爲世，世爲我，是西南得朋之象也。與六三應爻卯木相合爲初六未土，六四亥水，未土居中，卯木爲東方，亥水爲北方。以未土言，是與東北二方相合爲木局，且六三爲應，應爲彼，是不與世爲同類，故爲東北喪朋之象。以丑土言，以未土言者，因其與坤宮同爲土，且爲兄弟友朋之用神也。

（4）泰九二曰：朋亡。

△按；《帛書周易》作「弗忘」，非作「朋亡」。其義詳論於例五十條（12）愚按也。

（5）《白虎通》曰：**諸侯世位，大夫不世安法，所以諸侯南面之君，體陽而行，陽道不絕。大夫人臣北面，體陰而行，陰道絕。以男生內嚮，有留家之義。女生外嚮，有從夫之義。此陽不絕，陰有絕之效也。**

△按：此惠棟引白虎通之文，以證「陽不絕、陰有絕」之二義。

依「文王八卦方位」圖，偏南之卦皆陰卦，偏北之卦皆陽卦，《白虎通》以南面爲陽，北面爲陰者，世俗則多謂如此。此疑待考。其以諸侯人君爲世襲之位，謂陽道不絕；大夫人臣爲授與之位，時過另舉，謂陰道絕。又男爲陽，其留家爲不絕。女爲陰，其從夫爲絕。

其義愚已論於條（1）矣。

總案：惠棟於此例所引諸條，（1）至（4）皆不合例義。條（5）又待考。而例題「陽道不絕，陰道絕」，於相對上而言，陽爲生存，陰爲死滅可也，然就其本身而言，始終未嘗絕也。例二十總案，愚謂「道」無所謂「生死」，其下則陽爲生義，陰爲死義。

〔註155〕見《易漢學》，卷五，《惠氏易學》，廣文書局，民國60年1月版，頁1167～1168。

〔註156〕見《淮南子》，臺灣中華書局，民國60年9月版，頁14。

〔註157〕見《卜筮正宗》，宏業業書局，民國74年3月版，頁2。另見《增刪卜易》，集文書局，民國65年1月版，第二十。

二十、陽无死義

（1）乾〈文言〉曰，知進退存亡而不失其正者，其惟聖人乎。荀註云，存謂五，為陽位。

△按：李鼎祚引荀爽曰：「進謂居五。退謂居二。存謂五，爲陽位。亡謂上，爲陰位。」〔註 158〕是陽爻在上，荀氏以爲亡也。且文言曰：「亢之爲言也，知進而不知退，知存而不知亡，知得而不知喪。」是在陽在上爻有喪亡象也。

（2）豫六五曰，貞疾，恆不死。象曰，恆不死，中未亡也。案荀註〈文言〉曰，存謂五，為陽位，亡謂上，為陰位。五中陽位，故中未亡，是陽无死義。

△按：「貞疾，恆不死」依爻等諸法，豫六五納申金官鬼，與六二巳火子女爻相合，王洪緒云：「凡占藥材，皆以子孫爻爲用神。」〔註 159〕是合中巳火剋申金也。又世爻不受鬼剋，且被世月午火合生，故若卜問疾病，占得此爻，有不死之象也。

愚謂陰陽爻在上皆可曰「亡」，故小過上六象曰：「已亢也。」與乾〈文言〉上九同義。

又「陽無死義」不可就爻位爲說也。愚詳論於總案。

（3）《論語》子曰，天生德於予，桓魋其如予何。包咸註云，天生德者，謂授我以聖，惟德合天地，吉不利，故曰其如予何（是時夫子研極《易》理知命之學，故有是語）。

△按：惠棟引此條，蓋以德爲陽也。

（4）　《韓非子・解老》曰，天地之道理也，體天地之道，故曰無死地焉。

△按：形而上者謂之道，形而下者謂之器。陰陽者，道之器也。依形而下觀之，陽爲生，陰爲死也。然繫上亦云：「一陰一陽之謂道。」又云：「生生之謂易。」戴東原曰：「一陰一陽，蓋言天地之化不已也，道也。一陰一陽，其生生乎！其生生而條理乎？以是見天地之順，故曰：一陰一陽之謂道。」張肇祺曰：「這就是一套生命哲學的『生生』原始概念的內在結構。」〔註 160〕

〔註 158〕見《周易集解纂疏》，卷一，廣文書局，民國 68 年 6 月版，頁 56。

〔註 159〕見《卜筮正宗》，卷三，宏業書局，民國 74 年 3 月版，頁 20。

〔註 160〕見〈文藝——易——生生概念的內外結構〉，《哲學與文化月刊》，卷四，期七，

是以「無死地焉」乃依於「道」上而說者，陽道、陰道皆如斯也。

（5）　**《荀子・儒效篇》曰，通則一天下，窮則獨立貴名，天不能死，地不能埋，桀跖之世不能汙，非大儒莫之能立，仲尼子弓是也。**

△按：此即條（3）所云「體天地之道」者也，即條（1）言之「聖人」也。

總案：愚謂「道」無所謂「生死」，其次則陽爲生義，陰爲死義。故曰「陽無死義」。然落於卦爻，在上爻者，無論陰陽，皆有如下之義。成蓉鏡云：凡上爻稱終，亦稱末、亦稱尙、亦稱高、亦稱亢、亦稱窮、亦稱極、亦稱天、亦稱首、亦稱頂、亦稱角、亦稱何。而乾〈文言〉曰「知進退存亡而不失其正者」」乃專就上爻而發其義理也，因小過上六象曰：「已亢也」。是陰爻在上亦可稱亢，荀氏謂乾「存謂五，爲陽位。亡謂上，爲陰位。」非是。由此知，陽爻在上，猶有「死」義。吾人當不可依「陽位」、「陰位」而言其「生死」。豫六五云「中未亡」者，以居外卦之中也，朱熹云：「然以其得中，故又爲恆不死之象，即象而觀，占在其中矣。」〔註161〕其言是也：若陽居上，猶有「死」。故吾人可分三層次觀之：「道」無所謂「生死」。其次則陽爲生義，陰爲死義，各司一職。再者，落於卦爻，凡在上者，皆有「死」義。「陽無死義」只能就第二層以上爲說，不可就爻位爲說也。

二一、中　和

（1）　**《易》二五為中和。坎上離下，為既濟。天地位，萬物育，中和之效也。《三統曆》曰，陽陰雖交，不得中不生，放易尚中和。二五為中，相應為和。《說文》曰，咊，相麐也。咊即和也，麐即應也。**

△按：徐芹庭曰：「二居內卦之中，五居外卦之中，亦曰中行或中和。」〔註162〕然《三統曆》曰「相應爲和」，則二五爻，當一陰一陽，是曰「和」也。屈萬里云：「其於爻也，凡二五稱中。蓋二居下體之中，五居上體之中。反對之後則二爲五，五爲二，仍不失爲中也。」〔註163〕成蓉鏡曰：「凡二五稱中。」〔註164〕

頁67。

〔註161〕見《周易本義》，皇極出版社，民國69年10月版，頁74。

〔註162〕見《兩漢十六家易註闡微》，五洲出版社，民國64年12月版，頁59。

〔註163〕見《先秦漢魏易例述評》，卷上，學生書局，民國64年3月版，頁12。

〔註164〕見《周易釋爻例》，廣文書局，民國63年9月版，頁1。

皆與惠棟所言合。既濟卦者，爲陰陽六爻皆得位而相應之卦也，乃中和之卦也。唯惠棟謂「《易》二五爲中和」，非也，當作「《易》二五爲中」。若二爲陽五爲陰，或二爲陰五爲陽，陰陽相應乃稱「和」。若二五皆陽，或二五皆陰，則非「和」也。《三統曆》曰：「陰陽雖交，不得中不生，故《易》尙中和。」其「陰陽交」即「和」也，必得「中」然後生，是以「《易》尙中和」，乃指《易》二五爻既「中」且「和」之謂也。此乃就象數之爻位相應而言也。

（2）**師九二曰，在師中，在師中，吉，无咎，王三錫命。《乾鑿度》曰，師者，眾也。言有盛德，行中和，順民心，天下歸往之，莫不美命為王也。行師以除民害，賜命以長世，德之盛。**

△按：朱熹云：「又卦唯九二一陽居下卦之中，爲將之象。上下五陰順而從之，爲眾之象。九二以剛居下而用事，六五以柔居上而任之，爲人君命將出師之象，故其卦之名曰師。」〔註 165〕然則，《乾鑿度》云「莫不美命爲王也」當非。以「王三錫命」者，朱熹云：「九二在下，爲眾所歸，而有剛中之德。上應於五，而爲所寵任，故其象占如此。」〔註 166〕是知王指六五、非九二明矣。此九二與六五既「中」且「和」，故有「中和」之象。《乾鑿度》云：「言有盛德，行中和。」乃兼及義理上言之也。

（3）**〈彖〉曰，能以眾正，可以王矣。荀註云，謂二有中和之德，而據群陰，上居五位，可以王也。**

△按：此〈彖傳〉乃釋「師，貞，丈人，吉，無咎」之辭。愚已論之於例五十條（9）。荀爽謂「二有中和之德」就義理上言之，可矣。若就象數言之，是二陽五陰相應爲和，而單就二爻，止得稱「中」也。唯荀氏又牽於「升降」之說，不可憑也。

（4）**泰九二曰，朋亡，得尚于中行。荀註云，中謂五，朋謂坤，朋亡而下，則二得上居五，而行中和矣。**

△按：愚已論之於例五十條（12）。

（5）**臨六曰，知臨，大君之宜，吉。《乾鑿度》曰，臨者，大也。陽氣在內，中和之盛，應於盛位，浸大之化，行于萬民，故言宜處王位，施大化，**

〔註 165〕見《周易本義》，皇極出版社，民國 69 年 10 月版，頁 41～42。

〔註 166〕見同註 165，頁 43。

為大加矣，臣民欲被化之詞也。

△按：〈序卦傳〉：「臨者，大也。」是知「臨」字有作「大」義。說文：「臨，監也。以臥，品聲。」是臨字有「臥」義。說文：「臥，伏也。」故知「臨」之本義非作「大」解。而高亨曰：「考金文……本自上監下之義，以人，以目，以品。品，眾物之形也。篆文譌目為臣，許云『從臥品聲』非也。詩大明：『上帝臨女。』皇矣：『上帝，臨下有赫。』此謂上帝之監臨下人也。《左傳》昭公六年傳：『臨之以敬。』論語為政篇：『臨之以莊則敬。』雍也篇：『居敬而行簡，以臨其民。』此謂加上以監臨下民也。本卦臨字，皆指臨民而言，六五云：『知臨，大君之宜，吉。『即其證。」又云：「知讀為智。知臨者以智臨民也。《禮記．中庸》：『惟天下至聖為能聰明睿知，足以有臨也。』即此意。以智臨民，大君當如此，果能如此，始克明察萬機，曲應咸當，故曰，知臨大君之宜，古。」〔註167〕其言是也。依《中庸》所述，則臨六五有中和之義矣。

（6）〈文言〉曰，利貞者，情性也。述曰，《易》尚中和，故曰，和貞者，情性，情和而性中也，聖人體中和，贊化育，以天地萬物為坎離也。

△按：《周易本義》作「利貞者，性情也。」鄭玄本則作「利貞者，情性也。」〔註168〕《集解》本，注疏本皆同本義。然則，惠棟所引者，乃採自鄭本。《說文》：「利，銛也。刀和然後利，以刀和省。《易》曰：利者，義之和也。[illegible]，古文利（段註：蓋從刃禾）」愚以為，古文利字不從口，則利當從刀禾，非從和省。從和省者，後起之義也。貞字本義作「卜問」，而師卦〈彖傳〉：「貞，正也。」臨卦〈彖傳〉：「貞吉，養正則吉。」大壯卦〈彖傳〉：「大壯利貞，大者正也。」屯初九：「利居貞。」〈象傳〉：「志行正也。」巽上九：「貞凶。」〈象傳〉：「正乎凶也。」皆後起之義，愚已論之於例七條（1）矣。「述曰」云云，採鄭本「利貞者，情性也」，而以「利」作「和」，以「貞」作「中」，故曰「情和而性中也」。然就爻位之例而言，「正」指陰居二、四、六，陽居一、三、五也；「中」指二、五，或三、四，或二至五也。唯就義理上，可以引伸也。

（7）《周禮．大司徒》，以鄉三物，教萬物而賓興之。一曰六德，知仁聖義忠和。鄭註云，忠言以中心。和，不剛不柔。

△按：惠棟引此條，復釋「中和」之義。

〔註167〕見《周易古經今注》，樂天出版社，民國63年2月版，頁72。
〔註168〕見《古經解彙函》（1），鼎文書書，頁20。

（8）中庸曰，喜怒哀樂之未發，謂之中（朱子曰，喜怒哀樂，情也。其未發，則性也）。發而皆中節，謂之和（不誠誠則不能獨，獨者中也，故未發為中，已發為和。張湛列子註云，稟性之質，謂之性，得性之極，謂之和）。中也者，天下之大本也。和也者，天下之達道也（朱子曰，大本者天命之性。達道者，循性之謂）。致中和，天地位焉，萬物育焉（此至誠之事，所謂贊化性育，與天地參者也。中和於《易》為二五。〈繫上〉曰，易簡而天下之理得矣，天下之理得而《易》成位乎其中，故言天地位）。

△按：惠棟著《易大誼》，實乃《中庸》一書之註也。於「喜怒哀樂之未發，謂之中」下註云：「隱微始也，于道爲極，故未發爲中。」於「發而皆中節，謂之和」下註云：「發而皆中節，行之和也，故謂之和。未發爲中，已發爲和，合之則一和也，故日中庸。中和，即天地之中。在人則爲情性。故文言曰：利貞者。性情也。」於「中也者……萬物育焉」下註云：「中和，即修道之人，天地位中也，萬物育和也，既濟定也。」二註相參，其理甚明。先總統蔣公道：「『中』是喜怒哀樂之未發時的現象，亦就是我所常說的『澹泊沖漠，本然自得』和『無聲無臭，惟虛惟微，至善至中，寓理帥氣』的現象。『和』是喜怒哀樂之發洩，一切言行，皆能中節，而並無不過與不及之處。言樣的『中』，就是天下的大本，言樣的『和』，就是天下的達道。所謂大本，就天命之性，天下之理皆由此出，故日大本。所謂達道，就是率性之道，天下古今之所共由，無往不通，無所不在，故日達道。……就『中和』兩字的意義而言，我認爲是皆在發揮『允執厥中』一語的工人及其致力所在。其在靜而言謂之『中』，在動而言謂之『和』。亦可說『中』爲靜中之『和』，而『和』爲動中之『中』。故無論其言『中』與『和』，皆不出乎『允執厥中』的『中』字工夫之外。這是我最近研究所得的結果。就是說中和之極致，不但萬物各得遂其生存，便是宇宙一切現象，也各循其合理軌範無不得其所；這便是『和』爲天下之達道；就是萬物各循其性，各得其所，而不相悖；亦就是『率性之謂道』的註解。」〔註169〕惠棟於條（1）舉既濟卦。既濟，陰陽六爻皆得位，便是萬物各遂其生，各得其所也。又六爻皆相應，是各得其所而不相悖害，乃「和」致也。六爻皆得位，曰「正」。於義理上，喜怒哀樂，秉而有之，未

〔註169〕見楊汝舟撰〈蔣總統與易經哲學〉，《哲學與文化月刊》，卷四，期六。

發爲中，猶六爻靜居其位。發而皆中節，謂之和，猶六爻動而相應也。唯《中庸》首章引子程子曰：「中者，天下之正道。」而《易例》之「中」「正」不同，二五稱中，得位曰正。子程子所云：乃義理上之引伸。此宜辨明也。

（9）**又曰，仲尼曰，君子中庸。又曰，仲尼祖述堯舜（仲尼，孔子字，漢安昌侯張禹曰，仲者中也，尼者和也。此篇論中和之義，故篇中兩舉仲尼，以誠屬之，致中和之事，歸之中和者，既濟也。孔子論定六經，以立中和之本，而贊化育。下篇所云，經綸天下之大經，立天下之大本，知天地之化育是也。孔子無位而當既濟，故子思兩舉表德之字以明之）。**

△按：說文：「尼，從後近之。」是尼字本義不作「和」。而說文：「仲，中也。」則有「中」義。惠註引論甚明，茲不贅述。

（10）**又論強曰，故君子和而不流，強哉矯。中立而不倚，強哉矯。《周禮》師氏以三德教國子，一曰至德，以為道本。馬融傳云，德行，內外之稱。在心為德，施之為行。至德者，中德也。《中庸》曰，天命之謂性，率性之謂道，失中庸則無以至道，故曰以為道本。鄭註云，至德，中和之德。覆幬持載，含容者也。**

△按：惠棟《易大誼》註云：「此自強合于中和，謂既濟也。」，故「和而不流」，即如既濟六爻之初四、二五、三上之相應，而不相雜也。初與四應，而不與二、三、五、上應，餘皆類此。凡二五稱中。二多譽，四多懼，三多凶，五多功。是內外卦居中唯二五多吉。故吾人當求「中立而不倚」也。「中立而不倚」之另一義，爲既濟六爻皆得位。即「君子素其位而行，不願乎其外。素富貴，行乎富貴。素貧賤，行乎貧賤。素夷狄，行乎夷狄。素患難。君子無入而不自得焉。」〔註170〕之義也。〈繫上〉云：「卑高以陳，貴賤位矣。」是既濟六爻皆得其陰陽之位，猶孔子素其位而行，不願乎其外也。「中」者，天下之大本也，蔣公云：「所謂大本，就是天命之性，天下之理皆由此出，故曰大本。」即馬融所云，在心爲德，處乎其中，是爲「至德」也。「和」者，天下之達道也，蔣公云：「所謂達道，就是率性之道，天下古今之所共由，無往不通，無所不在，故曰達道。」即馬融所云，施之爲行，處乎其外，人之所共由者也，此「至道」也。性爲內，道在外，故《周禮》云「至德，以爲道本。」也。《中庸》首章引子程子曰：「不易之謂庸。」蔣公云：「庸就是至

〔註170〕見《中庸》第十四章。

平至正，日常所見，日常所行，而無可變易的意思，亦就是永久不滅之意。科學上所謂物質不滅，能力不滅，這是不滅的定則，亦就是『庸』精義。……這是只有一個心，一個理，而沒有可以變更改易的。這不可變，不可易，就謂之』庸『，所以就是『庸者，天下之定理』……這就是中庸之道。」〔註 171〕然則，相較之下，「庸」近於形而上之「道」，「和」近於形而下之「道」。「庸」者，天下之定理，即「不變」或「常」也。「和」者，天下之達道也，即「變」也，即蔣公所云：「天下古今之所共由，無往不通，無所不在。」者也。然則「中」即「庸」也，以子程子曰：「不偏之謂中，不易之謂庸。中者，天下之正道。庸者，天下之定理。」故二者實一也。是馬融云：「失中庸則無以至道。」即失「中」無以至「和」也。鄭註云「至德，中和之德」，乃合「中和」二者爲說。其德乃參贊天地，舉凡天之所覆，地之所載，皆包容焉，即中庸二十六章所謂「至誠」之德也。條（8）引《中庸》首章「致中和，天地位焉，萬物育焉」惠註：「此至誠之事，所謂贊化育，與天地參者也。」是合於鄭註所言也。高懷民云：「《中庸》作者將『中』歸於人之性情之先天自然狀態，即『道』之本來面目；而將『和』名後天使性情合於『道』之狀態。『致中和，天地位焉，萬物育焉。』質言之，貫通先天後天，無非一『中』」〔註 172〕其說與愚所論無二致也。夫惠棟於《易大誼》所言「中和，即天地之中。在人則爲情性。」即其意也。然條（6）述曰：「情和而性中也。」分「性情」而屬「中和」，與高氏合「性情」爲說，自有不同。

（11）《孟子》曰，中也，養不中。趙岐註云，中者，履中和之氣所生，謂之賢。禮器曰，君在阼，夫人在房，大明生於東，月生於西，此陰陽之分，夫婦之位也（鄭註，大明，日也）。君西酌犧象，夫人東酌罍尊（鄭註，象日出東方而西行，月出西方而東行也。）禮交動乎上，樂交應乎下，和之至也（鄭註，言交乃和）。案，禮，中也。樂，和也。禮交動乎上，樂交應乎下，上下相應，故云，和之至也。

△按：惠棟於條（1）云「二五爲中，相應爲和」又曰「坎上離下，爲既濟」，條（6）云「利貞者，情性，情和而性中也」，是既濟卦二五爲中，而其特點乃陰陽爻各得其位而相應也。以各卦皆二五爲中，則惠棟於條（8）註云「中

〔註 171〕見同註 169，頁 45。
〔註 172〕見〈易學中的中道思想〉，《哲學與文化月刊》，卷五，期八，頁 467。

和於易爲二五」，又條（2）舉師九二，條（4）舉泰九二，條（5）舉臨六五，皆合於中爻相應之例，而不合於條（1）及「《易大誼》」所言之「既濟」例也。於象數上釋之，乃有矛盾之處，即「中」與「正」其界本不同。就義理上引伸之，則有通容之處。然惠棟遽引諸條，而未加以詳釋，似反有附會之嫌。此條（11）引禮器曰：「君在阼……夫婦之位也」云云，是陰陽得位也，是合於「既濟」例。然惠棟案語云云，則不合「既濟」例。因「中」乃指二五居中，或六爻得位引伸之義，「和」乃上下陰陽相應。而其云云，已成「中」、「和」二者「上下相應」，不合爻位相應之說也，然以義理之「道」「器」言之，則是合理也。

（12）揚子《太元》曰，五為中和。又曰，中和莫尚於五。

△按：愚已論之於例六條（2）。

（13）《法言》曰，立政鼓眾，莫尚於中和。又曰，甄陶天下，其在和乎。龍之潛亢，不獲其中矣。是以過中則惕，不及中則躍，其近於中乎（惕躍近中，猶忠恕近道）。

△按：蔣公云：「就『中和』兩字的意義而言……若再推演而用之於軍事與政治，則不特可以馭眾統軍，而且可以治國平天下。所以『致中和，天地位焉，萬物育焉』，實際上這『中和』就是『率性之道』，乃爲治國平天下之道。如其反乎『中和』，即爲偏激，爲暴力，爲矛盾，爲衝突，必使天翻地覆，鬥爭無已，國家就無安定，人民就無養育可言了。」〔註173〕其乃與揚雄《法言》，不謀而合。高懷民云：「由字形象我們可知『中』的意義如下：……第二，四方形之『口』，表示天下國家，言『中道』之推行有地；也表示著『中』有包容之德，『中道之行』非孤立挺拔，只求獨善，乃納民容眾，共進於道。同時，也是『德不孤，必有鄰』之意，『中道』之所在，天下國家依之而建立，『大中』之義在此。」〔註174〕其言與法言不背。高氏又云：「大易哲學在卦象上的『中』是二五兩爻。一般人都以爲這兩爻是各位居上下卦的中間而命名的。這思想當然也是對的，可是事實上大易以二五之中爻名『中』，只不過是藉以立名，而『中』的意義決不主要倚託在『取其上下之中』的固定位置上。『中』的意義在那裡呢？主要是在『時』與『位』上，其他『應』『承』『乘』等也

〔註173〕見同註169，頁46。
〔註174〕見同註172，頁464。

都有關係，也就是說一個人行事能夠乘『時』因『位』，也能夠善用『應』『承』『乘』等關係，便是『中』，在卦象上只是藉二五爻以稱名此一含義罷了。……總之，『中』的意義在大《易》中是『活用』的，絕不可由卦象起執著。……大《易》『中』之義雖由象而得，也同樣在象之外，能在象外求『中』義，得『中』之活用矣。」〔註 175〕楊雄《法言》引乾卦爻辭以伸中和之義，亦是在象外求之。惠棟註云「愓躍近中，猶忠恕近道」亦是在象外求義理也。

（14）《莊子・消搖游》曰，若夫桀天地之正，而御六氣之辯。揀補註云，天地之正，猶天地之中。《易》之九五六二，即天地之正也。六氣，陰陽風雨晦明也。

△按：「六氣」當指卦之六爻也，其義猶「六合之外，存而不論。」之「六」，指之六爻；而「六合」乃六爻相合也。

總案：《易》有象數、有義理，象數或不足，義理可無盡，誠如高懷民先生所言，義雖由象而得，能在象外以求義，則得其活用矣。「中和」於卦爲二五之應，其效乃在既濟一卦，故義理之「中」實包含象數之「正」，此條（1）惠棟案語之意也。條（2）舉師九二，條（3）舉師彖，條（4）舉泰九二，條（5）舉臨六五。皆合二五之應，而不合既濟之正。條（6）「述曰」以「利貞」爲「情性」，而曰「情和而性中」，則「中」有「正」義明矣，此合「既濟」卦也，故又云「以天地萬物爲坎離」也。條（7）以「忠」爲「中」，是在內爲「中」，發外曰「和」也。條（8）復引中庸首章以釋「中和」之義。條（9）惠註云「歸之中和者，既濟也」，是又以「中和」爲「既濟」也。合條（8）、條（10），知喜怒哀樂在內未發曰性，在心爲德，此天命之性，爲天下人之大本也，是謂「中」也。其發於外曰情，施之爲行，率其性而中乎節，爲天下人之達道也，是謂「和」。條（11）所引合於「既濟」，而惠棟案語，則失之甚矣。條（12）復引揚雄《太玄》。五行之數爲五者，土也。土居中，故「五爲中和」。條（13）引揚雄《法言》，伸「中和」之義，在立政鼓眾，甄陶天下。猶乾卦之言愓躍，是求近中；愓躍者，人己之忠恕也。中者，道也。故惠註：「愓躍近中，猶忠恕近道。」是也。條（14）引「天地之正」合既濟卦之六爻各居其位之義，乃總結前文也。

〔註 175〕見同註 172，頁 462～464。

二二、詩尚中和

《荀子・勸學篇》曰，詩者，中聲之所止也。

△按：此例可併於「中和」例。若獨樹一例，則與《易》無大干涉也。

二三、禮樂尚中和

（1）《周禮・大司徒》曰，以五禮防萬民之偽，而教之中。以六樂防萬民之情，而教之和（案中和為六德之二）。

△按：五禮者：祭祀之事爲吉禮，冠婚之事爲喜禮，賓客之事爲賓禮，軍旅之事爲軍禮，喪葬之事爲凶禮。或指尊卑之禮、即天子、諸侯、卿大夫、士、庶民五等之禮。

（2）《周禮・大宗伯》曰，以天產作陰德，以中禮防之。以地產作陽德，以和樂防之。以禮樂合天地之化，百物之產。案，天交乎地，故以天產作陰德。地交乎天，故以地產作陽德。禮，天地之中，故以中禮防之。樂，天地之中，故以和樂防之。在易二五為中，相應為和。

△按：太極圖，乃陽中有陰中有陽。《老子》四十二章：「萬物負陰而抱陽，沖氣以爲和。」是天爲乾陽，可產陰物。地爲坤陰，可生陽物。又三十二章：「天地相合，以降甘露。民莫之令，而自均。」天地相合，猶二五相應。甘露者，陰氣凝而欲降，故曰「天產作陰德」。同其理，草木破土而生，生者上升，是陽氣欲升之象也，故曰「地產作陽德」。惠棟於例二一條（11）案曰「禮，中也。樂，和也」此分言之也。蔣公云：「其在靜而言謂之中，在動而言謂之和。亦可說中爲靜中之和，和爲動中之中。故無論其言中與和，皆不出乎『允執厥中』的中字工夫之外。」〔註176〕分言之，禮靜而樂動也。合言之，禮樂皆言動靜之道，皆在求「中道」者也。故《周禮・大宗伯》云「中禮」云和樂，此乃分言之，而實禮樂咸言「中和」者也。惠氏案語云「天交乎地」「地交乎天」猶《老子》之「天地相合」即「相應爲和」也。又云「禮，天地之中」「樂，天地之中」是又以禮樂皆「天地之中」也。

（3）《樂記》曰，樂者天，天地之命，中和之紀，人情之所不能免也（《荀子・勸學篇》曰，樂之中和也）。

〔註176〕參見例二一條（8）。

△按：說文：「命，使也。」段註：「命者，天之令也。」則樂者，乃天地之氣使然也。說文：「紀，別絲也。」段註：「絲縷之數有紀也，此紀之本義也。引申之爲凡經理之稱。」則樂者，中和之經理也。此合言之。例二一（11）案曰「樂，和也。禮，中也。」獨以樂歸爲和者，與此說稍異。又本例條（2）云「樂，天地之中」，則樂即中也，與此條云「樂者，中和之紀」之以樂爲中和之經理，其層次有分明者，不同也。惠註引《荀子》云「樂之中和也」，以樂爲中和之象，或云樂之所發爲中和之象也。

（4）《淮南・精神》曰，萬物背陰而抱陽，沖氣以為和。高誘曰，萬物以背為陰，以腹為陽，身中空虛，和氣所行。為陰，故腎雙。為陽故心特。陰陽，與和，共生物形。君臣以和，致太平也。

△按：「萬物背陰而抱陽，沖氣以爲和」乃出自《老子》四十二章。唯《老子》作「負陰」也。唐君毅曰：「易傳謂『易有太極，是生兩儀。』據此二語，吾人所能確定者，唯是太極乃高于兩儀之一概念。如兩儀指陰陽或乾坤或天地，則太極應爲位于陰陽乾坤天地二者之上，而加以統攝之一概念。而太極之所指者，則應爲天地及天地中之萬物之根原或總會之所在。」〔註177〕則高誘所云即以人爲一太極也。特，獨也。心特者，心於人身唯一耳。「陰陽與和，共生物形」是〈繫辭〉「天地絪縕，萬物化醇。男女構精，萬物化生。」之同義之文也。是萬物，亦各爲一太極也。擴而充之，一家一國奠不如此。故曰「君臣以和，致太平也。」

（5）荀悅《申鑒》曰，以天道作中，以地道作和。

△按：此以天道爲「大本」，近乎形而上者也，故曰「中」。以地道爲「達道」，近乎形而下者也，故曰「和」。

（6）《禮器》曰，因名山升中于天。盧植註云，封泰山，告太平，升中和之氣於天（後漢〈祭祀志〉註）。

△按：此殆以祭祀求天地之氣交通也。朱天順道：「殷人迷信山神有興雲作雨的能力。山神有興雲作雨的迷信，一直流傳到春秋戰國，人們迷信泰山有降雨的神性，所謂『觸石而出，膚寸而合，不崇朝而遍雨乎天下者，泰山爾。』當時的人們認爲，雲從泰山的岩石間湧出，很快就合成密雲，下雨滋潤天下。」

〔註177〕見〈太極問題扶疏〉，民國53年版，《新亞書院學術年刊》期六，頁9。

〔註 178〕古人祭祀觀念，可由此語窺知也。

（7）項威註《漢書》曰，封泰山告太平，升中和之氣於天。祭土為封，謂負土於泰山，為壇而祭也。

△按：「封泰山」云云，與條（6）盧植註相同。則其下「祭土爲封」云云，殆項威之疏語也。是此條當連於條（6）。朱天順云：「祭山神的祭法中，將祭品埋入地中獻祭的法（瘞）佔絕大多數，這是因爲山岳也是由土地形成的，其祭法和祭土地神相類似是很自然的。……儀禮、覲禮說：『祭山丘陵，升』爾雅、釋天說：『祭山曰庪縣。』所以，『升』、『庪縣』和山海經所講的『縣』都是同一個祭法，都是指舉行祭禮時，將供物高掛起來獻祭。……殷契記錄的山神祭法，既有瘞埋，也有燔燎，向下、向上的兩種祭法都用。祭山的目的如果是求雨或與天上的其他現象有牽連，就用向上的燔燎；如果只是跟山峰地面或地下的事物有聯繫就，就用瘞埋。這是自然崇拜時期人們祭山神時，可能的想法和祭法。但是到了後來，人們就不那樣嚴格區分而把各種祭法混用了。……對名山，或被稱爲『冢』的大山，或明奉爲山神的祭禮都特別隆重。」〔註 179〕又云：『詩大雅、綿，把象徵土地神的土堆稱之爲『冢土』。爲什麼要築『冢土』祭社呢？應邵在風俗通義、祀典中說：『社者，土地之主。土地廣博，不可遍敬，故封土以爲社而祀之，報功也。』」〔註 180〕由上可知古人祭祀之演變與形式也。

總案：此例所載，除條（2）惠棟案語，及條（4）所言之外，餘皆與易無大干涉。宜併於「中和例。此例言「人文」之「中和」也。

二四、君道尚中和

《鴻範・五行傳》曰，王之不極，是謂不建。鄭註云，王，君也。不名體而言王者，五事象五行，則王極象天也。天變化，為陰陽，覆成五行。極，中也。建，立也。王象天，以情性，覆成五事，為中和之政也。王政不中和，則是不能立其事也。

△按：其言甚詳。此例宜併於「中和」例。又與例二八「君道中和」雷同。

〔註 178〕見《中國古代宗教初探》，谷風出版社，1986 年 10 月版，頁 72。
〔註 179〕見同上，頁 72～74。
〔註 180〕見同上，頁 65。

二五、建國尚中和

《周禮・大司徒》曰，以土圭之法，測土深。正日景，以求地中。日南則景短多暑，日北則景長多寒，日東則景夕多風，日西則景朝多陰。日至之景，尺有五寸，謂之地中，天地之所合也，四時之所交也，風雨之所會也，陰陽之所和也。然則百物阜安，乃建王國焉。制其畿方千里，而封樹之（王融三月三日曲水詩序，狹豐邑之未宏，陋譙居之，猶偏求中和，而經處揆景，緯以裁基。註周禮曰，日至之景，尺有五寸，謂之地中，陰陽之所和，故曰中和也）。

△按：其言甚詳。此例宜併於「中和」例。今日所謂「看風水」之習俗，其來有自，於此引文有所徵矣。此例乃言「地理」之「中和」也。

二六、春秋尚中和

（1）《三統曆》曰，夫歷春秋者，天時也。列人事而目以天時。〈傳〉曰，民受天地之中以生，所謂命也（師古曰，中謂中和之氣也）。是故有禮誼動作威儀之則，以定命也。能者養以之福（師古曰之，往也。往就福也），不能者敗以取禍，故列十二公二百四十二年之事，以陰陽之中，制其禮。故春為陽中，萬物以生。秋為陰中，萬物以成（所謂天地之中。）是以事舉其中，禮取其和，歷數以閏，正天地之中，以作事厚生，皆所以定命也。《易》金火相革卦曰，湯武革命，順乎天而應乎人。又曰，治歷明時。所以和人道也（公羊疏云，案三統歷云，春為陽中云云，賈服依此以解春秋之義）。

△按：「列人事而目以天時」乃指春秋一書。「中」者，性也。《中庸》云：「天命之謂性。」故曰「民受天地之中以生，所謂命也。」其下云云，皆所以明春秋一書寓褒貶之義。陽氣始於子月，終於午月。陰氣始於午月，終於子月。春分位卯月，故曰「春爲陽中」。秋分居酉月，故曰「秋爲陰中」。〔註181〕例一條（1）引《乾鑿度》云：「震生物於東方，位在二月。……兌收之於西方、位在八月。「二月即卯也，八月即酉也。故曰「春爲陽中，萬物以生。秋爲陰中，萬物以成。」。「曆數以閏，正天地之中，以作事厚生，皆所以定命也。」

〔註181〕見《易漢學》，卷一「六日七分圖」、《惠氏易學》，廣文書局，民國60年1月版，頁1051。

與〈繫傳上〉「故知死生之說」義相近似。「湯武革命，順乎天而應乎人。」乃取自革〈彖傳〉。「治曆明時」乃取自革〈象傳〉。

（2）賈逵《春秋左傳》註云，取法陰陽之中。春為陽中，萬物以生。秋為陰中，萬物以成。欲使人君動作不失中也（說文禾字云，嘉穀也。二月始生，八月而孰，得時之中，故謂之禾。和从禾）。

△按：其義與條（1）同。所謂「禮」之一舉一動，實爲春秋百年之縮影，猶莊子所云「大小之辨」耳，故條（1）《三統曆》云：「以陰陽之中，制其禮。」此曰：「使人君動作不失中也。」，皆效法天地之時節而制禮儀之謂也。此例言「天時」之「中和」也。

（3）《淮南・氾論》曰，天地之氣，莫大於和，和者，陰陽調，日夜分，而生物。春分而生，秋分而成。生之與成。必得和之精。

△按：此論天地、陰陽、日夜、春秋、生成、皆由和也。例二七引董仲舒《春秋繁露》云：「和者，天之正也，陰陽之半也。」陽氣始子終午，陰氣始午終子，則春分秋分，於十二消息卦皆得陰陽之半，故曰「得和之精」。〔註 182〕

總案：此例宜併入「中和」例。此例言「天時」之「中和」也。

二七、中　和

《白虎通》曰，水者少陽。金者，少陰。有中和之性，故可曲可直從革。董子《繁露》曰，天有兩和（春秋為和），以成二中（冬夏為中。在易二五為中，相應為和，即天地之中）。歲立其中，用之無窮。是北方之中（坎），用合陰而物始動於下。南方之中（離），用合陽而養始美於上。其動於下者，不得東方之和不能生，中春是也。其養於上者，不得西方之和不能成，中秋是也。然則天地之美惡，在兩和之處。二中之所來歸而遂其為也。是故東方生而西方成。東方和生北方之所起，而西方和成南方之所立養長。起之不至，於和之所不能生。養長之不至，於和之所不能成。成於和，生必和也。始於中，止必中也。中者，天下之所終也。而和者，天地之所生成也。夫德大於和，而道

〔註 182〕參見《兩漢十六家易註闡微》，「十二消息」例，五洲出版社，民國 64 年 12 月版，頁 72。

莫正於中。中者，天地之美達理也，聖人之所保守也。詩云，不剛不柔，布政優優，此非中和之謂歟。是故能以中和理天下者，其德大盛（此至誠之贊化育）。能以中和養其身者，其壽極命（此至誠之盡性與術士之養身異）。男女之法（男女即坎離也。下云天地之陰陽，當男女。人之男女當陰陽），法陰與陽。陽氣起於北方，至南方而盛，盛極而合乎陰（堪輿以四月癸亥，十月丁巳，為陰陽交會）。陰氣起於中夏，至中冬而盛，盛極而合乎陽（〈繫下〉曰陰陽合德。虞註云，合德謂天地雜，保太和，日月戰。《三統曆》曰，陰陽合德，氣鍾於子）。不盛不合，是故十月，壹而俱盛，終歲而乃再合。又曰，天地陰陽當男女，人之男女當陰陽，陰陽亦可以謂男女，男女亦可以謂陰陽。天地之經，生至東方之中，而所生大養。至西方之中，而所養大成。一歲四起業而必於中，中之所為而必就於和，故曰和其要也。和者，天之正也，陰陽之半也。其氣為最良，物之所生也。誠擇其和者，以為大得天地之奉也。天地之道，雖有不和者，必歸之於和，而所為有功。雖有不中者，必止之於中，而所為不失。是故陽之行，始於北方之中，而止於南方之中。陰之行，始於南方之中，而止於北方之中。陰陽之道不同，至於盛而皆止於中，其所始起皆必於中（始復天地之中）。中者，天地之太極也（太極即大中）。日月之所至而卻也。長短之隆，不得過中，天地之制也。又云，男女體其盛，臭味取其勝，居處就其和，勞佚居其中，寒暖無失適，飢飽無過平，欲惡度理，動靜順性命，喜怒止於中，憂懼反之正，此中和常在乎其身，謂之得天地泰（地天泰而天地泰者，二五易位成既濟，故云天地）。得天地泰者，其壽引而長。不得天地泰者，其壽傷而短。

△按：《白虎通》云「木者少陽，金者少陰。」已論之於例六二條（2）及例一條（1）。所謂「少」者，乃陰陽各半也。或以木爲少陰，金爲老陽。爲老陽，則不合「中和之性」也。以消息卦言，春秋所值之卦，陰陽各半，是爲和也。惠註云「冬夏爲中」愚以爲當從「中者，天下之大本」爲說，因冬近純陰，夏近純陽，猶人性之根本，喜怒哀樂未發之態也，於易若二五靜居中爻也。春秋各値陰陽之半，猶人情之運作，喜怒哀樂發而中節之狀也，於易若二五動而相應也。以消息言之，各至之時，一陽始生，於卦爲復。復之內卦爲震，說卦：「震以動之。」自此以後，陽進陰退，是用合陰也，故曰

「北方之中，用合陰而物始動於下」。夏至之時，一陰始生，於卦爲姤。「養始美於上」者未詳，疑其指陰爻而言也。例一條（1）《乾鑿度》云：「坤養之於西南方。」坤文言云：「陰雖有美含之。」蓋即是也。夫物事之過猶不及，必得其陰陽各半之和，乃有生成之效。「天地之美惡，在兩和之處」乃以陽爲美，陰爲惡矣。泰卦在東方，〈彖〉曰：「內陽外陰，內健外順，內君子而外小人。君子道長，小人道消也。」此主美也。反之，否卦在西方，此主惡也。「二中之所來歸」乃言由夏至冬，由冬至夏，夏長冬藏，各遂其爲也。冬至位於北方子月復卦於「四正」爲坎，陽氣初起。行於春分位於二月卯大壯卦，於「四正」爲震，《乾鑿度》乃謂「震生物於東方，位在二月」是也。夏至位於南方午月姤卦，陰氣初起，於「四正」爲離，《乾鑿度》云：「離長之於南方，坤養之於西南方。」行於秋分，位於八月酉觀卦。於「四正」爲兌，《乾鑿度》云：「兌收之於西方」收者，物成而收也。〔註183〕故云「東方和生北方之所起，而西方和成南方之所養長。」無始則無所變化，故云「起之不至，於和之所不能生。養長之不至，於和之所不能成。」是無冬則無春之生，無夏則無秋之成也。反言之，有始則有終，故「成於和，生必和也。始於中，止必中也。」中者，夏爲陰之終，冬爲陽之終，故云「中者，天下之所終也。」陰陽各半，和而生成變化，故云「和者，天地之所生成也。」「夫德莫大於和，而道莫正於中」此「德」，即吾人之所得，中庸所謂「率性之謂道」也，「天下之達道」也。而例二一條（10）引「至德，以爲道本。馬融傳云：內外之稱：在心爲德，施之爲行。至德者，中德也。」以德歸屬於「中」者，與此不同。而其以德爲道本，則乃以爲形而上之道爲中，是同於此「道莫正於中也」。其下云「中者，天地之美達理也……其德大盛。」乃以天地之中和，而施之於治理天下國家也，必致有大盛之德。「能以中和養其身者，其壽極命。」乃以中和之道，法諸天地而養其身命。惠註：「此至誠之盡性，與術士之養身異。」是惠棟雖主象數之《易》，而於道教術士之流，似有所不取焉。然而，《周易參同契》乃現今所存最早之一部煉丹術著作，惠棟《易例》、《易漢學》諸書，亦偶引其說。豈惠棟有所去取耶？或者，以中和之道養其身者，非煉丹之術也。一以內修，一以服食，此大異也。「男女之法，法陰與陽」，是以男爲陽，女爲陰也。依十二消息之法，冬至之時，一陽始生，序屬仲冬，於卦爲復，於月爲子，於位爲北。是「陽氣

〔註183〕參見例一條（1）、例四八、及《易漢學》，卷一，頁2「六日七分圖」。

起於北方」也，至四月孟夏，陽盈滿，於卦爲乾，六陽俱長。四月爲巳，於位爲南，是「至南方而盛」。五月仲夏，一陰始生，於卦爲姤。是「盛極而合乎陰」，又「陰氣起於中夏」也。十月孟冬，於卦爲坤，此陰盈滿之卦也。然則，孟冬之未，猶仲冬之初也，故云「至中冬而盛」者，理亦可通。「盛極而合乎陰」即子月復卦「陽氣起於北方」也。惠註引堪輿，以四月、十月者。四月爲巳，於卦爲乾，陽盈滿之時也。十月爲亥，於卦爲坤，陰盈滿之時也。癸亥者，天干癸，地支亥，於位皆在北方，〔註 184〕陰盛之時也，此紀日之干支也。丁巳者，天干丁，地支巳，於位皆在南方，陽盛之時也。以四月値癸亥日，十月値丁巳日，是陰陽交會也，故云。惠註引《三統曆》曰：「陰陽合德，氣鍾於子。」乃就消息言之，子月復卦，陰極而陽氣初起，故云。「不盛不合，是故十月，壹而俱盛。」乃以十月爲亥，於卦爲坤，陰氣全壹而俱也。「終歲而乃再合」，似以正月寅値泰卦爲說也，彖傳：「天地交而萬物通也，上下交而其志同也，內陽外陰。」是泰有陰陽交合之象也。其下云「天地之陰陽……男女亦可以謂陰陽。」皆指男女相合之事也。故是「合」者，即「和」也。正月孟春，三陽生，於卦爲泰，適陰陽各半，其氣和合，猶男如當青年之時宜論婚嫁也。「至東方之中」「至西方之中」者，即例一條（1）惠註云「春陽中，秋陰中」者，然則，陰陽居半謂之「和」，亦可謂之「中」也。故其下云「一歲四起業而必於中」也。四起業，謂春夏秋冬，各有司職也。「中之所爲而必就於和」者，即長養之道，必生成於和也。夫「故曰：和其要也」者，屈萬里引繫下：「柔之爲道，不利遠者，其要無咎，其用柔中也。」云：「又要即腰，亦中義，〈繫辭傳〉每以二五爲要，〈下傳〉：『懼以終始，其要無咎。』亦此義也。」〔註 185〕是「要」，人身之中，於卦爲二五，皆有「中」義。然則，「和其要」者，即「和其中」也。「和者，天之下正也，陰陽之半也」者，如太極陰陽各均其半，猶卦之二五陰陽各一也。「誠擇其和者，以爲大得天地之奉也。」者，即文前惠註「此至誠之贊化育」。《中庸》第二二章：「唯天下至誠，爲能盡其性。能盡其性，則能盡人之性。能盡人之性，則能盡之物之性。能盡物之性，則可以贊天地之化育。可以贊天地之化育，則可以與天地參矣。」又二五章云：「誠者，非自成己而已也。所以成物也。成己，仁也。成物，知也。性之德也，合外內之道也，故時措

〔註 184〕參見《卜筮正宗》，頁 2、「天干地支八卦方位圖」。

〔註 185〕見《先秦魏易例述評》，學生書局，民國 64 年 3 月版，頁 51。

之宜也。」故曰「大得天地之奉也」。〈繫下〉云：「日往則月來，月往則日來。日月相推而明生焉。寒往則暑來，暑往則寒來，寒暑相推而歲成焉。往者屈也，來者信也，屈信相感而利生焉。」故云：「天地之道，雖有不和者，必歸之於和，而所爲有功，雖有不中者，必止之於中，而所爲不失。」此止即「物極必反」之原理也。陽氣始於子，爲北方之中；此於午，爲南方之中，陰氣反之。然則，文前云「天地之經，生至東方之中，而所生大養。至西方之中，而所養大成。……和者，天之正也，陰陽之半也。「是東西南北，皆有其中也，而和者，唯東西有之。「陰陽之道不同，至於盛而皆止於中，其所始起皆必於中。」此「中」乃南北方之中也。是姤卦、復卦，一值仲夏，一值仲冬，故惠註：「始復天地之中。」凡物必有所極，物極則反。極於南必反於北，極於北必反於南。「中者，天地之太極也。日月之所至而卻也。長短之隆，不得過中，天地之制也。」隆者，盛也。「男女體其盛」乃謂人爲一太極，皆有陽陰存焉。男者陽盛陰衰，女者陰盛陽衰。是男體陽之盛，女體陰之盛也。臭味有美惡淡濃，猶太極之陰勝陽或陽盛陰。故云「臭味取其勝」其下云：「居處就其和……憂懼反之正。」皆在於中和之道以求之。以四方言之，唯東西兼有中和。而泰居東方，陰陽交通以生。否居西方，陰陽不交以成。故東方木，有生長之勢。而西方金，有殺伐之勢。故金得以剋木。故曰「此大和常在乎其身，謂之得天地泰。」而不謂之「得地天否」者，一取其生長之勢，二以內卦先言，外卦後言也。或其取象傳「天地交泰」以得之。其〈周易本卦歌〉載「分宮卦象次序」，殆爲後人所定。故容得謂之「天地泰」。惠註云「地天泰而天地泰者」云云，以晚出以決早出，是失察也。其又云「二五易位成既濟，故云天地」似畫蛇添足之說也。若爲既濟何不言水火？而此「天」「地」二字乃以卦言，非指二五兩爻明矣。「得天地泰者，其壽引而長。不得天地泰者，其壽傷而短。」乃如文前所載「能以中和養其身者，其壽極命。」爲養身之誡也。此例宜與前例「中和」合併也。

二八、君道中和

（1）**越紐錄曰，湯執其中和，舉伊尹，收天下雄雋之士，練卒兵，率諸侯伐桀，為天下除殘去賊，萬民皆樂而歸之，是所謂其中執和者。**

△按：此應例二七「天地之道，雖有不知者，必歸之於和，而所爲有功。雖

有不中者，必止之於中，而所爲不失。」之義也。

（2）范子曰，臣問枯之賢主聖主聖君，執中和而原其終始，即位安而萬物定矣。不執其中和，不原其終給，即尊位傾，萬物散。文武之業，桀紂之跡，可知矣。

△按：此舉「中和」之反證。

（3）《白虎通》曰，易曰黃帝舜氏作。黃帝，中和之色，自然之性萬世不易。黃帝始作制度，得其中和，萬世常存，故稱黃帝也。

△按：黃爲中色，愚論之於例十七「陰爻居中稱黃」。此條論「中和」爲常存之性也。

（4）又曰夏殷周者，有天下之大號。夏者，大也，明當守持大道。殷者，中也，明當為中和之道也。

△按：《說文》：「夏，中國之人也。」段註：「夏，引伸之義爲大也。」《說文》：「殷，作樂之盛偁殷。」段註：「又引伸之爲大也。又引伸之爲眾也。又引伸之爲正也中也。」故《白虎通》有此解。

（5）《周書・度訓》曰，和非中不立，中非禮不慎，禮非樂不履。〔註 186〕

△按：例二三「禮樂尚中和」，《周禮・大司徒》曰：「以五禮防萬民之僞，而教之中。」乃以中爲主題。「中」即爲形而上之「道」，仍須落在形而下之「器」。猶有理想，須輔以計劃，方能達成也，是「中非禮不愼」之義也。「禮非樂不履」亦是禮在上、樂在下，其理亦然。

（6）《法言・先知篇》曰，立政鼓眾動化天下，莫尚於中和。

△按：已論之於例二一條（13）。

（7）又曰，甄陶天下者，其在和乎。剛則甈，柔則坯（註云，甈，燥也。坯，慢也。言失和也）。龍之潛亢，不獲其中矣。是以過中則惕，不及中則躍（上躍居五）。其近於中乎（進德修業，故近於中）。聖人之道，辟猶日之中矣。不及則未，過則昃。

〔註 186〕《周書》即《周史》也。清《四庫史部別史類》錄《周書》十卷。今本〈度訓〉第一至〈器服〉第七十，說者謂加序一篇，即〈漢志〉七十一篇之舊也（中文大辭典）。

△按：此已論之於例二一條（13）。

總案：此例宜與例二一「中和」合併。又條（6）（7），實與例二一條（13）雷同，益見其分爲二例之不妥。

二九、《易》氣從下生（缺）

△按：此例缺徵引及案語。愚已論之於例四二條（3）。

三十、卦无先天

（1）《荀子・成相》曰，文武之道同伏羲。

△按：王先謙云：「文武，周文武王。伏犧，古帝王太昊氏，始畫八卦，造書契者。」日本久保愛註云：「此謂古今道不異也。」〔註 187〕愚依惠氏引此句意，乃無所謂先天後天之分別也，故曰「卦無先天」也。

（2）序卦曰，有天地，然後萬物生焉。干寶註，物有先天地而生者矣。今正取始於天地，天地之先，聖人弗之論也。故其所法象，必自天地而還。《老子》曰，有物混成，先天地生，吾不知其名，彊字之曰道。上繫曰，法象莫大乎天地。莊子曰，六合之外，聖人存而不論。春秋穀梁傳曰，不求知所不可知者，智也。而令後世浮華之學，彊支離道義之門，求入虛誕之域，以傷政害民，豈非讒說殄行，大舜之所疾者乎。

干令升此註，若豫知後世有陳摶、秉放、穆修、李之才、邵雍諸人，造先天圖以亂聖經者，而諄諄言之如此，其衛道也深矣。即此一節註便當從祀文廟。

△按：此干寶所論「先天」殆近於「無極」，即「道」也。朱熹《本義》圖說云：「伏羲四圖，其說皆出郡氏。蓋郡氏得之李之才挺之。挺之得之穆修伯長。伯長得之華山希夷先生陳摶圖南者，所謂先天之學也。」《周易本義》圖說，載「伏羲八卦次序」、「伏羲八卦方位」、「伏羲六十四卦次序」、「伏羲六十四卦方位」，即所謂「先天圖」也。黃宗羲撰《易學象數論》，其卷一論「先天圖」，甚爲詳盡。夫繫辭言「太極生兩儀」，是「太極」猶可論也，然則知天地一太極，人亦一太極，其存而不論者，豈非「無極」乎？邵雍所傳

〔註 187〕見《增補荀子集解》，蘭臺書局，民國 61 年 9 月版，卷十六，頁 6。

先天圖，復載「太極」、「八卦」、似與干寶引《莊子》云「六合之外、存而不論」相違。且「伏羲八卦次序」圖，將離卦、巽卦歸入「陽」，震卦、坎卦歸入「陰」，與〈繫辭傳〉所云「陽卦多陰，陰卦多陽」不合，顯有甚大之矛盾。四象者，黃宗羲云：「是故四象之中，以一卦爲一象者，乾坤是也。以三卦爲一象者，震坎艮與巽離兌是也。必如康節均二卦爲一象，乾離坎坤於四象之得矣。兌爲爲老陽，震之爲少陰，巽之爲少陽，艮之爲老陰，無乃雜而越乎？〔註 188〕黃氏言「四象」，與例一條（1）《乾鑿度》及條（2）虞翻所言以之爲「四時」者大異。此暫闕疑之。而「伏羲八卦次序」圖之「四象」，但言「太陽」「太陰」，而非「老陽」「老陰」。所謂「老陽」「老陰」「少陽」「少陰」，乃筮法之「九六七八」而言，以單爻爲說，非指二爻或三爻爲說也。故此筮法之數和老少陰陽，既與「四象」無關，亦與「河圖」無涉。是黃氏混「老」於「太」，誤矣。然其言圖中「四象」之疵瑕所在，則甚爲確言。「伏羲八卦方位」圖，殆與〈說卦傳〉所云「天地定位，山澤通氣，雷風相薄，水火不相射」無干。因《周易本義》〈說卦傳〉第六章釋此段，仍採第五章，所謂「文王八卦方位」「後天之學」者也。朱熹云：「此去乾坤而專言六子，以見神之所爲。然其位序亦用上章之說，未詳其義。」〔註 189〕黃氏亦於此圖加以評論，其言云：「然則前之天地定位四句，正爲離南坎北之方位而言也，何容先天之說，雜其中耶？」〔註 190〕其言是也。又依〈繫辭傳〉下第二章：「古者包犧氏之王天下也……作結繩而爲罔罟，以佃以漁，蓋取諸離。」朱熹云：「兩目相承，而物麗焉。」〔註 191〕是此結繩之象，乃取諸離之重卦，以說卦傳第九章：「離爲目。」故兩目相承，爲結罔罟之象也。由此觀之，「伏犧」始作八卦，且復以之重卦，是〈繫辭傳〉之意也。然則「伏犧六十四卦次序」「伏犧六十四卦方位」二圖，將六十四卦歸諸「伏犧」，良有以也。其前圖，黃宗羲云：「易言因而重之。生十六、生三十二、生六十四，是積累而後成者，豈可謂之重乎？」〔註 192〕其持之有理也。且文前已論「伏羲八卦次序」圖排列有誤，則因之以生者，豈非如奠基未固，復以造樓耶？黃氏未詳論「伏羲六十四卦方位」圖，唯其誤同右。然朱熹論

〔註 188〕見《易學象數論》，廣文書局，民國 63 年 9 月版，頁 34。
〔註 189〕見《周易本義》，皇極出版社，民國 69 年 10 月版，頁 286。
〔註 190〕見同註 188，頁 37～38。
〔註 191〕見同註 189，頁 266。
〔註 192〕見同註 188，頁 36。

此圖:「圓於外者爲陽,方於中者爲陰。圓者動而爲天,方者靜而爲地者也。」〔註 193〕是圓者豈非「時間」之序,方者豈非「空間」之序?

三一、古有聖人之德然後居天子之位(即二升坤五義)

(1)乾九二曰,見龍在田,利見大人。《述》曰,臨坤為田。大人謂天子。陽始觸陰,當升坤五,為天子,故曰見龍在田,利見大人。文言曰,君子學以聚之,問以辯之,寬以居之,仁以行之。《易》曰,見龍在田,利見大人,君德也。《述》曰,德成而上,故曰君德。疏云,二德成而升坤五,故云德成而上,謂德已成而居坤位,故云君德也。

△按:《周易述》疏:「與坤旁通,坤土稱田。」〔註 194〕「陽始觸陰」,陽爻始觸陰位也。此段文字,與周易述所載有出入。原文云:「坤爲田。大人謂天子。二升坤五,下體离。离爲見,故曰見龍在田。群陰應之,故曰利見大人。」愚甚疑焉,既然「臨坤爲田」爲「與坤旁通,坤土稱田」,而初爻亦可與坤旁通,何以不稱「田」耶?又若與坤旁通,是初爻亦觸陰也,何庸言之「陽始觸陰」,豈拾陰爻不論,而論陰位耶?

原文云:「群陰應之,故曰利見大人。」此「群陰」又從何釋之?旁通之坤耶?然似唯坤五應之。豈陰位耶?周易述疏:「坤群陰應之,故利見大人。」又非陰位明矣。而此殆超出《易例》「陰陽相應」之視本卦也。又《周易述》疏:「九二陽不正,故當升坤五。五降二,體离。說卦曰:相見乎离。故离爲見。二升坤田,故見龍在田。」〔註 195〕然則,其云「臨坤爲田」,是乾卦旁通坤卦,則乾初至上,無非臨田也。依「二升坤田」,是乾九二升坤六五,則「在田」指升坤五而言。而「五降二,體离」云云,則又指坤六五降乾九二,則「見龍」之「見」指降乾二而言。然則,僅一辭而互見於數處,矛盾多舛於斯也。

(2)《漢書・蓋寬饒傳》,寬饒奏封事引《韓氏易傳》言:五帝官天下,三王家天下,家以傳子,官以傳賢,若四時之運。功成者去,不得其人不居其位。

〔註 193〕見同註 189,頁 25。
〔註 194〕見《惠氏易學》上,廣文書局,民國 69 年 1 月版,頁 5。
〔註 195〕見同上。

> **《漢書・藝文志》，《易》家韓氏二篇名嬰。伏羲作《易》，分布六爻，以五為君位，陰為虛，陽為實。故用九之義，乾之九二當升坤五，以坤虛無君，九二有君德，故升坤五。坤為田，五為大人，經云，見龍在田，利見大人。二中而不正，升中正之位，故〈文言〉曰，龍德而正中者也。不得其人，不居其位，謂六居五失位，當降也。此論《易》爻升降之理如是，非三代之法，故自夏禹舜禪，而傳子啟，大人世及，以為禮矣。寬饒不揆時義動，以五帝之法相繩，故太子庶子王生，以寬饒欲以太古欠遠之事匡拂天子，宜其為文吏所詆挫也。**

△按：此惠棟引《漢書・蓋寬饒傳》中之文，附案語以評論之，以解「古有聖人之德，然後居天子之位」義。

馬宗霍曰：「漢自孝文帝時，頗徵用文學之士。申公、韓嬰以詩爲博士。」〔註196〕而《漢書・藝文志》則載易傳「韓氏二篇」，註：「名嬰」，是韓嬰爲詩博士，而兼有作易。

蓋氏奏封事引《韓氏易傳》，見於《漢書》，卷七十七「蓋諸葛劉鄭孫毋將何傳第四十七」，其言曰：「寬饒爲人剛直高節，志在奉公。家貧，奉錢月數千，半以給吏民爲耳目言事者。……同列後進或至九卿，寬饒自以行清能高，有益於國，而爲凡庸所越，愈失意不快，數上疏諫爭。太子庶子王生高寬饒節，而非其如此，予書曰：『……自古之治，三王之術各有制度。今君不務循職而已，乃欲以太古久遠之事匡拂天子，數進不用難聽之語以摩切左右，非所以揚令名全壽命者也。……『寬饒不納其言。是時上方用刑法，信任中尚書宦官，寬饒奏封事曰：『方今聖道廢，儒術不行，以刑餘爲周召，以法律爲詩書。』又引《韓氏易傳》言：『……』書奏，以上寬饒怨謗終不改，下其書中二千石。時執金吾議，以爲寬饒指意欲求禶，大逆不道。諫大夫鄭昌愍傷寬饒忠直憂國，以言事不當意而爲文吏所詆挫也，上書頌寬饒曰：『……』上不聽，下寬饒吏。寬饒引佩刀自剄北闕下，眾莫不憐之。」

惠棟案語曰：「寬饒不揆時義動，……宜其爲文吏所詆挫也。」乃謂蓋氏不知因時制宜尊尚世襲，以太古久遠之制匡拂天子，宜其爲文吏所詆挫也。

惠氏又曰：「伏羲作《易》，分布六爻。」其說於繫傳有徵矣。繫下第二章云：「古者庖犧氏之王天下也……作結繩而爲罔罟，以佃以漁，蓋取諸離。」

〔註196〕見《中國經學史》，臺灣商務印書館，民國68年9月版，頁39～40。

朱熹云:「兩目相承」〔註 197〕則知其以伏犧已重卦矣。「以五爲君位」者於爻辭或可徵,如例七五條(1)己「五爲天子,爲大君,爲大人」,請參見愚按。「陰爲虛,陽爲實」者以卦之陰陽爻而言,可得其理矣,然以「大自然之道」言之,陽爲發散作用,是爲虛矣;陰爲凝聚作用,是爲實矣。自「故用九之義」至「此論《易》爻升降之理如是」非伏犧作《易》之本義也。其「用九」爲乾六爻盡變爲陰是也,愚已論之於例五三——五五矣。「升降」之說不可憑,愚已論之於例三六、五十矣。其乾九二文言傳曰:「《易》曰:見龍在田,利見大人,君德也。」若九二爲有「君德」之大人,如孔夫子之倫,何必爲九五之君耶,此乃有其德無其位者也。愚已論之於例五十條(2)矣。其「田」象,乃第二爻位於三才地道,在地之上,故爲「田」也。惠棟謂「坤爲田」者,非然也。其乾九二〈文言傳〉曰:「子曰:龍德而正中者。」屈萬里曰:「按三四皆曰不中而於二於五,則皆以中言,是即〈彖〉〈象傳〉之例,以二五爲中也。惟〈彖〉〈象傳〉以陽居五,陰居二謂之中正,亦曰正中。此以陽居二爲正中者,意謂正乎中也。與〈彖〉〈象傳〉命辭小異。」〔註 198〕其言是也。

惠棟以「升降」法,歸之「用九」例,而託於伏犧作《易》時即有之矣。實則「升降」法非「用九」,而創於漢荀爽之倫也。

且蓋寬饒引《韓嬰易傳》,旨在諫上用刑法,信任宦官一事也,乃於太子庶生王生言:「今君不務循職而已,乃欲以太古欠遠之事匡拂天子」之後始進此語。是王生所指「欲以太古久遠之事匡拂天子」之時,寬饒尚未進《韓嬰易傳》之語也,當另引他語也。

依《漢書・蓋寬饒傳》所述,寬饒進用《韓嬰易傳》之意,當亦有自以行清能高,有益於國,而爲凡庸所越,愈失意不快,乃諫爭於上,欲用己也。且韓易語「官以傳賢,若四時之運,功成者去,不得其人則不居其位」乃合于〈文言傳〉「見龍在田,利見大人,君德也」之義。惠棟所云「升降」之旨,亦與其言合。此所謂「選賢舉能」是也。然惠棟復言「……非三代之法,故自夏禹受舜禪,而傳子啓,大人世及,以爲禮矣。」乃謂世襲之父死子繼爲因時制宜之制矣。似乎以「升降」義不合時宜,豈非與惠氏本身之學說大唱反調乎?又豈非與例題「古有聖人之德,然後居天子之位」相違?

〔註 197〕見《周易本義》,皇極出版社,民國 69 年 10 月版,頁 260。
〔註 198〕見《先秦漢魏易例述評》,卷上,學生書局,民國 64 年 3 月版,頁 42。

(3)《禮運》孔子曰，大道之行也，天下為公，選賢與能，講信修睦（鄭註，公，獨共也。禪位授聖，不家之睦親也），故人不獨親，其親不獨子其子，是故謀閉而不興，盜竊亂賊而不作，故外戶而不閉，是謂大同。今大道既隱，天下為家（鄭註，傳位於子。案大道既隱，謂伏羲作易之大道不行也），各親其親，各子其子，貨力為己，大人世及以為禮，城郭溝池以為固，故謀用是作，而兵由此起，禹、湯、文、武、成王、周公，由此其選也。

△按：「大道」，惠註伏羲作易之大道也。然則，觀上下文，此義爲惠棟一己之見耳。

「大道」者，即「大同之道」也。又本文言之聖人被選爲天子王臣之由，而未及易二升坤五也。

(4)《孟子》曰，天下有道，小德役大德，小賢役大賢。趙岐註云，有道之世，小德小賢樂為大德大賢役，服於賢德也（陽大陰小，陽升陰降，故陰為陽役）。《墨子・公孟子》曰，昔者聖王之列也，上聖立為天子，其次立為公卿大夫（公孟子，即公明子，孔子之徒）。

△按：泰〈彖傳〉：「泰，小往大來，吉亨。則是天地交而萬物通也。上下交而其志同也。內陽而外陰，內健而外順，內君子而外小人，君子道長，小人道消也。」〈象傳〉：「天地交泰，后以財成天地之道，輔相天地之宜，以左右民。」是惠註所言，乃與泰卦彖象合也。然孟子、趙岐之言，當非循易經以發也。公孟子云云，亦未及易六爻之位也。

(5) 文選四十七引《墨子》曰，古者同天之義，是故選擇賢者，立為天子，天子以其知力為未足獨治天下，是以選擇其次，立為三公。

△按：此選賢舉能之法也，然《文選》引《墨子》之言，未及《易例》易理也。

(6)《周書・殷祝》曰，湯放桀而歸於亳，三千諸侯大會，湯退再拜，從諸侯之位。湯曰，此天子位，有道者可以處之（孔晁註，讓諸侯之有道者）。天子，非一家之有也，有道者之有也，故天下者，唯有道者理之，唯有道者紀之，唯有道者宜久處之（久居天子之位）。湯以此讓三千諸侯，莫敢即位，然後湯即天子之位（三千諸侯勸之也）。與諸侯誓曰，陰勝陽，即謂之變，而天弗施（逆天道故不施）。雌勝雄，即謂之亂，而人弗行（雌勝雄，即女凌男之異逆人道，故不行焉）。故諸侯之治政在諸侯之大夫於從（言下必順上）。

湯即位，君臣之道立，故舉陰陽雌雄之理以明之，即《易》之大道也。

△按：例三條（9）已論及陰陽之源流。依孫廣德先生之意，《易・繫辭傳》之陰陽觀念已臻成熟，其期在《墨子》之後。然則，此文載湯之誓文，將雌雄與陰陽同舉，其思想當出於戰國墨子之後。是商代尚未有此有此觀念也。惠棟案語，亦因之而誤。

（7）《中庸》，子曰，雖有其位，苟無其德，不敢作禮樂焉。雖有其德，苟無其位，亦不敢作禮樂焉。鄭註云，言作禮樂者，必聖人在天子之位。

以易言之，六居五，是有位而無德，猶當時之周王也。九居二，是有德而無位，猶孔子也。乾二居坤五，是聖人在天子之位也，猶文武也。故孔子曰，吾學周禮，今用之，吾從周。

△按：惠棟案云：「六居五……猶孔子也。」言之甚有理也。而聖人在天子之位，不必乾二居坤五，因初至上皆可爲聖人，何待二以升五耶？且武王承文王以爲帝，庸爲士大夫之身而後躍居王位耶？

總案：此例題「古九聖人之德然後居天子之位」，依於義理上原甚合乎情理。然惠棟附於荀爽「升降」法，而以「二升坤五」之義說之，遂謬於《易》道矣。夫聖人者，於《易》爻初至上，皆可謂之，豈止於二與五耶？且若就例七五惠棟所案：「陽失位爲庸人，陰失位爲小人；陰陽失正爲邪。」則今乾二是失正矣，是邪行之人，烏有聖人之德哉？此亦可見惠棟前後不能連貫之處。故條（1）（2）（7）言「升降」者，實不可憑。餘文以義理說之者，尚有可觀之處矣。

三二、緯書所論多周秦舊法不可盡廢（缺）

△按：此例缺徵引或案語。又此文當歸於序跋類。

三三、中　正

《荀子・宥坐篇》曰，孔子觀於魯桓公之廟，有欹器焉。孔子問於守廟者曰，此何為器。守廟者曰，此蓋為宥坐之器。孔子曰，吾聞宥坐之器者，虛則欹，中則正，滿則覆。孔子顧謂弟子曰，注水焉，弟子挹水而注之，中而正，滿而覆，虛而欹。孔子喟然而嘆曰，吁，惡有滿而不覆者哉。

△按：此惠棟引荀子宥坐篇之一段，以明「中正」義理之所在。

三四、時

《戰國策》曰，秦客卿造曰，聖人不能為時，時至弗失。

△按：高凌霞云：「在《易經》中『天地設位而易行乎其中矣』（繫上、7），宇宙變化是以爻之『位』來象徵。然聖人仰觀天象，俯察地理，中觀物宜，藉此以通神明之德，以類萬物之情，使其行事迎合天意，順『時』而行。故在人的生命過程中，則以『時』代表人事的變遷。順天地之變則適時，逆其變則逆時，『順其所同則吉，乖其所趨則凶』，故在《易經》中，『位』與『時』連。位正則時中。《中庸》有云：『君子而時中』，故儒家的典範人格是『時際人』，因而儒者尚『時』。」〔註 199〕高氏所言甚是。惠棟於此例，止引此條《戰國策》之文，未足以窺「時」之義。亦未見其與《易經》之關係爲何，可謂缺漏矣。十翼言時者多矣。〈彖傳〉如乾之「時乘六龍」，大有之「應乎天而時行」，隨之「隨時之義大矣哉」。〈文言傳〉云「乾乾因其時而惕……終日乾乾，與時偕行……亢龍月悔，與時偕極……坤道其順也，承天而時行。」〈象傳〉如坤六二：「含章可貞，以時發也。」皆著「時」字矣，足見解《易》者頗重視之。其卦爻辭不著「時」字，而有先後始終之概念，亦可屬焉。其「漸」卦之設，既代表空間之變換，亦代表時間之衍遞。或云《易》卦排列，始乾坤而終未濟，自有其內在含意焉。上經爲宇宙生成之變化，下經乃人道始終之更替也。察乎卦辭，頗不乏始終之義，如坤：「先迷後得。」蒙：「初筮告，再三瀆。」訟：「終凶。」謙：「君子有終。」蠱：「先甲三日，後甲三日。」臨：「至于八日有凶。」復：「七日來復。」晉：「晝日三接。」解「夙吉。」革：「已日乃孚。」豐：「宜日中。」既濟：「初吉終亂。」由蠱革二卦辭知《易經》與天干地支頗有關係；午月份者如臨卦；言某日者如革卦；言確實之日數者，如蠱、復；止言事之始終者，如坤、蒙、訟、解、既濟皆是；言宜某時辰，如豐。惠棟《易漢學》五「火珠林」一節，引《朱子

〔註 199〕見〈論易經中「時」的意義〉，《哲學與文化月刊》，卷五，期六，頁 477。

語類》曰：「魯可幾曰：古之卜筮，恐不如今日所謂《火珠林》之類否？曰：以某觀之，恐亦自有這法。如左氏所載，則支干納音配合之意，似亦不廢。如云得屯之比，既不用屯之辭，亦不用比之辭，即自別推一法，恐亦不廢道理也。」愚頗贊同此語，蓋《周易》卦爻若配合干支納甲納音，宜其時變境遷，不必一事一辭也。由右所舉諸卦辭，恐周易與火珠林占法納干支、納音、生剋沖合頗有關係。其爻辭載有「時」義之辭，如乾九三「終日乾乾」屯六二：「十年乃字。」需上六：「敬之終吉。」訟初六：「終吉。」上九：「終朝三褫之。」小畜上九：「月幾望。」諸如此類甚多，不待枚舉。其屯六二：「十年乃字。」依爻等諸法，乃屯六二寅木受沖剋，須待亥年來合，寅至亥其數爲十，故曰「十年」也。

三五、中（缺）

△按：此例缺徵引或案語。屈萬里云：「其於爻也，凡二五稱中。蓋二居下體之中，五居上體之中。反對後則二爲五，五爲二，仍不失爲中也。」又謂凡爻辭言「包」「幽」「黃」胥有「中」之義也。又曰：「〈彖〉〈象傳〉以中義說之，得經誼矣。」其例外者，屈氏云：「如否六三：『包羞』姤九四：『包無魚』是三四亦稱包。蓋以全卦言之，三四亦被包在中也。然與二五爲中之義，則有別矣。又革初九：『鞏用黃牛之革。』說者謂黃牛指六二言。雖亦可通，究非正例也。」〔註200〕徐芹庭曰：「二居內卦之中，五居外卦之中，故皆謂之中，亦曰中行或中和；若二爲陰，五爲陽，合於六爻之正位，則多以中正稱之。至於三四二爻，以其居六爻之中，亦或以中稱之。虞氏以複初爲中，此則中之變例也；位非二五，則曰不中。」〔註201〕徐氏乃漢《易》學家，故其說猶須驗證是否合於經傳。甲：「亦曰中行」者，爻辭有泰九二：「得尚于中行。」夬九五：「中行無咎。」合之二五爻稱中之例。而復六四：「中行獨復。」益六三：「有孚中行。」六四：「中行。」則不合也。徐氏云：「復六四中行獨復，先儒多以四爲中行。而虞氏獨以初爲中行，此乃變例，於《易》中所僅見者也。」〔註202〕虞翻註復六四云：「中謂初。俗說以四位在五陰之中而獨應復，非也。四在外體，又非內象，不在二五，何得稱中耶？」李銳云：「以初爲中

〔註200〕見《先秦漢魏易例述評》，學生書局，民國64年3月版，頁12～17。
〔註201〕見《兩漢十六家易註闡微》，五洲出版社，民國64年12月版，頁59。
〔註202〕見同註201，頁60。

者，董子以中者，天地之太極，極中也，即後之初也。」虞翻註益六三云：「位在中，故中行。」李銳云：「以三爲中者，言在內也。」〔註203〕愚以爲以三四爻稱中者，當從屈萬里所云「蓋以全卦言之」，及徐芹庭所云「以其居六爻之中」也。然則，以字義釋之「中行」，即「行道路途之中」也。愚已論之於例四四條（6）矣。象傳之言「中行」者，則漸趨向於義理上之解釋，其義有別於爻辭「行道之中」之義也。師六五象：「長子帥師，以中行也。弟子輿尸，使不當也。」依其意，弟子經驗不足，而指使不當，致兵敗而輿屍以走。長子經驗豐富，智慧較高，以中道來行使部隊也。故此「中行」有正確、正當之意也。臨六五象：「大君之宜，行中之謂也。」是象傳中行有「行於中道」之義明矣。泰九二象：「包荒得尚於中行，以光大也。」其義不以「中行」爲「道途之中」，而增之以「光大」義也。泰六五象：「以祉元吉，中以行願也。」此「中」似近「衷」之義也。復六四象：「中行獨復，以從道也。」朱熹云：「四處群陰之中，而獨與初應。爲與眾俱行，而獨能從善之象。」〔註204〕若依朱氏之義，此象傳之「中行」當非釋爲「道途之中」，而「從道」爲「從善」也。夬九五象：「中行無咎，中未光也。」其義略同於泰九二象，皆著「光」義。乙、「中和」例，見例二一至二七。丙、「中正」例，見例三三。另，李銳引虞氏註漸〈彖〉：「其位剛得中也。」云：「三在外體之中，故稱得中。乾〈文言〉曰：中不在人，謂三也。」既然言外體之中，則當爲五，而卻引乾〈文言〉三爻之釋詞，似有訛誤。又卦之二至五爻亦得稱中。夫〈繫下〉云：「若夫雜物撰德，辨是與非，則非其中爻不備。」朱熹云：「此謂卦中四爻。」崔憬亦同之。〔註205〕虞翻解爲：「非其中，則爻不備」，〔註206〕誤矣。觀上下文，「六爻相雜，唯其時物也。其初難知，其上易知，本末也。初辭擬之，卒成之終。若夫雜物撰德，則非其中爻不備。」先舉全卦六爻，再舉初上爻，則「中爻」當爲二至五爻明矣。然則，以內外卦分別言之，二五爻爲中者，始於爻辭。以二至五爻爲中者，載於〈繫辭〉。以三四爻爲中者亦始於爻辭。屈萬里云：「按復六四：『中行獨復。』益六三：『有孚中行。』六四：『中行，告公從。』其辭竟與二五爻同。是經文亦偶就通體之形勢取義，不始於彖傳

〔註203〕見《周易虞氏略例》，頁23～23，廣文書局，民國63年9月版，頁44～45。
〔註204〕見《周易本義》，皇極出版社，民國69年10月版，頁97。
〔註205〕見《周易集解纂疏》，卷九，廣文書局，民國68年6月版，頁882。
〔註206〕見同註205。

也。」〔註207〕是也。

三六、升降（升降即上下也）

（1）**《呂覽・五月紀》曰，太一出兩儀，兩儀出陰陽（兩儀，天地也。出，生也）。陰陽變化，一上一下，合而成章（章猶形）。渾渾沌沌，離則復合，合則復離（渾讀如袞冕之袞，沌讀近屯，離散，合會）。是謂天常（天之常道）。**

△按：以「道」言之，陽為升、陰為降、如泰卦：「小往大來。」指陰居外卦，陽居內卦。而陽氣欲升，陰氣欲降，故〈彖傳〉曰：「則是天地交而萬物通也，上下交而其志同也。」否卦反是，故彖傳曰：「則是天地不交而萬物不通也，上下不交而天下無邦也。」以「器」言之，陰陽皆可升降。《易緯・稽覽圖》云：「陰陽升所謂應者，……降陽為風，降陰為雨。」〔註208〕是也。

此惠棟引《呂覽》之言「陰陽變化，一上一下」，乃就「道」言也。其註皆引高誘之語，而惠氏未書明高誘之名，似有抄襲之嫌。

（2）**《尚書大傳》曰，書曰，三歲考績，三考黜陟幽明。其訓曰，積不善至於幽，六極以類降，故黜之。積善至于明，五福以類升，故陟之。**

△按：此惠棟引《尚書大傳》語，以明「升降」義。「三歲考績，三考黜陟」，見於今本《尚書・舜典》。然其訓曰以下云云，則不見於《尚書大傳》也。〔註209〕不知惠棟引自何書。「六極以類降，五福以類升」見於條（3）引《太玄經》，疑其「積不善……故陟之」之文，為惠棟案語引揚雄語以釋《尚書大傳》，為人所誤入。

（3）**揚子《太元》曰，陽推五福以類升，陰幽六極以類降，升降相關，大貞乃通。案陽升陰降，陰陽得位相應，大亨以正，天之道也。故云，大貞乃通，猶經言元亨利貞也。**

△按：此惠棟引揚雄《太玄經》語，附以其案語，以釋「升降」義。

高誘註：「陽為出，陰為入。陽為顯，陰為隱。陽為善，陰為惡。陽為福，

〔註207〕見同註200，頁127。
〔註208〕見新興書局，民國52年3月版，頁116～117。
〔註209〕見《古經解彙函》，鼎文書局，頁589。

陰爲禍。故曰，陽推五福以類升，陰幽六極以類降。皆贊之陰陽也。晝爲陽，夜爲陰。」又曰：「關，交也。升降相交，然後三儀大正之道乃通明，二者不可偏廢。偏廢則正道否塞而不行也。」〔註 210〕高氏以「貞」爲「正」義，與彖傳同。惠氏案語亦同高氏。

實則，貞爲「卜問」義，參見例七愚按。夫卜問之事，乃人鬼交通者，以人爲陽間之物，鬼爲陰間之物，一升一降，一問一答，故曰「大貞乃通」也。

高氏以陰陽相對而分別其所表之象，又謂若偏廢而止有升，或止有降，將否塞不通也。惠棟案語則釋之爲陰陽爻也。其「陽升陰降」合荀氏《易》例。而屈萬里評荀氏註文曰：「其例於經文及十翼，固無可徵（屈註：〈彖傳〉往來上下之說，由於反對，非卦變也）。即與己例，亦多枘鑿。蓋荀氏《易》例，莫大乎陽升陰降；而屯蒙訟晉旅諸卦，皆陰升陽降。此自亂其例。」〔註 211〕且虞氏卦變亦有「易位」之說，以求「成既濟定」，中有陽升陰降互易者，亦有陰升陽降而互易者，如咸彖傳集解本引虞註曰：「初四易位，成既濟。」是陰升陽降而互易也。凡此，皆有矛盾之處。

總案：以「道」言之，陽氣欲升，陰氣欲降。以「器」言之，陰可升降，陽可升降。故條（1）（2）所引，皆有理也。唯以陰陽爻而言升降，於經文及十翼，固無可徵。又乏原則，隨意爲之，自亂其例。此荀虞「乾升坤降」及「易位成既濟定」，實不可據焉。

三七、大衍之數五十一章即伏羲作八卦之事後人用之作卜筮即依此法（缺）

△按：此例缺徵引或案語。愚已論之於例五矣。

三八、左傳之卦說（缺）

△按：此例缺徵引或案語。

三九、承乘（缺）

△按：此例缺徵引或案語。屈萬里云：「凡爻居爻上曰乘，柔乘剛多凶。……

〔註 210〕見《太玄經》，中華書局，民國 63 年 7 月版，卷一，頁 2。
〔註 211〕見《先秦漢魏易例述評》，學生書局，民國 64 年 3 月版，頁 120～121。

剛乘柔則曰柔遇剛，亦曰剛柔接，亦曰剛柔際，亦曰剛柔節，凡此則吉。」屈氏所舉例，皆〈彖〉〈象傳〉也。屈氏又曰：「惟爻辭多隨時取義，〈彖〉〈象〉亦隨其所宜立說，未可執以概全經也。」〔註212〕其言是也。徐芹庭曰：「凡某爻在某爻之上曰乘，多指陰爻在陽爻之上而言。凡某爻在某爻之下，多指陰爻在陽爻之下而言。故明儒來矣鮮曰：『易中言乘者，皆在上也。言承者皆在下也。』」〔註213〕「承」例，察《易》爻辭皆無徵，唯〈象傳〉驗之有蠱初六、六五，節六四，咸著「承」字，而其咸在陽爻之下也。徐氏引集解虞註坎六三云：「三失位，乘二，則險；承五隔四，故險且枕。」虞《易》，六二可承九五而中隔六四矣。註大壯九三云：「二乘二。」是陽乘陰也。註坎六四云；「得位承五，故無咎。」是陰承陽也。註遯九四云：「動得位，上承五，故無咎矣。」是柔承剛，即剛乘柔，乃吉。合屈氏之說。

四十、應（缺）

△按：此缺徵引或案語。愚已論於例四二條（4）。

四一、當位不當位（附應）

> 《易》重當位，其次重應，而例見于既未濟彖辭。既濟彖曰，利貞，剛柔正而位當也，此言當位也。未濟彖曰，雖不當位，剛柔應也，此言應也。未濟六爻皆不當位，而皆應，《易》猶稱之，則易于當位之外，其次重應明矣。六十四卦言當位者十三卦（履九五、否九五、臨六四、噬嗑六五、賁六四、遯二五、蹇彖及六四、巽九五位正中、兌九五、渙九五正位、節九五居位中也、中孚九五、既濟），言不當位者二十二卦（需上六降三、師六二見五象、履六三、否六三、豫六三、臨六三、噬嗑彖及六三、大壯六五、晉九四、睽睽六三、解九四、夬九四、萃九四、困九四六三見上象、震六三、歸妹彖六三、豐九四、旅九四未得位、兌六三、中孚六三、小過彖剛失位及九四、未濟彖及六三），言應者十七卦（蒙二五、師二五、比、小畜、履、同人二五、大有、豫、臨二五、无妄二五、咸、恆、遯二五、睽二

〔註212〕見《先秦漢魏易例述評》，學生書局，民國64年3月版，頁31～33。
〔註213〕見《兩漢十六家易註闡微》，五洲出版社，民國64年12月版，頁60。

五、革二五、鼎二五、中孚），而皆于彖辭發之。

△按：屈萬里曰：凡陽居初、三、五，陰居二、四、上，曰當位，亦曰得位，亦曰正位，亦曰位正當。遯〈彖傳〉：「剛當位而應。」謂九五。蹇〈彖傳〉：「當位貞吉。」謂六二、九五。節〈彖傳〉：「當位以節，中正以通。」謂九五。既濟〈彖傳〉：「剛柔正而位當也。」六爻皆當位。賁六四〈象傳〉：「當位疑也。」蹇六四〈象傳〉：「當位實也。」（以上爲當位之例）小畜〈彖傳〉；「柔得位而上下應之。」謂六四。同人〈彖傳〉：「柔得位得中而應乎乾。」謂六二。漸〈彖傳〉：「進得位。」謂九五。渙〈彖傳〉：「柔得位乎外而上同。」謂六四（以上爲得位之例）。家人〈彖傳〉：「女正位乎內，男正位乎外。」謂六二、九五。渙九五〈象傳〉：「正位也。」（以上爲正位之例）履九五〈象傳〉：「位正當也。」否九五〈象傳〉：「位正當也。」兌九五〈象傳〉：「位正當也。」中孚九五〈象傳〉：「位正當也。」（以上爲位正當之例）〔註214〕除此之外，愚以爲凡曰「正者」者，有義理之「貞」義，亦有象數之「當位」義。曰「位當」即當位。「位當」之例，臨六四〈象傳〉：「位當也。」曰「正」而有「當位」義者，計如下：需〈彖傳〉：「以正中也。」朱熹云：「其卦九五以坎體中實，陽剛中正而居尊位。」〔註215〕故指九五之正也。需九五〈象〉：「以中正也。」訟九五〈象傳〉、豫六二〈象傳〉、晉六二〈象傳〉皆同。徐芹庭曰：「若二爲陰，五爲陽，合於六爻之正位，則多以中正稱之。」〔註216〕是也。艮六五〈象傳〉：「以中正也。」朱熹云：「正字羨文。協韻可見。」訟〈彖傳〉：「利見大人，尙中正也。」朱熹云：「九五剛健中正，以居尊位，有大人之象。」故指九五之正也。比九五〈象傳〉：「位正中也。」朱熹云：「九五以陽剛居上之中而得其正。」隨九五〈象傳〉、巽九五〈象傳〉亦同。履〈彖傳〉，「剛中正，履帝位而不疚。」朱熹云：「指九五也。」同人〈彖傳〉：「中正而應。」朱熹云：「六二得位得中而上應九五。」由此知「得位」亦曰「正」也。觀〈彖傳〉：「中正以觀天下。」朱熹云：「九五以中正示天下，所以爲觀。」益〈彖傳〉：「中正有慶。」朱嘉云：「卦之九五、六二，皆得中正。」姤〈彖傳〉：「剛遇中正。」朱熹云：「指九五。」姤九五〈象傳〉：「中正也。」朱熹云：「五以陽剛中正。」井九五〈象傳〉同。巽〈彖傳〉：「剛巽乎中正而志行。」朱

〔註214〕見《先秦漢魏易例述評》，學生書局，民國64年3月版，頁26～27。
〔註215〕本愚按所引朱熹之語，皆見於《周易本義》。
〔註216〕見《兩漢十六家易註闡微》，五洲出版社，民國64年12月版，頁59。

熹云：「指九五。」渙九五〈象傳〉：「正位也。」朱熹云：「陽剛中正以居尊位。」節〈象傳〉：「中正以通。」朱熹云；「指五。」由是知，凡曰「中正」、「正中」、「正位」者之「正」，皆爲「當位」義。總計〈象傳〉言當位義者，有遯、節、既濟、小畜、同人、漸、家人、觀、益。〈象傳〉言當位義者，有賁、否、兌、中孚、臨、豫、晉、比、隨、井。〈彖象〉皆言當位義者，有蹇、渙、履、需、訟、巽、姤。故實有二十六卦也。惠棟案語曰「十三卦」，差矣。又惠註舉「噬嗑六五」，恐未當，其〈象〉曰：「得當也。」李道平曰：「案五位不當，變之正則當。」〔註217〕李氏之意，疑指六五變九五而得位。然其非正例，明矣。屈氏又云，凡陽居二、四、上，陰居一、三、五，曰不當位，或位不當。噬嗑〈象傳〉：「柔得中而上行，雖不當位。」謂六五。未濟〈象傳〉：「雖不當位，剛柔應也。」解九四〈象傳〉：「未當位也。」困九四〈象傳〉：「雖不當位。」而言「位不當也」，計有象傳履六二、否六三、豫六三、臨六三、噬嗑六三、大壯六五、晉九四、睽六三、革九四、夬九四、震六三、豐九四、兌六三、中孚六三、小過九四、未濟六三。需上六言「雖不當位」，屈萬里云：「疑位字爲羨文。蓋《經》言『有不速之客三人來，敬之終吉。』不速之客，本不當敬。故〈象傳〉釋六曰：『不速之客來，敬之終吉。雖不當，未大失也。』不當，謂敬之不當。若著位字，則費解矣。」言之有理。然惠棟云「需上六降三」，其不以「位」字爲羨文，而以升降法釋之，非正例也。又「三」字未妥，蓋陰居三猶不當位，疑爲「二」之誤也。與不當位同義者，有「失位」，小過〈象傳〉：「剛失位而不中。」謂九四。有「非其位」，恆九四〈象傳〉：「久非其位。」有「未得位」，旅九四〈象傳〉：「未得位也。」。〔註218〕歸妹〈象傳〉：「位不當也。」朱熹云：「自二至五，皆不當位。」歸妹六三〈象傳〉：「未當也。」朱熹云：「六三陰柔不中正。」是未當位也。此條屈氏未舉。師六三〈象辭〉未言不當位，而六五〈象傳〉：「使不當也。」非「位不當」也。惠註：「師六三見五象」，未詳其義。困六三〈象傳〉未言不當位，而上六〈象傳〉：「未當也。」上六應當位，此曰「未當」，未詳。惠註：「困六三見上象」疑惠棟乃尊尚經文，故不直指其誤，遂有此說。此同師〈象傳〉，皆非正例，故不取焉。又惠註「臨六二」，其「二」及「三」之誤也。總計：言不當位義者，〈象傳〉有履、否、豫、臨、大壯、晉、睽、解、夬、革、困、

〔註217〕見《周易集解纂疏》，卷四，廣文書局，民國68年6月版，頁295。
〔註218〕見同註214，頁27～29。

震、豐、兌、中孚、恆。〈彖象〉皆言者，有噬嗑、小過、未濟、歸妹。故實有二十卦也。屈萬里又謂：凡初四、二五、三上，陰陽互異曰應。師〈彖傳〉：「剛中而應。」謂九二應六五。比〈彖傳〉：「上下應也。」謂九五、六二。小畜〈彖傳〉：「柔得位而上下應之。」謂六四、初九。同人彖傳：「柔得位中而應乎乾。」謂六二、九五。大有〈彖傳〉：「柔得尊位，大中而上下應之。」柔謂六五，大中謂九二。豫〈彖傳〉：「剛應而志行。」謂九四應初六。臨〈彖傳〉：「剛中而應。」謂九二應六五。无妄〈彖傳〉：「剛中而應。」謂九五應六二。恆〈彖傳〉：剛柔皆應。」謂初六、九四，九二、六五，九三、上六皆相應。遯〈彖傳〉：「剛當位而應。」謂九五應六二。睽〈彖傳〉：「柔進而上行，得中而應乎剛。」謂六五應九二。萃〈彖傳〉：「剛中而應。」謂九五應六二。升〈彖傳〉：「剛中而應。」謂九二應六五。鼎〈彖傳〉：「柔進而上行，得中而應乎剛。」謂六五應九二。未濟〈彖傳〉：「雖不當位，剛柔應也。」謂六爻皆相應。亦曰與。咸〈彖傳〉：「柔上而剛下，二氣感應以相與。」謂上下二體之爻皆互應。困九四〈象傳〉：「雖不當位，有與也。」謂與初六應。〔註219〕以上屈氏所言，有可論之處。比〈彖傳〉，朱熹云：「九五以陽剛居上之中而得其正，上下五陰，比而從之。」小畜〈彖傳〉，朱熹云：「柔得，指六居四。上下，謂五陽。」大有〈彖傳〉，朱熹云：「又六五一陰居尊得中，而五陽應之。」同人〈彖傳〉：「柔得位得中而應乎乾。」「乾」當作「陽」字解。屈萬里於「〈繫辭傳〉例」云：「〈傳〉言乾坤爲《易》之縕，其乾坤謂陰陽爻，非專就乾坤兩卦言。」〔註220〕然則，「應乎乾」爲「應乎陽」明矣，即上下五陽與六二相應也。「中正而應」則指六二應九五之爻也。依文法，小畜〈彖傳〉及大有〈彖傳〉之「上下應之」之「之」字，是陰爻之代名詞，爲受格，「上下」爲五陽爻也，爲主格。然則，四者皆言一爻應五爻明矣。屈氏所言非，而惠氏言「比、大有、小畜」是，而言「同人二五」亦可。屈氏又云應亦曰與：咸〈彖傳〉：「柔上而剛下，二氣感應以相與。」〔註221〕謂上下二體之爻皆互應。困九四〈象傳〉：「雖不當位，有與也。」謂與初六應。惠註舉「咸」而未舉困也。又蒙〈彖傳〉：「童蒙求我，志應也。」朱熹云：「九二內卦之主，而與六五陰陽相應。……我，二也。童蒙，幼穉而蒙昧，謂五

〔註219〕見同註214，頁29～30。
〔註220〕見同註214，頁53。
〔註221〕見同註214，頁30。

也。」此屈氏未及也。〈履彖〉傳：「說而應乎乾。」朱熹云：「和說以躡剛強之後。」然則，此言兌柔應乾剛，乃以卦言之。故履〈彖傳〉亦曰：「履，柔履剛也。」朱熹：「以二體釋卦名義。」是也。此屈氏未及也。革〈彖傳〉未言二五之應，止言「順乎天而應乎人」，惠註舉而屈氏未及。且兌彖傳：「是以順乎天而應乎人。」

惠屈二氏皆未舉，故知其乃義理上之應，非爻位陰陽之應也。惠註言「革二五」宜刪。中孚〈彖傳〉:「乃應乎天也。」朱熹云:「信而正，則應乎天矣。」未聞卦爻之應也。屈氏亦未舉。且大畜〈彖傳〉:「利涉大川，應天也。」朱熹云:「又六五下應於乾，爲應乎天。」中孚二五皆陽，故未言二五之應及卦之應。依前例，「應」者，謂初四、二五、三上，陰陽互異也，又有一陰應五陽、一陽應五陰，及內外卦陰陽相應者，未有一陰爻應一陽卦者也。且中孚未有乾卦，亦曰「應乎天」，豈大畜〈彖傳〉云「應乎天」者，亦以義理發之耶？惠註錄中孚而未及大畜，足見其失矣。又惠註亦未錄萃、升、困、未濟，而屈氏皆錄之。損〈彖傳〉:「二簋可用享，二簋應有時。」卦雖六爻皆應，而此言似以義理發之，言應於天時也。故屈惠二氏皆未錄之。綜合言之，惠註宜刪「革二五」、「中孚」，而增「萃二五」、「升二五」、「未濟」，故惠棟案語言應者「十七卦」宜作「十八卦」也。屈氏云不應則稱敵：艮〈彖傳〉:「上下敵應，不相與也。」謂六爻皆不應。同人九三象傳:「敵剛也。」敵謂上九。亦曰無與：井九二〈象傳〉:「無與也。」亦曰不相與。艮〈彖傳〉:「上下敵應，不相與也。」亦曰未有與：剝六二〈象傳〉:「未有與也。」謂與六五不應。惠棟案語及註皆未錄之。案語宜增「言不應者三卦。」其言「皆于彖辭發之」乃指「言應者」而言，非指「當位者」及「不當位者」也。

四二、世應（附遊歸）

(1)〈京房易積算法〉曰，孔子易云，有四易：一世二世為地《易》，三世四世為人《易》，五世八純（八純俗本作六世訛）為天《易》，遊魂歸魂為鬼《易》。

△按：晁說之曰：「其進退以幾，而爲一卦之主者，謂之世。」〔註222〕項安世

〔註222〕參見《中國學術年刊》第二期，民國67年6月版，李周龍著〈從漢易源流探討京房易的承傳問題〉，頁11、見《經義考》引。

曰：「京氏《易》法只用八卦爲本，得本卦者，皆以上爲世爻；得歸魂卦者，皆以三爲世爻，亦因下體復得本卦，而三在本卦爲上也。其餘六卦皆以所變之爻爲世……。」〔註 223〕徐芹庭曰：「八宮卦次本之《京氏易傳》，乃以八純卦：乾坤坎離震巽艮兌爲主而各從第一爻變起，至二爻三爻四爻五爻變，各謂之一世二世三世四世五世。至五世而變之極矣，上爻不能變，乃變其第四爻謂之遊魂，其終也又變其內卦而使其內卦各歸於原卦，謂之歸魂。」〔註 224〕《卜筮正宗》，卷一，頁二安世應訣載：「八卦之首世當六，以下初爻輪上颺。游魂八宮爻立，歸魂八卦三爻詳。」〔註 225〕世即爲一卦之主，乃卜問者所值之爻也，是以《卜筮正宗》，卷三，頁十世應論用神云：「世爲自己。」〔註 226〕八純，即八宮卦也，〔註 227〕依項氏與《卜筮正宗》所述，當以第六爻爲世爻。若八純無世爻，則將無卦主，有失《易》占之功用矣。惠棟註文以八純卦俗本作六世爲誤，余以爲不然。胡一桂《周易啓蒙・翼傳外篇》，有京氏起月例，作「八純上世」，上世即六世也。沈竹礽於《易漢學正誤》一書云：「案八純二字，《京氏易傳》作六世，《困學紀聞》同。其實八純二字亦不雅訓。」故京氏本作上世六世爲正。至於京房言地《易》、人《易》、天《易》，與〈繫辭〉及〈說卦〉所載「三才」相吻合〔註 228〕蓋一世二世在首二爻之卦，如姤、節、遯、屯諸卦，爲地《易》；三世四世在中二爻之卦，如泰、咸、无妄、蹇諸卦、

〔註 223〕參見同上，頁 12。

〔註 224〕參見《兩漢十六家易註闡微》，頁 74，〈漢易略例〉第卅三條、八宮世應與遊魂歸魂，民國 64 年 12 月版，五洲出版社印行。

〔註 225〕宏業書局，民國 74 年 3 月版，王洪緒輯《卜筮正宗》，頁 3。

〔註 226〕參見同上書，頁 20。

〔註 227〕《中國學術年刊》第二期，頁 12 引胡一桂之語，其言曰：「京氏易以八宮爲序，分上中下三卷，上卷首乾宮八卦（乾、姤、遯、否、觀、剝、晉、大有），次震宮八卦（震、豫、解、恆、升、井、大過、隨），次坎宮八卦（坎、節、屯、既濟、革、豐、明夷、師），次艮宮八卦（艮、賁、大畜、損、睽、履、中孚、漸）；中卷首坤宮八卦（坤、復、臨、泰、大壯、夬、需、比），次巽宮八卦（巽、小畜、家人、益、无妄、噬嗑、頤、蠱），次離宮八卦（離、旅、鼎、未濟、蒙、渙、訟、同人），次兌宮八卦（兌、困、萃、咸、蹇、謙、小過、歸妹）。蓋專論八卦變六十四卦也。……」（亦見《經義考》引）

〔註 228〕〈繫辭下〉第十章：「易之爲書也，廣大悉備，有天道焉，有人道焉，有地道焉，兼三才而兩之，故六。六者，非他也，三材之道也。」〈說卦傳〉第二章：「昔者聖人之作易也，將以順性命之理，是以立天之道，曰陰與陽；立地之道，曰柔與剛；立人之道，曰仁與義；兼三才而兩之，故易六畫而成卦；分陰分陽，迭用柔剛，故易六位而成章。」

爲人《易》也；五世六世之卦，如剝、噬嗑、乾、震諸卦，爲天《易》也。遊魂卦，依徐氏及《卜筮正宗》所述，當以第四爻爲世，如晉、大過、需、頤諸卦是也；歸魂卦，就項氏所指，知爲以第三爻做世爻明矣，如大有、師、漸、比諸卦是也。京房以游魂卦、歸魂卦列入鬼《易》，〈繫上〉第四章云：「原始反終，故知死生之說；精氣爲物，游魂爲變，是故知鬼神之情狀。」朱熹《本義》云：「《易》者，陰陽而已，幽明死生鬼神，皆陰陽之變，天地之道也。天文則有晝夜上下，地理則有南北高深。原者推之於前，反者要之於後；陰精陽氣，聚而成物，神之伸也；魂游魄降，散而爲變，鬼之歸也。」八純卦，上爻不變，以「上爲宗廟不能變」（見《兩漢十六家易註闡微》，頁 284），「故重還於四，即初二三五爻皆變，而四不變也。」（同上）人之生，原始之事；人之死，反終之事。生者爲精氣，死者爲魂魄。精氣不能殆盡，上爻又不得變，故回變至第四爻、謂之游魂。游者，游於外卦也；歸者，歸於內卦也。「孔子《易》云」，殆託諸孔子之言也。沈竹礽於惠棟《易漢學正誤》一書中云：「案易云二字顚倒。」（頁 154）其言是也。愚察《易例》一書條例，自「世應」至「十二消息」共八條，其文皆《易漢學》一書所載者同，當取材於《易漢學》也。

（2）**《易乾鑿度》曰，三畫成乾，六畫成卦。三畫已下為地，四畫已上為天。《易》氣從下生。動於地之下則應於天之下。動於地之中則應於壓之中，動於地之上則應於天之上（注云，天氣下降以感地，故地氣動升以應天也）。初以以四、二以五、三以上，此之謂應。**

△按：《乾鑿度》以乾卦爲例，謂初二三爲地、四五上爲天，與京房及三才之說稍異。沉竹礽於《惠棟易漢學正誤》一書中云：「安易原文作陽。」其言是也。晁說之曰：「奇耦相與，據一以起二，而爲主之相者，謂之應。」〔註 229〕主者，即世爻也。項安世云：「世之對爲應。」〔註 230〕知世爲主而相對者爲應是也。屈萬里先生云。「應者」應於世也。初爻爲世，則與四爻應；二爲世，與五應；三爲世，與上應。反之，上爲世，則與三應；五爲世，與二應；四爲世，與初應。游魂同四世，歸魂同三世。」〔註 231〕世隔二世，與另一爻相

〔註 229〕參見《中國學術年刊》第二期，民國 67 年 6 月版，李周龍著〈從漢易源流探討京房易的承傳問題〉，頁 11、又見《經義考》引。

〔註 230〕同上，頁 12。

〔註 231〕參見民國 64 年 3 月版，《先秦漢魏易例述評》，卷下，頁 101。

應者爲應爻。以爻位而言，一與四互爲世應，一爲奇，四爲耦也；二與五互爲世應，二爲耦，五爲奇也；三與六互爲世應，三爲奇，六爲耦也。是以晁氏謂「奇耦相與，而非指爻之陰陽也。應爻必視世爻而定，故曰「據一以起二」，此處一爲世爻之代稱，二爲應爻之代稱，非指爻位而言。《乾鑿度》云：「陽氣從下生。」以陽氣從內卦（即下三爻），各有相應於外卦（即上三爻）之爻。雖未言及世爻，而惠註所云，正言明世應之原理，實由《乾鑿度》所載而來。〔註232〕

（3）又云，天地之氣，必有終始，六位之設，皆由上下。故《易》始於一（《易》本無體氣，變而為一，故氣從下生也），分於二（清濁分於二儀），通於三（陰陽氣交人生其中，故為三才），於四，盛於五（二壯於地，五壯於天，故為盛也），終於上。

△按：王弼曰：「……然事不可無終始，卦不可無六爻，初上雖無陰陽本位，是終始之地也。統而論之，爻之所處，則謂之位；卦以六爻爲成，則不得不謂之六位時成也。」〔註233〕其言可證《乾鑿度》之文。其終始之序，以乾卦爻辭應之，益可窺其梗概。

《老子》首章言：「無名天地之始，有名萬物之母。」陸象山言：「此老氏宗旨也。無極爲太極，即是此旨。」〔註234〕〈繫辭上〉第十一章曰：「《易》有太極。」唐君毅云：「吾人亦可沿漢儒重氣之思想，而謂此氣爲天地萬物之本，此氣爲形而上，無形而至虛，乃以太極即氣之太極。」〔註235〕故知《乾鑿度》言：「《易》始於一。」「一」蓋所謂太極也。惠棟引鄭玄註曰：「《易》本無體氣。」乃無極也，又云：「變而爲一。」無極變太極也。惠棟引鄭玄註以爲《易》本無氣，唐先生言氣已先具，此不同耳。無極無形，故爲「道」，明道先生曰：「上天之載，無聲無臭，其體則謂之易，其理謂之道。」〔註236〕〈繫辭上〉第十二章有言：「是故形而上者謂之道，形而下者謂之器。」唐君

〔註232〕《卜筮正宗》，卷五，頁6占天時條云：「應爲天，萬物之體也；世爲地，萬物之主也。」直以應世爲天地之用爻。

〔註233〕參見《周易略例》，頁11，「辯位」例，民國67年12月、世界書局印行《周易註疏及補正》。

〔註234〕參見民國五三年《新亞書院學術年刊》第六期、唐君毅著〈太極問題扶疏〉，頁5。

〔註235〕同上，頁11。

〔註236〕同上，頁20。

毅言：「至于伊川之言道或理，則世皆謂其更重分別形而上之道與形而下之器而或分別理與氣。」〔註 237〕惠棟引鄭註謂《易》本無體，明道言《易》即體，或由於明道「吾學雖有所受，然天理二字，卻是自家體貼出來。」〔註 238〕乃切近天人合人的心證，而異於惠棟引鄭註也。余乃更從繫辭及唐先生所述，知形而下之器，即是「氣」也、「太極」也。今畫卦，乃《易》之「器」，爲形而下之事物，故惠棟引鄭註云「氣從下生也」，即第一爻乃從下畫起。《老子》第四二章：「道生一，一生二，二生三，三生萬物，萬物負陰而抱陽，沖氣以爲和。」其所言之序，與乾鑿度及惠棟引鄭註於一二三之序相類似，而變化之理亦復相雷同。蓋《老子》之「一」，即《易》始於一之「一」、皆言太極；《老子》之「道」，即惠註所云之「《易》本無體氣」；《老子》之「二」，即分於二之「二」，亦是惠棟引鄭註所言「清濁分於二儀」，乃指「陰陽」也；《老子》之「三」，即通於三之「三」，即惠棟引鄭註所云「陰陽氣交，人生其中，故爲三才。」兼三才而兩之，故有六爻；陰陽交錯其間，則有八卦；八卦重之，乃有六十四卦，〈繫辭下傳〉第四章曰：「《易》與天地準，故能彌綸天地之道。……與天地相似，故不違；知周乎萬物而道濟天下，故不過。……範圍天地之化而不過，曲成萬物而不遺，通乎晝夜之道而知，故神無方而《易》無體。」八卦可顯物象，見於〈說卦傳〉。因而重之，則能「曲成萬物」矣，故《老子》之「三生萬物，萬物負陰而抱陽，沖氣以爲和。」殆綜論八卦與六十四卦，二義皆自相似也。又〈繫辭傳〉言「《易》無體」，與惠棟引鄭註之「《易》本無體氣」之說，適不謀而合，此亦即《老子》之「無、道」也，陸象山之「無極」也。惠棟《周易述・易微言上》曰：「《元籍通老論》曰：道者法自然而爲化，王侯能守之，萬物將自化。《易》謂之太極，春秋謂之元，《老子》謂之道。」（頁 34）又云：「《老子道德經》曰：道生一。王弼註云：一，數之始而物之極也。」（頁 36）愚竊以爲若「一」是太極，則《老子》所謂之「道」，乃無極也，以《老子》有言曰：「道生一」也。《元籍通老論》將二者等齊言之，余不敢苟同。同，頁載：「又曰：一生二，二生三，三生萬物。高誘《淮南》註云。一謂道也；三者，和氣也。或說：一者，元氣也；生二者，乾坤也；生二者，乾坤也；二生三，三生萬物，天地設位，陰陽流通，萬物乃生（惠註：愚謂一，太一，天也。二，陰陽也；太一分爲二儀，故一

〔註 237〕同上，頁 21。
〔註 238〕同上，頁 20。

生二；二與一爲三，故二生三；三合然後生，故三生萬物）」。余亦認爲高誘言「一謂道」之語，與《元籍通老論》所云者其義相近似，余不採其說。高誘云：「或說，一者，元氣也。」《元籍通老論》云：「春秋謂之元。」說文云：「元，始也。」按或說之語爲是，因《乾鑿度》曰：「《易》始於一。」惠棟引鄭註：「《易》本無體氣，變而爲一。」變而爲一，即元始之氣也。《元籍通老論》以元爲道，猶以太極爲道，皆有所失。惠棟又曰：「一，太一，天也。」例一條（2）載：「虞氏註曰：太極，太一也。」是惠棟之說，乃以天即是太極也，證之於今日科學宇宙論，足見其妙思之處。「盛於五」者，許衡曰：「五，上卦之中，乃人君之位也。諸爻之德，莫精於此。故在乾則剛健而斷；在坤則厚重而順，未或有先之者，至於坎險之孚誠，離麗之文明，巽順於理，艮篤於實，能首出庶物，不問何時克濟大事，傳所謂五多功者也。」〔註 239〕其言然也。惠棟引鄭註云：「二壯於地，五壯於天。」乃以內卦爲地，外卦爲天。何謂「壯」？蓋居內外卦之中也。乾卦唯二五爻曰「利見大人」，朱熹本義於九二下註云：「九二剛健中正。」於九五下云：「剛健中正，以居尊位。」是人以壯也。九三下云：「居下之上，乃危地也。」九四下註云：「居上之下，改革之際。進退未定之時也。」故不爲壯。初九陽氣潛藏。上九氣極則衰，皆不爲壯也。朱熹本義云：「上者，最上一爻之名。亢者，過於上而不能下之意，陽極於上，動必有悔。」此釋乾上一九一爻，而諸卦放此。朱氏又於坤卦上六下註云：「陰極之盛，至與陽爭，兩敗俱傷」其理亦然。是以曰「終於上」也。今查成蓉鏡《周易釋爻例》，可證《乾鑿度》，惠棟引鄭註諸卜說。「凡二五稱中，亦稱中正，亦稱正中，亦稱正，亦稱中直，亦稱中道，亦稱中行。」此恰與愚之假設切近，是「壯」之由也。「凡三四爻稱際，亦稱或、亦稱疑，亦稱進退，亦稱來往，亦稱次且。」，其理切近於「通」，蓋「通」者乃三爻處內卦之上，與外卦之下相接，欲有所通也；以氣言之，則高誘云：「陰陽流通。」惠棟云；「陰陽氣交。」是也。「凡初爻稱始，亦稱下。」故「易始於一也。「上爻稱終，亦稱末，亦稱上，亦稱尙，亦稱高，亦稱亢，亦稱窮，亦稱極。」故曰「終於上」也。按《乾鑿度》「始、分、通、盛、終」殆以氣之變化次序而設六爻先後之第。以位而言，乃二爲耦數之始，故曰「分於二」耶？原文解四爻之與注文缺，未詳其義。

〔註 239〕引自民國 63 年 9 月版，廣文書局印行，《讀易私言》，頁 20。

（4）《左傳》昭五年正義曰，卦有六位，初三五奇數，為陽位也；二四上耦數，為陰位也。初與四、二與五、三與上，位相植為相應，陽之所求者陰，陰之所求者陽，陽陰相值為有應，陰還值陰，陽還值陽為無應。

△按：此所論及之陰陽，乃專就爻位之奇耦而言，非指陽爻或陰爻。其相應之說，以奇偶之位相對爲必要條件也。此與彖傳所言「剛中而應」、「上下應也」、「柔得位而上下應之」、「中正而應」之「應」相異。彖傳所言之應、乃止於陰爻與陽爻之相應也，陰與陰、陽與陽則不謂應也。世應之應，乃應爻與世爻中隔兩爻，而世爻及應爻不限於陰爻或陽爻也。

（5）干寶《易》蒙卦註曰蒙者，離宮陰也，世在四。

△按：李道平於《周易集解纂疏》蒙卦干註下云：「蒙爲離宮四世卦，四陽變陰，故云蒙者離宮陰也。」〔註240〕又於豐卦干註下云：「豐坎宮陰卦五變，故世在五也。」以釋干寶「豐，坎宮陰，世在五。」之說。干寶之文，除於豐卦下少「者、也」二字，其行文方式與蒙卦無二致。然李道平將「離宮陰也」之「陰」，釋爲「四陽變陰」，乃就第四爻陽爻變爲陰爻而言；而於「豐，坎宮陰」〔註241〕之「陰」，釋爲「陰卦」；且言「五變，故世在五」，〔註242〕乃指一二三四五爻皆變，非專就第五爻而言。審干寶之註文，若以離宮爲陰卦爲是，以坎宮爲陰卦則非，說卦云：「陽卦多陰，陰卦多陽，其故何也？陽卦奇，陰卦耦。其德行何也？陽一君而二民，君子之道也；陰二君而一民，小人之道也。」乃指陽卦一陽爻二陰爻，陰卦一陰爻二陽爻，其奇耦則視單一之陽爻或陰爻而定也。以陽爻爲君，陰爻爲民，其理亦然。今計八卦，陽卦有乾、坤、巽、艮、，陰卦有坤、巽、離、兌。乾坤二卦，自以純陽或純陰爻而爲陽卦陰卦，在說卦傳所述之外。是以吾人知李道平將坎宮視爲陰卦，乃訛誤之說。

然其云豐卦乃坎宮一二三四五爻變故世在五，則確然無誤。今余不詳干寶之說「坎宮陰」爲何義，故闕疑焉。李道平在蒙卦干註下云「四陽變陰」，其義稍嫌狹隘，不若「四變」之明確也。蓋四陽變陰，吾人將誤爲動爻之變，

〔註240〕參見廣文書局，民國68年6月版，頁108。

〔註241〕參見《周易集解纂疏》，卷七，同上註，頁616。

〔註242〕參見同上，頁617。八宮卦世爻圖參見學生書局，民國64年3月版，屈萬里著《先秦漢魏易例述評》，頁100。

而非一二三四爻之變也。然李氏之說，是否即干寶「離宮陰也」之義，殊難蠡測，且其在豐卦下，所詮之義與此相背。豈其干寶之註文「豐坎宮陰」之「陰」有誤耶？或「陰世在五」中無句逗而連讀之耶？循此，「離宮陰也」，若指蒙爲陰卦，而內外卦皆陽，何以釋之？有待考辨。

(6) 謙〈彖〉曰，謙亨。《九家易》曰，艮山、坤地，山至高，地至卑，以至高下至卑，故謙也。兌世（五世）。艮與兌合，故亨。

△按：朱熹云：「謙者，有而不居之義，止乎內而順乎外，謙之意也。山至高而地至卑，乃屈而止於其下，謙之象也。占者如是，則亨通而有終矣。」〔註243〕孔穎達曰：「謙者，屈躬下物，先人後己，以此待物，則所在皆通，故曰亨也。」〔註244〕鄭玄道：「艮爲山，坤爲地，山體高，今在地下；其於人道，高能下下，謙之象。亨者，嘉會之禮，以謙爲主。謙者自貶損以下，唯艮之堅固，坤之厚順，乃能終之，故君子之人有終也。」〔註245〕三者皆能闡明謙義，或以義理，或以象術，與九家《易》所述咸密鍥不違。是以李道平疏曰：「山高地卑，以高居卑，其象爲謙，即鄭義也。」〔註246〕乃指九家《易》說同於鄭義也。李氏又云：「謙者，兌宮五世卦也。艮爲山，兌爲澤，艮與兌合，是山澤通氣也，惟通故亨。」〔註247〕兌卦初至五爻皆變，爲謙卦，故惠氏註：「五世。」李氏之說同此。又李氏取山通氣之說，乃引〈說卦傳〉第三章，以釋九家《易》「艮與兌合」。《周易本義》圖說載伏犧八卦方位圖，艮兌相對爲旁通。〔註248〕李鼎祚云：「謂艮兌同氣相求，故通氣。」李道平疏曰：「山澤，艮兌也。同氣相求，故通氣，蓋艮兌貞天位，艮納丙，兌納丁，丙五丁上，在天則相得合火也。」〔註249〕虞翻註〈繫辭上傳〉第九章「五位相得而

〔註243〕參見民國72年10月版，華正書局印行《周易本義》，頁45～46。

〔註244〕參見《十三經註疏》，頁17，民國67年2月版，世界書局印行，周易註疏及補正。

〔註245〕參見《鄭氏周易註》卷上，頁4，鼎文書局、《古經解彙函》一，頁25。又見《周易集解纂疏》卷二，廣文書局，民國68年6月版，頁229。

〔註246〕參見同上《周易集解纂疏》，頁230。

〔註247〕參見同上。

〔註248〕圖下有文曰：「〈說卦傳〉曰：天地定位，山澤通氣，雷風相薄，水火不相射。八卦相錯，數往者順，知來者逆。邵子曰：乾南、坤北；離東、坎西；震東北、兑東南；巽西南，艮西北。自震至乾爲順，自巽至坤爲逆。後六十四卦方位放此。」旁通之說見後條例。

〔註249〕參見廣文書局，民國68年6月版，《周易集解纂疏》，卷十，頁912。

各有合」曰：「丙艮兌相得合火，山澤通氣也。」〔註 250〕徐芹庭道：「此主於天干之配五行也。天干甲乙爲木，丙丁爲火，戊己爲土，庚辛爲金，壬癸爲水。〔註 251〕蓋艮丙丁，乃納甲之法」〔註 252〕丙丁屬南方火，得以相合，故九家易曰：「艮與兌合」；乾卦九五文言曰：「同聲相應，同氣相求，水流濕，火就燥。」丙丁二者同屬火氣，故相求而通，是以九家易曰「亨」也。〔註 253〕

（7）噬嗑初九，屨校滅趾。干寶曰，屨校，貫械也。初居剛躁之家（震為躁卦），體貪狠之性（坎為貪狠，震為陰賊，二者相得而行，故云），以震掩巽（巽五世故掩巽），強暴之男也。行侵陵之罪，以陷屨校之刑也。

△按：李道平於干註下曰：「以械爲屨，故曰屨校，漢謂之貫械。《後漢書・

〔註 250〕引自徐芹庭著《兩漢十六家易註闡微》，民國 64 年 12 月版，五洲出版社印行，頁 68～69。

〔註 251〕參見同上。

〔註 252〕參見同上。

〔註 253〕兌宮卦與謙卦納甲納支圖如下：

兌		謙	
⚋	丁未土	⚋	癸酉金
⚊	丁酉金	⚋	癸亥水
⚊	丁亥水	⚋	癸丑土
⚋	丁丑土	⚊	丙申金
⚊	丁卯木	⚋	丙午火
⚊	丁巳火	⚋	丙辰土

上圖俱見於漢易十六家註闡微，頁 70，《先秦漢魏易例述評》，頁 104，八卦六位條例、《易漢學》，卷四，頁 1～2。火珠林，說者謂即京房之術。按兌謙二卦之內卦，皆兌之地支生謙之地支，一爻巳火生辰土，二爻卯木生午火，三爻丑土生申金，故氣通也。兼內外卦言之，謙卦內艮外坤皆土也，得以生兌卦之金；其中除第四爻丑土剋亥水外，五爻酉金生亥水、六爻未土生酉金，黃師慶萱謂謙卦諸爻皆吉者，蓋以此也。單以內卦艮與兌而言，天干同屬火，地支相生，故曰亨。然惠棟於其《周易述》，註：「乾上九來之坤，嗛、謙也。上九亢龍，盈不可久，虧之坤三，故爲嗛。天道下濟，故亨。」疏：「乾上九來之坤，虞義也，用九之義，乾上九當之坤三。嗛，謙也，子，頁義也。卦名嗛者，正以上九一爻亢極失位，天道盈而不溢，虧之坤三，致恭以存其位，故以嗛名卦。盈者，嗛之反，上之三，盈爲嗛，在人爲謙，故曰嗛，謙也。天道下濟，故亨，虞義也。乾爲天道，來之坤，故下；以乾通坤，故亨。」徐芹庭《周易異文考》，頁 38：「謙，漢石經作嗛。……然則二字蓋古今字也，故可通用。」吾人知惠棟用「嗛」代「謙」，乃用古字代今字。又馬王堆《帛書周易》，亦以「嗛」爲字，適合此說。惠氏《周易述》採「之卦」以釋謙卦之義，與九家易說異。前文有「虞氏之卦大義」《易》例一條，茲不備述。

李固傳》云『渤海王調貫械上書』是也。說卦巽其躁卦，虞謂躁則震是也。九本陽剛，又居震初，故云初居剛躁之家。〈翼奉傳〉曰『北方之情好也，好行貪狼，申子主之』震初庚子，子北方水位，故云體貪狼之性。巽宮三世卦，變巽爲震，故云以震掩巽。震長男而性貪狼，故爲彊暴之男也。震足爲行，又爲阪生，阪，陵也，故云行侵陵之事。坎爲陷，又爲校，故云以陷屨校之刑。」〔註254〕惠註與李疏有異，惠氏以「體貪狠之性」，爲互體坎卦也。〔註255〕〈翼奉傳〉亦曰「東方之情怒也，怒行陰賊，亥卯主之。」乃二者所取之旬不同故也。〔註256〕惠棟云「震爲躁卦」，《梅花易數》八卦萬物類占震卦人事欄下云「起動、怒、虛驚、鼓噪、多動少靜」〔註257〕則惠氏之說是也。李道平云「巽宮三世卦」不甚妥當。愚謂惠氏「巽五世」之語則然。蓋巽宮三世卦成風雷益卦，不合此噬嗑卦之旨。而巽宮五世卦爲噬嗑卦，內卦猶變巽爲震，不違李氏之旨也。〔註258〕「以震掩巽」者，蓋震飛巽伏也，項安世云：「京房於世爻用飛伏法。凡卦見者爲飛，不見者爲伏。其在八卦，止以相反者爲伏。乾見伏坤之類，皆以全體相反也。」〔註259〕說卦第十章，以巽爲長女，震爲

〔註254〕參見《周易集解纂疏》，卷四，廣文書局，民國68年6月版，頁251。李氏以「狠」爲「狼」，又採虞翻之說，以「反生」爲「阪生」，釋「阪，陵也」。

〔註255〕此互體乃指噬嗑三至五爻互坎卦之體也。徐芹庭曰：「《易大傳》所謂雜物撰德，辯是與非，則非其中爻不備，……謂二至四，三至五，兩體交互成一卦也，是爲互體之正例。」屈萬里云：「互體之說，觴於左傳，而成於京房。其說初不過以二至四爻，三至五爻名互一三畫之卦耳。鄭玄以後，已漸繁賾。下逮虞翻，類例滋紛。」餘變例之說，參見《兩漢十六家易註闡微》，頁64「互體」，及《先秦漢魏易例述評》，頁127「虞氏互體」。

〔註256〕《易漢學》，卷五載翼奉上封事曰：「北方之情好也，好行貪狼，申子主之（孟康曰：水性觸地而行，觸物而潤多所好，故多好則貪而無厭，故爲貪狼也）。東方之情怒也，怒行陰賊，亥卯主之（木性受水氣而生，貫地而出：以陰氣賊害土，故爲陰賊也）。貪狼必待陰賊而後動，陰賊必待貪狼而後用，二陰並行，是以王者忌子卯。《禮經》避之，《春秋》諱焉（李奇曰：北方陰也，卯又陰賊，故爲二陰，王者忌之，不舉樂。張晏曰：子刑卯，卯刑子，相刑之曰，故以爲忌）。」。按李道平乃就北方貪狼之情，在地支申主之申與子，適震卦初九納支子水，水位北方，故云。惠棟則兼坎震二卦言之，說卦傳，以坎爲正北方之卦，以震爲東方之卦，故曰坎爲貪狼，震爲陰賊。又採其「貪狼必待陰賊而後動」諸說，故曰二者相得而行。

〔註257〕參見竹林書局，民國74年9月版，頁27。今世傳本《梅花易數》皆謂宋朝邵康節所撰，待考。

〔註258〕抑或「三」爲「五」之誤耶？待考。

〔註259〕參見《中國學術年到》第二期、李周龍著〈從漢易源流探討京房易的問題〉，頁12。亦見經義考引。

長男。且巽爲陰卦，震爲陽卦。以陽剛貪狠之性，而侵陵柔弱之女，故曰「彊暴之男」也。李氏「震足爲行」至「以陷屨校之刑」，似強爲說解，而其源有自。〔註260〕干寶之語，是否即爲李氏所云之意，愚猶疑焉。惠棟《周易述》於噬嗑初九下註云：「屨，貫；校，械；止，足也。坎爲械，初爲止，坤初消陽，五來滅初，故屨校滅止。」疏曰：「干寶註云：屨校，貫械也。以械爲屨，故曰屨校。漢謂之貫械。《後漢書．李固傳》云『渤海王調貫械上書』是也。止與趾同，故云足。以械爲屨，足沒械下，故云滅止。九家說卦曰『坎爲桎梏』故爲校，校即械也。伏犧始作八卦，近取諸身，故此卦之義，初爲止，五爲耳。卦本否也，故坤初消陽。乾五之初，是滅初，五來滅初……。」〔註261〕除「之卦」之說，與諸家異：「五爲耳」猶待辨釋；餘說皆甚爲允當。〔註262〕干寶註噬嗑

〔註260〕震足之說，出於〈說卦〉第九章。阪生之說，《周易異文考》：「釋文云：『虞作阪，云陵阪也』是反，虞作阪也。」（頁159）李道平蓋採虞翻所書之文，以解干寶之語。然說卦：「其於稼也爲反生。」不當以反作阪解。坎爲陷之說，《梅花易數》八卦萬物類占坎卦地理條下云「卑濕之地」；人事條下云「險陷卑下」：屋舍條下云「宅中濕地之處」；求名條下云「恐有災陷」；求利條下云「恐有失陷」；出行條下去「恐遇險阻陷溺之事」：官訟條下云「失陷」，是以其說較爲可信。又《周易本義》於說卦第十章註云：「荀九家……爲桎梏。」，「校」爲桎梏之類，乃刑具也，亦可採信。

〔註261〕按註文「屨貫校械」誤，當作「屨校貫械」。惠氏用「止」字，乃用本字。《周易異文考》，頁46載漢石經作「止」，釋文：「止，本亦作趾，足也。」愚謂，阮元校勘記云：「案止趾古今字。」是也，釋文則非。又馬王堆《帛書周易》亦作「止」，可證其說。《周易釋爻例》，頁12「亦稱趾」下云：「噬嗑初九屨校滅趾，賁初九賁其趾，大壯初九壯于趾，夬初九壯于前趾，鼎初六鼎顚趾，艮初六艮其趾。」是以惠棟云：「初爲止」是也。查遍《周易》諸爻辭，取耳之象計有噬嗑上九：「何校滅耳。」；鼎九三：「鼎耳革。」；鼎六五：「鼎黃耳金鉉。」，特此三例而不盡於五爻也，故惠棟云：「五爲耳。」猶待辨釋。

〔註262〕胡一桂《易學啓蒙傳外篇》京房起月例：「一世卦，陰主五月，一陰在午也；陽主十一月，一陽在子也。二世卦，陰主六月，二陰在未也；陽主十二月，二陽在丑也。三世卦，陰主七月，三陰在申也；陽主正月，三陽在寅也。四世卦，陰主八月，四陰在酉也；陽主二月，四陽在卯也。五世卦，陰主九月，五陰在戌也：陽主三月，五陽在辰也。八純上世，陰主十月，六陰在亥也；陽主四月，六陽在巳也。游魂四世所主，與四世卦同。歸魂三世所主，與三世卦同。」其法見於《卜筮正宗》卷三安月卦身訣：「陰世則從午月起，陽世還從子月生，欲得識其卦中意，從初數至世方眞。卦身之爻，爲占事之主，若無卦身，則串無頭緒。倘卦身有傷，其事難成矣。」《周易集解纂疏》諸家說易凡例「六親」條下云：「六親爻例，起于京君明。京氏〈積算法〉云：『孔子曰：八卦鬼爲繫爻，財爲制爻，天地爲義爻（陸績註云：天地即父母也。）福德爲寶爻〔註云：福德即子孫也。）同氣爲專爻

初九爻辭云云，陳壽熊《讀易漢學私記》一書中云：「按〈翼奉傳〉言子為貪狼，卯為陰賊，初九庚子，故曰體貪狼之性。惠氏欲兼卦言，遂改子卯為坎震，已非其質。且子乃初九之本位，今言坎則互坎之象，不及於初，是欲密反疏也。」（廣文書局，頁 23）亦可補愚說也。

(8) 恆〈彖〉曰，恆亨，无咎，利貞，欠於其道也，荀爽曰，恆，震世也。巽來乘之（震三世，下體成巽），陰陽會合故通咎。長男在上，長女在下，夫婦道正，故利貞，久于其道也。

（註云：兄弟爻也。）』法以八卦六位，乾屬金，主甲子壬午；坤屬土，主乙未癸丑；震屬木，主庚子庚午；巽屬木，主辛丑辛未；坎屬水，主戊寅戊申；離屬火，主己卯己酉；艮屬土，主丙辰丙戌；兑屬金，主丁巳丁亥。各以陰陽順逆而治。六辰從世卦、五行，論其生剋，命其六親。如乾初甲子，子為水，金生水為義爻；乾外壬午，午為火，火剋金為制爻是也，其餘可以例推。（按：乾初甲子當為寶爻，乾外壬午當為鬼爻。）」《易漢學》，卷四，頁 13「爻等」條下云：「京房乾卦傳曰：水配？位為福德（按：缺文當作「初」。陸績曰：甲子水是乾之子孫。）木入金鄉居寶貝（甲寅木，乾之財。），土臨內象為父母（甲辰土，乾父母。）火來四上嫌相敵（壬午火，乾官鬼。），金入金鄉木漸微（壬申金，同位傷本。）。」由右列諸說，吾人可得噬嗑之納甲支圖如下：（右一為初爻）

▅▅▅		▅ ▅		▅▅▅		▅ ▅		▅ ▅		▅▅▅	
己巳火	子孫	己未土	妻財（世）	己酉金	官鬼	庚辰土	妻財	庚寅木	兄弟（應）	庚子水	父母

卦身主戌月　巽宮五世

《卜筮正宗》，卷三用神分類定例：「凡占官府、盜賊，俱以官鬼爻為用神；凡占奏章以父母爻為用神；凡占器皿，以妻財爻為用神。」卷十「詞訟」：「世爻刑剋應爻，未為我勝，乃是欺他之象，必得鬼剋應爻，方為我勝。動爻與月建日辰剋之亦然。」又：「鬼為聽訟官，剋應，訟必我勝；剋世我敗。」又：「以財為理，臨世我有理，臨應他有理。」又：「凡欲上表申呈告訴等事，皆要官父兩全，有氣不空，則能准理。最怕財動傷父必不可成。」今噬嗑初九爻動，為趾之象，遭戌月土、六三辰土、六五未土之重剋。妻財為器皿，又六三、六五在互體坎卦內，中為官鬼；坎為桎梏，官鬼為官府衙門。初九既受六三、六五所剋，是「屨校滅止」之象也。幸鬼剋應爻，應爻者，與我爭訟之人也；今鬼剋之，訟必我勝。且官鬼為初九子水之救神，土反來生金，酉金來生子水，此即卷一碎金賦所謂「貪生忘剋」，子水反吉也。又財本剋父，主以事入罪，然財臨世爻，是我有理也，故曰「無咎」。

△按：李道平云：「恆，震宮三世卦，故云震世也。一世變豫，二世變解，三世而下體變巽，故巽夾成之。陰陽會合，雜而不厭，故亨通無咎。巽內震外，故云長男在上，長女在下，得夫婦之正道，故利貞。又乾爲久，爲道，凡事不變則不恆；唯不正者，利變之正，則久；繫上曰：變則通，通則久，故曰久於其道也。」〔註263〕所謂陰陽會合，蓋以納甲支之相合也。〔註264〕李氏云乾爲久爲道者，乃出自虞氏逸象。〔註265〕而恆卦二至四爻體乾卦，故云。惠棟《周易述》恆卦辭下註曰：「泰初之四，與益旁通。恆，震世也。巽來承之，長男在上，長女在下，陰陽會合，故通無咎。初四二五失位，利變之正，故利貞。」疏曰：「泰初之四，與益旁通，虞義也。恆，震宮三世卦，故云震世。一世豫，二世解，三世而下體巽，故云巽來承之。〔註266〕內巽外震，震長男，巽長女，故云長，故云長男在上，長女在下。男女會合，天地交而萬物通，

〔註263〕語出廣文書局，民國68年6月版，《周易集解纂疏》，卷五，頁398、按廣文書局所印行之皇清經解《惠氏易學》，頁97四恆〈象〉曰下有「椉」字，乃「乘」之本字。《周易集解纂疏》引荀爽之語，即書爲「乘」字。而李道平釋之爲「成」。

〔註264〕註四一納甲支、剋、六親、用神、月卦起例，採自漢易。噬嗑初九爻動，成火地晉卦，且六親俱在，故不論本宮伏神。此恆〈象〉總論全卦，不論動爻，且恆卦少一兄弟木爻，本宮震卦六二寅木爲兄弟爻也，是以須並論本宮。震宮及恆卦納甲支圖如下：

震		恆	
⚋	庚戌土	⚋	庚戌土
⚋	庚申金	⚋	庚申金
⚊	庚午火	⚊	庚午火
⚋	庚辰土	⚊	辛酉金
⚋	庚寅木	⚊	辛亥水
⚊	庚子水	⚋	辛丑土

內卦震與巽，初爻子與丑合，二爻寅與亥合，三爻辰與酉合（此說見於《卜筮正宗》卷一地支相合相衝），且相合之爻陰陽相對，故云。又庚辛相合得金。

〔註265〕《易漢學》，卷三，廣文書局一一二六，載虞氏逸象：「乾……爲道。（乾爲天，道之大，原出於天，故乾爲道。象傳曰：乾道變化。）……爲久（不息則久）。」

〔註266〕徐芹庭《兩漢十六家易註闡微》，頁60、乘承據應例：「凡某爻在某爻之上曰乘，多指陰爻在陽爻之上而言。凡某爻在某爻之下曰承，多指陰爻在陽爻之下而言。今以恆卦內巽外震言之，荀爽曰「乘」，李道平曰「成」，惠棟曰「承」。以惠氏之意，內巽陰卦爲長女，外震陽卦爲長男，當以「承」爲是。且鄭玄註恆卦辭（見《周易集解纂疏》，卷五，頁396）曰：「猶長女承長男，夫婦同心而成家，久長之道也。」

故通無咎，此上荀義也。初四二五，四爻失正，利變之正，故利貞。……〈象傳〉曰：恆，久也。尋恆體震巽，八卦諸爻，唯震巽變，故虞註六五及〈象傳〉曰終變成益是也。六爻皆變，不可為恆而名恆者，其義有三焉，夫婦之道，不可以不久。恆，震夫巽婦，陰陽會合，雜而不厭，一也。卦唯三上得正，上震恆凶，則守正者唯九三一爻耳，故象傳曰：君子以立不易方，二也。終變成益，則初四二五皆得位，〈繫下〉曰：《易》窮則變，變則通，通則久。恆者，久也，故都其義于五曰：恆其德，三也。有此三義，故名恆也。」泰初之四者，謂泰卦初九陽爻升至四爻，六四陰爻降至初爻（詳見前文例十四虞氏之卦大義）。與益旁通者，謂益卦六爻皆變成恆，恆卦六爻盡變成益卦也（詳見後例旁通卦變）。惠棟《周易述》引荀義，與《易例》所載稍有不同。《易例》云：「巽來乘之，陰陽會合，故通無咎。」蓋恆卦本宮為震卦，以二卦內卦言之，初二三皆陰爻與陽爻相對，納甲支又相合；以恆卦內外卦言之，初四、二五、三上皆陰爻與陽爻相應，又納支四生初，五生二，上生三；以卦言之，震為陽卦，巽為陰卦，故云。《周易述》所引，則將「長男在上，長女在下」置於「巽來承之」之下，「陰陽會合，故通無咎」之上，而疏曰：「男女會合，天地交而萬物通。」李道平云：「唯不正者利變之正。」乃就荀爽所言「夫婦道正」之「正」。而惠棟純以初三五陽位，二四上陰位而論其正與失正，而謂「初四二五，四爻失正，利變之正。」凡荀氏、李氏、惠氏，咸釋「利貞」之「貞」為「正」也，其本義參見例七。「八卦諸爻，唯震巽變。」詳見後例「震巽特變」。李道平較惠棟晚出，而其見地多與惠氏雷同，尊尚其說之跡約略可循。《周易集解纂疏》〈自序〉云。「久之得東吳惠氏書，而向之滯者十釋四五矣。」於此得證余之見也。

（9）解〈彖〉曰，天地解而雷雨作，雷雨作而百果草木皆甲宅。荀爽曰，解者，震世也（二世）。仲春之月，草水萌牙，雷以動之，雨以潤之，日以烜之，故甲宅也。

△按：李鼎祚《集解》引：「荀爽曰：謂乾坤交通，動而成解：卦坎下震上，故雷雨作也。」李道平疏曰：「臨初陽之四，是臨乾解坤，故謂乾坤交通，動而成解也。解，坎雨在下，震雷在上，雷動而雨隨之，故雷雨作也。」〔註267〕〈彖〉曰「天地解」者，蓋如《乾鑿度》所云，以「三畫已下為地，四畫以

〔註267〕參見廣文書局，民國68年6月版，《周易集解纂疏》，卷五，頁465。

上爲天。」，又雷雨之作，爲天地間之感應耳，而荀爽以「乾坤」代「天地」，易使讀者誤爲從「乾坤」變來。李道平謂解卦，乃臨卦初九之六四，然臨內兌外坤，不合「乾坤交通」之說明矣。朱駿聲《六十四卦經解》猶謂：「又升三之四，又明夷上承初，又萃五之二。」〔註 268〕失之浮濫，不待辯說。〔註 269〕李道平疏曰：「解，震宮二世卦，故云解者震世也。月令：仲春之月，雷乃發聲，雷出則萬物隨之而出，故仲春之月，草木萌牙也。震動坎潤，互日以烜，故甲宅也。」〔註 270〕荀爽曰「仲春之月」，乃採孟長卿之卦氣圖，〔註 271〕其圖以解卦値卯月，是爲仲春之月也。震動者，〈說卦〉第四章云：「震以動之」故云。坎潤者，〈說卦〉第四章云：「雨以潤之。」是也。互日以烜者，乃指解卦二至四爻互體離卦也，而說卦第四章：「日以烜之。」故云。李道平又疏曰：「案乾盈數爲百，木果爲果，故曰百果。震者，木德，又爲草莽，故曰草木。鄭註云：『皮曰甲，根曰宅。宅，居也。』說文：『甲，東方之孟，陽氣

〔註 268〕參見漢京文化事業有限公司，民國 73 年 7 月版，《六十四卦經解》，卷五，頁 171。

〔註 269〕解象曰：「天地解，而雷雨作。」愚以納支、生剋、沖合、世卦起月、飛伏諸例，試闢一解。解卦納支圖如下：（附本宮，右一爲初爻）

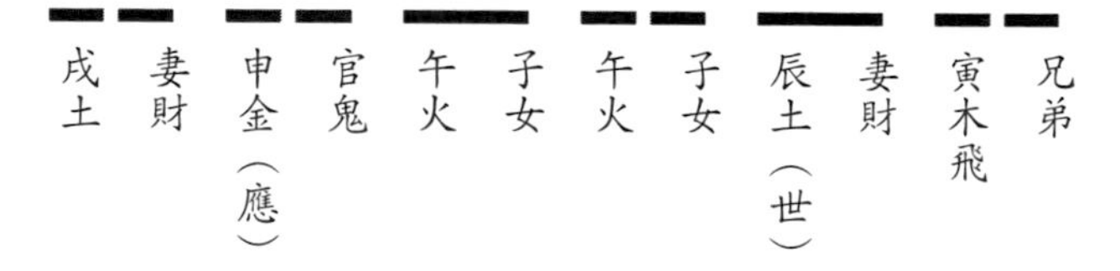

子水伏
父母

世月卦身在丑。《卜筮正宗》，卷五，頁 42：「應爲天，萬物之體也。世爲地，萬物之主也。若世受動爻刑剋，必有非常之變。」又曰：「官鬼在震宮動，有當旺相霹靂，化進神亦然。或卦無父母，雖雷不雨，父母值日方有雨也。」又曰：「以父母爻爲雨，財爻動則剋制雨神，所以主晴。」今解卦官鬼在震宮，若此爻動，或初六寅動來沖墓（申在丑月爲墓），則有雷響，然不當旺相，故聲勢甚微。解卦無父母爻，雖雷不雨。

《卜筮正宗》，卷五，頁 42：「卦有三合成財局，有彩霞無雨。」所謂「三合」者，即易漢學五行條例淮南天文所載：「水生於申，壯於子，死於辰，三辰皆水也。」

今震宮初九伏子水父母，被丑月合起，與世爻辰，應爻申，三合成子水父母局，主有雨。三合者，須二爻動方成，故官鬼應爻動，雨始降；若官鬼不動，而世爻妻財動，主時晴時雨而無雷。

〔註 270〕參見同註 267。

〔註 271〕參見《易漢學》，卷二，頁 2，廣文書局，民國 60 年元月版，頁 1051～1052。

萌動。從木，戴孚甲之象。』離剛在外，故爲甲；艮爲居，故爲宅。萬物出乎震，百果草木，甲字之象也。」〔註 272〕李氏云「乾盈爲百」者，取乎虞氏逸象「乾爲百」之說，然解卦不知從何得乾卦，又合「木果爲果」，以釋「百果」一詞，甚爲牽強。「震者，木德」者，《易漢學》，卷四，頁一載八卦六位圖（出《火珠林》），言「震爲木」是也。草莽者，說卦第十章云：「震爲蒼莨竹，爲萑葦。其於稼也，爲反生。」《虞氏逸象》云：「震……爲草莽，爲百穀。」，〔註 273〕故云。「草木」之說，較爲允當，不類「百果」之臆說。李氏言及「離剛在外」、「艮爲居」者，豈取解之反卦水山蒙耶？徐芹庭曰：「反卦先儒或謂之覆卦，來知德則謂之綜卦，即反覆之法也。……序卦曰：『剝，窮上反下。』〈雜卦〉曰：『否泰反其類也。』此反之明文也。」〔註 274〕查蒙卦內卦體艮，三至五爻體離，故有其象。夫離爲陰卦，〔註 275〕不得曰「剛」，然此「剛在外」者，乃指二陽爻在一陰爻之外而言也，〈說卦〉第十一章：「離爲甲冑，爲鼈，爲蠃，爲蚌，爲龜。」

諸物皆外以剛強之物，而護其柔弱之體者也。《虞氏逸象》曰：。「艮爲居，爲舍。」〔註 276〕李氏乃摘以釋「宅」字。惠棟《周易述》云。「解，二月，雷以動之，雨以潤之，故雷雨作。木實曰果；皮曰甲；根曰宅。乾爲百果，震爲草木，離爲甲，艮爲宅，萬物出震，故百果草木皆甲宅。荀氏謂解者，仲春之月，草木萌牙，故甲宅也。俗作甲坼，古文宅，壞字。」疏曰：「解，消息在二月。《漢書》五行志曰：雷以二月出。雷動而雨隨之，故雷雨作，此虞義也。」李氏引月令「仲春之月」，即二月卯也。又曰：「說文曰：果，木實也。宋衷註說卦曰：木實謂之果，草實謂之蓏，馬融謂桃李之屬是也。皮在外，故云甲：根在下，故云宅：宅，居也。此上鄭義也。乾爲百，爲木果，故乾爲百果。震者木德，又爲草莽，故爲草木。甲者，孚甲。月令：孟春，

〔註 272〕案甲字之字，誤，當作宅。參見同註 267。

〔註 273〕引自民國 60 年元月版，廣文書局印行，《惠氏易學》，頁 1130、《易漢學》，卷三，頁 12。

〔註 274〕引自民國 64 年 12 月版，五洲出版社印行，《兩漢十六家易註闡微》，頁 67。

〔註 275〕民國 69 年 10 月版，皇極出社印行、朱熹著《周易本義》，頁 263、〈繫辭傳下〉第四章「陽卦多陰，陰卦多陽」下註云：「震、坎、艮爲陽卦，皆一陽二陰。巽、離、兌爲陰卦，皆一陰二陽。」

〔註 276〕參見民國 60 年元月版，廣文書局印行，《惠氏易學》，頁 1131，《易漢學》，卷三，頁 13。

其日甲乙。鄭註云：時萬物皆孚甲，因以爲名日名。三統厤曰：出甲于甲。說文曰：甲，甲方之孟，陽氣萌動，從木，戴孚甲之象，是其義也。离，剛在外，故爲甲。艮爲居，故爲宅。萬物出乎震，百果草木，甲宅之象也。」李氏疏文，與此惠氏疏文，幾無二致，是李說採自惠氏也。屈萬里《先秦漢魏易例述評》云：「按荀氏釋解彖傳，以解爲震世，當仲春之月。意在謂其時『草木萌動』，而便於釋『百果草木皆甲宅』耳。乃此解卦也，何與於震？震爲仲春，本諸卦氣。而解於卦氣，固自值仲春之月者。然則，何不徑以解爲說，而必迂回以取震也？且解以在震宮，而遂以仲春爲說，則震宮卦中，恆於卦氣屬七月，升屬十二月，井屬五月，大過屬十月，豈皆可以震之仲春說之乎？（頁 102）」其說不謂無理。

（10）益六三曰，王用亨于帝，吉。干寶曰，聖王先成民而後致力於神，故王用亨于帝。在巽之宮（三世），處震之象，是則倉精之帝同始祖矣。

△按：益卦爻辭「王用享于帝，吉。」乃六二之辭，非六三之辭也。李道平《周易集解纂疏》卷五，頁四八八疏曰：「桓六年《左傳》曰：聖王先成民而後致力于神。故王用享於帝。益爲巽宮三世卦，故云在巽之宮。二在震位，故云處震之象。震巽于五行皆屬木，于時屬春。月令：孟春之月，其帝太，其神勾芒。鄭註：此蒼精之君，木官之臣。又〈春官・小宗伯〉：兆五帝于四郊。鄭註：蒼帝日靈威仰，震巽同聲，故曰：蒼精之帝，同始祖矣。」〔註 277〕《左傳》所載，蓋祭天之事也。朱駿聲曰：「享帝，祭天也。」〔註 278〕是也。何以稱王？惠棟曰：「王謂五。」帝也者，〈說卦〉曰：「帝出乎震。」〔註 279〕故惠棟曰：「震稱帝。」蓋益內卦爲震，惠氏乃有此說。張惠言虞氏《易》，朱駿聲《六十四卦經解》之說不出其右也。王者誰也？高亨曰：「疑王用享于

〔註 277〕引自廣文書局，民國 68 年 6 月版。又，頁 487 引干寶語，作「蒼精之帝」，與惠氏所引之「倉」字不同。說文：「蒼，艸色也。從艸聲。」又曰：「倉，穀藏也。蒼黃取而藏之，故謂之倉。」段註：「蒼，舊作倉，今正。蒼黃者，匆遽之意，刈獲貴速也。」按段註所云「蒼舊作倉者」，乃指「蒼黃」舊作「倉黃」也。農作須合時令，春耕，夏長，秋收，冬藏。蒼字木義爲艸色屬春季之景。倉字本義爲穀藏，乃冬令之事。又春屬木，合鄭註「此蒼精之君，木官之臣。」之說，故當以「蒼精之帝」爲正，作「倉」字者，蓋借字也。

〔註 278〕引自民國 73 年 7 月，漢京文化事業有限公司印行，《六十四卦經解》，卷六，頁 183。亨，享二字，《周易異文考》，頁 3 釋元亨利貞下云：「亨、享本一字，故得通用。」

〔註 279〕見於第五章。

帝吉，亦古代故事也。」〔註 280〕季旭昇〈易經占筮性質辨說〉，亦謂《易經》敘事爲信史。〔註 281〕歷來諸家，或以爲卦辭爲文王作、爻辭周公作，或謂俱爲周公所作，然愚竊疑之，或爲卜官筮師之辭也。〔註 282〕〈說卦〉第十一章云：「《易》之興也。其當殷之末世，周之盛德邪？當文王與紂之事邪？」據此語，則王殆指文王而言，爲卜筮者載記其事。惠棟於《周易述》另有異議，其言曰：「爻辭，文王所作。所云王者，乃夏商之王，三王郊用夏正故也。後儒據此謂文王郊天事，此誤以周公作爻辭，而附會其說也。案虞傳江表傳曰：『嘉禾元年冬，群臣奏議直脩郊祀。權曰：郊祀當於土中，今非其所，於何施此？重奏曰：王者以天下爲家，昔周文王郊於酆鎬，非必土中。權曰：武王伐紂，即阼于鎬京，而郊其所也。文王未爲天子，立郊於酆，見何經典？復奏曰：伏見《漢書》郊祀志，匡衡奏從甘泉河東，郊於酆。權曰：文王性謙讓，處諸侯之位，明未郊也。經傳無明文，匡衡俗儒，意說非典籍正義，不可用也。』是言無文王郊天之事，而此經王用享于帝，爲夏商之王明矣。」愚以爲，惠氏言爻辭爲文王所作，已辨正於例三條（14）。又言王爲夏商之王，

〔註 280〕見於，民國 63 年 2 月版，樂天出版社印行，《周易古經今註》，頁 143。

〔註 281〕參見《中國學術年刊》第四期，民國 71 年六月印行，頁 7。又，頁四載：「漢朝以後，司馬遷說文王重卦（見《史記・周本紀》），馬融說卦辭文王作，爻辭周公作，和《易・繫辭》之說大致吻合。雖然仍有很多疑竇無法解釋，但是在沒有證據能推翻他們的說法以前，我們應該暫時相信司馬遷、馬融的說法是有師承的。」

〔註 282〕詩經衛風氓：「爾卜爾筮，體無咎言。」足見卜筮流行於民間。詩經乃採自民間，而成於王官，卦爻辭殆類於是也。以商朝而言，「這種占卜風習曾經普遍地在當時社會上流行，王室和民間無不通用。因此，在商代遺址中常常發現卜骨。卜骨也就成爲商代文化的主要特徵之一。在當時的統治集團，特別是王室之中，掌握占卜有專人。由於當時上自國家大事，下至帝王私人生活，如祭祀、征伐、年歲、天氣、福禍、田獵、游歷、疾病，甚至生育等無不取決於占卜，其實也就是取決於卜官，從而卜官在當時佔有很高的政治地位，形成爲當時統治集團中一個很重要的階層——僧侶集團。」（帛書出版社印行《考古學基礎》，頁 83）依易經中占筮事例，頗切近其說。商代王廷設有百官，一類宗教官，其中管占卜的叫「多卜」、「占」；充當人神之間媒介的叫「筮」。周代協助周王處理政務的最高官職是「六卿」，其中「太卜」是管卜筮的。商、周的王、諸侯、卿大夫及其他各種官吏，都是世襲的，世代掌握著統治大權，神聖不可侵犯。（參見民國 72 年 9 月版，木鐸、《中國文明史話》，頁 26～27）吾人可知，周公制禮作樂，殆爲託聖之辭，而以卦爻辭言之，自有其司卜筮之官整理成冊。今愚以爲屈萬里先生謂卦爻辭成於周武王時，合於說卦「周之盛德」之語。然屈先生又謂「卦爻辭成於一手係創作而非纂輯」，有待論定。

愚甚疑之。蓋《易經》言商王者，稱高宗、帝乙，〔註 283〕不直稱王也。隨上六曰：「王用亨于西山。」升六四曰：「王用亨于岐山。」高亨謂隨上六之王，乃文王也。〔註 284〕其註升六四云。「此乃周初故事，蓋文王、或王季，或文王、或武王，享祭于岐山，筮遇此爻，而獲介福，故記之曰：王用亨于岐山。」〔註 285〕由是觀之，卦爻辭稱王者，當爲周初之王也，或爲文王、或爲武王。若依惠棟所引，文王未爲天子（《竹書紀年》稱西伯），而謂無文王郊天之事，則「王用亨于帝」，殆指武王祭天之事也。〔註 286〕沈竹礽於《惠棟易漢學正誤》一書中云：「案益六三當作六二。又處震之象，案原文震作蹇。」益六三當作六二，余已明於文前。震字作蹇，不知其旨義也，是闕疑焉。

（11）**井卦曰，改邑不改井。干寶曰，水，殷德也。木，周德。夫井，德之地也。所以養民性命，而清潔之主者也。自震北行，至於五世（震五世井），改殷紂比屋之亂俗，而不易成湯昭假之法度也。故曰改邑不改井。**

△按：此言水木者，以外卦坎爲水，內卦巽爲木也。〔註 287〕干氏又採鄒衍五德終始之說，以水爲殷德，木爲周德。〔註 288〕井，德之地者，語出〈繫下〉

〔註 283〕既濟九三：「高宗伐鬼方。」歸妹六五「帝乙歸妹。」帝乙，紂父也。

〔註 284〕參見民國 63 年 2 月，樂天出版社印行，《周易古經今註》，頁 66。其言謂，「亨即享字。王用享于西山，謂文王歸周以賴神之庇右，得免於難，因享祀於西山以報之也。」按隨上文爻辭：「拘係之，乃從維之，王用享于山。」說者或以爲殷末周初仍有活人祭祀之儀式，藍燈出版之古代文明之謎（2），亦載之甚詳。

〔註 285〕引自國六三年 2 月，樂天出版社印行，《周易古經今註》，頁 157。

〔註 286〕依卦之納支生剋沖合觀之，益六二曰：「王用亨于帝、吉。」愚試解其納支圖如下：（右一爲初爻）

▬▬▬		▬▬▬		▬ ▬		▬ ▬		▬ ▬		▬▬▬	
卯木	兄弟	巳火	子女	未土	妻財	辰土	妻財	寅木	兄弟	子水	父母
（應）						（世）					

世月在申官鬼。六二寅木被申金官鬼沖剋，須九五巳火來剋合申金。《卜筮正宗》載占鬼神，以官鬼爻爲用神，申金爲官鬼，是關乎鬼神之事也。九五爲救神，又值王位，與官鬼相合，六二得不被沖剋，故曰：「王用亨于帝，吉。」

〔註 287〕見說卦第五章，及京氏八卦六位圖。

〔註 288〕五德終始之說，指水、火、木、金、土五行相生相剋循環終始也。肇自國齊

第七。姚信曰：「井，養而不窮，德居地也。」〔註289〕何謂「自震北行」？震爲井之本宮，又屬木。北行，上行也，指一爻變至五爻而言也。震宮至五爻變成井卦，是以世在五，故曰「至於五世」。改邑不改井者，高亨曰：「謂改建其邑而不改造其井也。」〔註290〕井者，所以養民性命而清潔之主者也。邑有遷建，不毀棄原地之井，以遺惠過客，此事理之當然也。「改殷紂比屋之亂俗而不易成湯昭假之法度也」，顯爲引申義也。屈萬里《先秦漢魏易例述評》云：「終始五德之說，倡自鄒衍。干氏用以解殷周之際之卦辭，既已厚誣古人。況周德爲木爲火，陰陽災異家尚聚訟未決乎？」可謂有理。沈竹礽於《惠棟易漢學正誤》一書中云：「案原文德字下有也字。」乃指「木，周德」下原文有「也」字。今從之（頁 102）。

（12）**豐亨王假之，勿憂，宜日中。干寶曰，豐坎宮陰世在五，以其宜中而憂其側也。坎為夜、離為晝，以離變坎，至于天位（于為天子），日中之象。殷水德，坎象晝敗而離居之，周伐殷居王位之象也。勿憂者，勸勉之言也。言周德當天人之心，宜居王位，故宜日中。**

△按：李道平疏曰：「豐，坎宮陰卦五變，故世在五也。至五世，將游魂；五上中，故以其宜中而憂其也。坎月爲夜，子也；離日爲晝，午也。坎陽在五爲天位，以離變坎，五位互離，故云至于天位，日中之象也。殷以水德王，坎爲水，故坎象也。晝當作紂。二敗而離日居之，武王伐殷，居王位之象也。聖人德大謂豐亨，心小謂坎憂，故既居大位而戒懼不怠也。憂者，聖人之小心；勿憂者，占人之勸勉也。上帝臨女，勿貳爾心，詩大明文，言周有應天順人之德，宜居九五王位，故曰宜日中也。」坎爲陽卦，不當爲陰卦，豈「陰」字有誤耶？（見條（5）干寶蒙卦註）所謂「游魂」，徐芹庭曰「至五世而變之極矣，上爻不能變，乃變其第四爻，謂之遊魂。」〔註291〕五上中者，五爻乃上卦之中爻也。凡事至盛畏離其位，猶日之盛於中天，而憂其將斜也，故云。坎月、離日者，見於〈說卦〉第十一章。又虞氏逸象曰：「坎爲陰夜。」，

人鄒衍，後世以此推論朝代之更替，及事物變化之理。五行以配帝王之德，其法有二：一依五行相生之序——高陽氏配木，堯配火、舜配土、禹配金、商配水、周配木、漢配火；一依五行相剋之序——周火德，則秦以水德代之；秦水德，則漢又以土德代之。皆陰陽家用以說解生剋之理。

〔註289〕引自民國 68 年 6 月版，廣文書局印行，《周易集解纂疏》，卷九，頁 869。

〔註290〕引自民國 63 年 2 月版，樂天出社印行、易古經今注，頁 163。

〔註291〕引自民國 64 年 12 月版，五洲出版社印行，《兩漢十六家易註闡微》，頁 74。

〔註 292〕是坎象夜也。子時爲夜，故曰子。日出則晝，故離爲晝。午時爲晝，故曰午。子爲夜之中，午爲晝之中，皆爲盛時也。三才之五上爻爲天，〔註 293〕是第五爻値天位也。「以離變坎」之「變」，沈竹初於《惠棟易漢學正誤》一書云：「原文作受。」然《集解》本仍作「變」。今坎宮五變，則內卦體離，離居坎宮中，故曰「受」，則沈說是。王者，旺也。殷以水德，見於前說。若以離火爲周德，既不合剋之序，蓋周武王伐殷，是周來剋殷，非殷水來剋周火也。若以周爲木德，亦不合離卦也。故此說尚待辨疑。〔註 294〕沈竹礽又曰：「又日中之象，下脫也字。又殷水德，至勸勉之言也，二十八字，原文無。」察《集解》本有「也」字，其言是也。然「殷水德」至「勸勉之言也。」《集解》本存之。

(13)〈下繫〉曰，上古結繩而治，後世聖人易之以書契，百官以治，萬民以察，蓋取諸夬。九家《易》曰，夬本坤世（五世），下有伏坤，書之象也（坤為文）。上又見乾，契之象也（乾為金）。以乾照坤，察之象也。夬者，決也。取百官以書治職，萬民以契明其事。契，刻也。大壯進而成夬（大壯坤四世，陽進成夬），金決竹木為書契象，故法夬而作書契矣。

△按：李道平疏曰：「夬本坤宮五世卦，陽爻之下，伏有全坤，坤爲文書之象也。

〔註 292〕引自民國 60 年元月，廣文書局印行，《惠氏易學》，頁 1130、《易漢學》，卷三，頁 12。

〔註 293〕《周易本義》於〈說卦〉第十章云：「三畫已具三才，重之故六，而以上二爻爲天，中二爻爲天，下一爻爲地。」

〔註 294〕豐卦月卦在戌，其納支圖如下：（右一爲初爻）

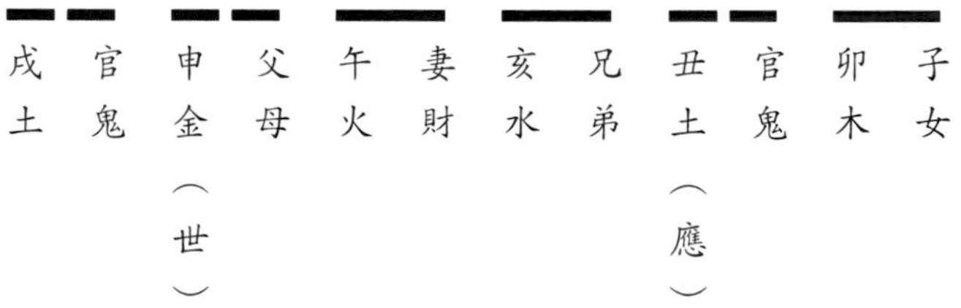

⚋	⚋	⚊	⚊	⚋	⚊
戌土官鬼	申金父母	午火妻財	亥水兄弟	丑土官鬼	卯木子女
	（世）			（應）	

世爻値五王位，戌土生申金，氣旺宜剋洩。豐卦外震内離，震仰盂，離中虛，豐字象震、豆象離是也。豆器用神爲財，《卜筮正宗》「凡占器皿，以妻財爻爲用神。」，豐九四爲戌火妻財。《卜筮正宗》，卷九云：「財爻生合世爻，持世剋世，皆謂財來就我，必然易得。若財爻而與世爻不相干者，謂我去尋財，必難望也。」又豆，古食肉之器，或用以享祭也。高亨云：「亨即享字。」是也。《集解》引虞翻曰：「假，至也。」豐卦有祭器之象，王用以享神鬼。戌月土爲官鬼，鬼來生五世，是王至廟祈鬼神，鬼神有所報應也，故曰勿憂。宜日中者卦以妻財午火爲用神，午時日正當中是也。

下有坤，上見乾，金刻契木之象也。乾大明，坤先迷，故以乾照坤，察之象也。夬，決也。〈彖傳〉文，百官在上，則以書治其職，謂典禮之類；萬民在下，則以契明其事，謂約信之類。列子曰：宋人有遊于道，得人遺契者，密數其齒。張湛註云：刻處似齒，故云：契，刻也。大壯陽進成夬，乾為金，大壯震為竹木，故金決竹大為書契象，法夬而作書契者，以夬善決也。」〔註 295〕所謂伏者，屈萬里云：「凡卦見者為飛，不見者為伏。飛陽則伏陰，飛陰則伏陽。其說倡於京房。」李氏所言，適此意也。然飛伏另有異說，詳見《易例》四三。說卦第十一章云：「坤為文。」《虞氏逸象》曰：「坤為書。」惠棟註曰：「地事文，故為書。坤為文也。」〔註 296〕故李氏曰：「坤為文書之象也。」說卦第十一章云：「乾為金。」《梅花易數》，卷一八卦萬物類占，以乾象剛物，是以有刻契之象也。乾彖云：「大明終始。」坤卦辭曰：「先迷後得。」《虞氏逸象》曰：「乾為大明。」故云：「以乾照坤。察之象也。」又說卦第十一章：「坤為眾。」惠棟《周易述》曰：「坤為地、為民，民生地上，故為萬民。」〔註 297〕其言然也。百官者，《虞氏逸象》曰：「乾為百。」〔註 298〕夬卦九二納支為寅木、又為官鬼，於內卦乾中，故有百官之象也。九家《易》其言曰：「大壯進而成夬。金決竹木為書契象，故法夬而作書契。」語似有牽強之嫌，今不取其義。

（14）**劉禹錫〈辯易九六論〉曰，董生述畢中和之語云，《國語》晉公子親筮之曰，尚有晉國得貞屯悔豫皆八。按坎二世而為屯，屯六二為世爻。震一世而為豫，豫之初為世爻。屯之二、豫之初，皆少陰不變，故謂之八（兩卦至歸魂始變為九）。**

△按：蠱例四六「貞悔」下云：「左傳僖九年曰：秦伯伐晉，卜徒，父筮之，其卦遇蠱曰：蠱之貞，風也；其悔，山也。」是以知，內卦曰貞，外卦曰悔也。又云：「晉語曰：公子親筮之曰，尚有晉國，得貞屯悔豫，皆八。韋昭曰：震在屯為貞，在豫為悔。」，然則，以六爻卦言之，內卦為貞，外卦為悔，猶筮二次三爻單卦也。故所謂貞屯悔豫，乃先筮得屯卦，後筮得豫卦；以前

〔註 295〕引自民國 68 年 6 月版，廣文書局印行，《周易集解纂疏》，卷九，頁 829。

〔註 296〕引自民國，民國 60 年元月版，頁 1128，廣文書書印行，《惠氏易學》：《易漢學》，卷三十一。

〔註 297〕同右《惠氏易學》，頁 493、惠徵君《周易述・繫下》，頁 13。坤為地、語出〈說卦〉第十一章：坤為民、語出《虞氏逸象》（見《易漢學》，卷三，頁 11）。

〔註 298〕《易漢學》，卷三，頁 11。

卦曰貞，後卦曰悔，亦一事二筮之例也。愚謂晉公子親筮之祝辭曰：「尚有晉國。」而筮得「貞屯悔豫皆八」，是必以卦之世爻爲用神也。而「貞屯悔豫」乃一事二筮之例（參見例四六）。因屯豫二卦之世爻皆陰也，又此筮法殆無有變動之法，一如殷周之數字卦筮法也，或世爻無所變動，故曰「皆八」也。此例與「世應」有關，而與游魂或歸魂無關。故惠註云云，「兩卦」不知指震坎耶？抑爲屯豫耶？依其意當指震坎，然劉氏之說乃就世爻而言，則坎震歸魂之世皆三爻少陰也，若無變動，則亦曰「八」，何以曰「九」耶？又世爻之位視本宮之變動也，惠註：「始變爲九」之語，己混淆二者矣。

（15）京房乾〈傳〉曰，精粹氣純，是為游魂。陸績曰，為陰極剝盡，陽道不可盡滅，故返陽道，道不復本位，為游魂例八卦。

先曾王父樸菴先生《易說》（諱有聲，字律利）曰，碩果不食，故有游歸。

又曰，陰陽代謝，至於游魂。〈繫〉云，精氣為物，游魂為變，是故知鬼神之情狀（樸菴先生曰，此《易緯》以游魂為鬼易也）。

△按：〈繫上〉第四章曰：「精氣爲物，游魂爲變。是故知鬼神之情狀。」愚疑陽爲神，陰爲鬼也。〔註 299〕粹純者，凝而不散之謂也，精氣凝而不散，游乎形宇之外者，故曰游魂。陸績舉剝卦，以釋游魂例。屈萬里云：「上爻不變，復回變已變之四爻，謂之遊魂。」〔註 300〕故知剝之上爻不變，回變第四爻，得火地晉卦，是爲游魂卦。《易例》例十九「陽道不絕，陰道絕義」條（1）「剝上九曰碩果不食」下云：「《乾鑿度》曰：陰消陽，言剝當亢日之時，陽氣衰消，而陰終不能盡陽，小人不能決君子也，謂之剝，言不安而已。」〔註 301〕陸氏言「陽道不可盡滅」即「陰終不能盡陽」之義也。然則何謂陽道耶？〈繫上〉第五章云：「一陰一陽之謂道。」朱熹《本義》云：「陰陽迭運者，氣也。其理則所謂道也。」〔註 302〕陽氣欲上不欲下，李道平曰：「故陽性欲升，陰性欲承也。……此陽升陰降之大凡也。」〔註 303〕今陽道不可盡滅，故返之；而

〔註 299〕《卜筮正宗》，卷三，頁 13 鬼神例云：「陽爲神爲男，陰爲鬼爲女。」

〔註 300〕引自民國 64 年 3 月版，學生書局印行，《先秦漢魏易例述評》，頁 99。

〔註 301〕引自民國 60 年元月版，廣文書局印行，《惠氏易學》，頁 949。

〔註 302〕引自民國 69 年 10 月版，皇極出版社印行，《周義本義》，頁 233。

〔註 303〕參見民國 68 年 6 月版，廣文書局印行，《周易集解纂疏》，頁 10，諸家說易凡例「升降」條。

時空之替廢，陰陽之代謝，此道不復本位之律也。其已變再變之爻，所謂「貌合神離」者也，故曰「游魂」。此爲例四二條（15）之大義也。然八宮卦變，其上爻不變之因，徐芹庭曰：「游魂者，謂上爲宗廟不能變，故重還於四，即初二三五爻皆變，而四不變也。歸魂者其內卦歸還於其本卦，而外卦則同游魂也，即謹變第五爻也。」（《漢易闡微》，頁 284）其言較合理也。且若以「陽道不可盡滅」來釋游魂卦之義，乃以偏概全也。夫坤宮卦變，是陰變至五，上爻亦不能變又重返於四。然則，此焉不可謂之「陰道不可盡滅，故返陰道」耶？其樸菴先生舉剝上九爻辭「碩果不食」以釋游魂歸魂之因，亦以偏概全也。惠棟於例十九「陽道不絕陰道絕」條（1）也舉剝上九爻辭，愚已辨正之矣。游魂卦世爻與四世同。沈竹礽於《惠棟易漢學正誤》一書中云：「按〈乾傳〉當作《易傳》。此引晉卦精粹氣純，上有晉，陰陽返復，進退不居，九字，不可節去。因陰陽返復，進退不居，爲游魂之本旨故也。又陸績注，故返陽道，道不復本位，下道字衍，原文本誤。」其言確是。又沈氏謂《易緯》無以游魂爲鬼《易》之文，乃載之《京氏易傳》。其言是也。

（16）**乾〈彖〉曰，大明終始。荀爽曰，乾起坎而終於離，坤起離而終於坎。離坎者，乾坤之家，而陰陽之府，故曰大明終始。**

家君曰，乾遊魂於火地，歸魂於火天，故曰終於離。坤游魂於水天，歸魂於水地，故曰終於坎。

△按：李道平疏曰：「坤二五之乾成離，乾二五之坤成坎，坎離爲天地之交，而得乾坤之中者也。坎本乾之氣，故乾起于坎之一陽，而終於離之二陽。離本坤之氣，故坤起于離之一陰，而終于坎之二陰。乾寓坎中，坤寓離中，故坎離爲乾坤之家，而陰陽之府也。且坎也者，坤受乾體而爲月。離也者，乾含坤象而爲日。日月合而爲明，故曰大明終始也。乾鑿度曰：離爲日，坎爲月，日月之道，陰陽之經，所以終始萬物，即此義也。」〔註 304〕荀爽之語，與李氏疏文，皆無涉遊歸一二語。惠棟於《周易述》載乾〈彖〉疏文，亦不及遊歸。〔註 305〕「家君」當指惠棟之父惠士奇也。察「世應」條，乃與《易漢學》一書所載諸文同。其《易漢學》〈自序〉云：「王父授之先君子，先君子于是成《易說》六卷。」則知，「家君」爲惠士奇，其著「世應」條諸文，

〔註 304〕引自同上卷一，頁 13。

〔註 305〕引見民國 60 年元月版，廣文書局印行，《惠氏易學》，頁 219、221。《周易異文考》，頁 62 云：「《集解》本離悉作离，則以省筆之故也，非漢易之舊也。」

其父猶存也，故曰「家君」。序文晚出，當在士奇沒後，故曰「先君子」也。唯文中「家君曰」云云，今察惠學士《易說》一書，頁一載乾〈彖傳〉曰大明終始以下之文，不見此說，不知所從出也。其文中以遊歸釋荀氏之文，殆非荀氏之本旨，故今不取焉。陳壽熊於《讀易漢學私記》一書中云：「按荀氏之意，謂乾初九息於復，其位當坎；上九息成純乾，其位當離。坤初消於姤，其位當離；上六消成純坤，其位當坎。以消息言也。今以游歸言終於離、終於坎，則所謂起於坎，起於離者，又何義也？」（廣文書局，頁 23）其言誠是。察惠棟《易漢學》，卷一載孟長卿六日七分圖，以坎離震兌爲四正卦，居內圈；而以十二消息卦，居外圈。復卦與坤卦適位於坎界，姤卦與乾卦適位於離界，則知陳壽熊所論，又長於李道平所疏。惠士奇之言，今不取其義。

（17）**干寶〈序卦〉註曰，需，坤之游魂也。雲升在天，而雨未降，翱翔東西之象也。王事未至，飲宴之日也。夫坤者，地也，婦人之職也，百穀果蓏之所生，禽獸魚鼈之所託也。而在游魂變化之象，即烹爨腥實以為和味者也，故曰需者，飲食之道也。**

△按：坤卦五變爲夬，上爻不變，回變第四爻爲需，故曰：「需，坤之游魂也。」需象曰：「雲上于天，需，君子以飲食宴樂。」虞翻曰：「上坎爲雲，下坎爲雨。」〔註 306〕今需卦外卦爲坎，故有雲之象。內卦爲乾，乾爲天。是雲氣猶浮天際，未凝做雨水也，故曰：「雨未降。」又需爲游魂卦，乃飄浮不定者也，故云：「翱翔東西之象也。」朱熹云：「需，待也。」〔註 307〕〈彖傳〉曰：「需，須也。」何妥曰：「故須待時而動也。」〔註 308〕〈象傳〉曰：「需，君子以飲食宴樂。」李道平曰：「王事未至，則從容俯仰，可以飲食宴樂之日也。」蓋大臣小吏占之，則王事未至，須待時而動，可以飲食宴樂。說卦第十一章云：「坤爲地，爲母。」〈文言傳〉曰：「坤，地道也，妻道也。」故曰：「夫坤者，地也，婦人之職也。」《虞氏逸象》：「坤爲財（惠註：禮運曰，天生時而地生財）。」蓋凡養於口，用於身者，皆爲地生之財也。故曰：「百穀果蓏之所生，禽獸魚之所託也。」李道平曰：「在遊魂變化之象者，謂需也。」又曰：「烹爨腥實，以爲和味，婦人之職也。養受以需，即坤變爲需之義，坤變爲需，即地中生物，而婦司中饋之義。需者，飲食之

〔註 306〕參見民國 68 年 6 月版，廣文書局印行，《周易集解纂疏》，卷一，頁 13。
〔註 307〕參見 69 年 10 月版，皇極出版社印行，《周易本義》，頁 34。
〔註 308〕引自民國 68 年 6 月版，廣文書局印行，《周易集解纂疏》，卷二，頁 119。

道，所以養物者也。」〔註309〕其言然也。〔註310〕集解引虞翻易註，以卦變說之，其言云：君子謂乾。坎水兌口，水流入口，爲飲。二失位，變體噬嗑，爲食。故以飲食。陽在內稱宴，大壯，震爲樂，故宴樂也。」李道平疏曰：「二失位，變之正。初至五體象噬嗑。」然則，二失位變之正，成水火既濟卦。而既濟卦於初至五爻，無有震卦之互體也，何由得體象噬嗑耶？李道平又疏曰：「卦自大壯來。」然則，需外卦坎，何由得變震耶？故知卦變之法，似各家有其異說。倘若無有定則，而一卦皆可變爲其餘六三卦，或六三卦皆可盡變爲同一卦也。因此，余不取虞氏之說也。

（18）又訟卦註曰，訟，離之游魂也。離為戈兵，北天氣將刑殺（訟主八月），聖人將用師之卦也。

△按：訟爲離卦六變之卦、故曰：「訟，離之游魂也。」「離爲戈兵」，語出說卦第十一章。易漢學載孟長卿卦氣圖，以訟卦屬辰月（即三月）；《周易集解纂疏》諸家說易凡例「世月」云：「四世卦陰主八月，四陰在酉也；陽主二月，四陽在卯也。……游魂四世所主，與四世卦同。」今訟卦世爻在九四陽爻，故主二月卯也。李道平據張惠言《易義別錄》之說，於干註下疏曰：「四世陰卦主八月，

〔註309〕李道平之語，皆出自民國68年6月版，廣文書局印行，《周易集解纂疏》，卷二，頁118。

〔註310〕以納支圖，試解之如下：

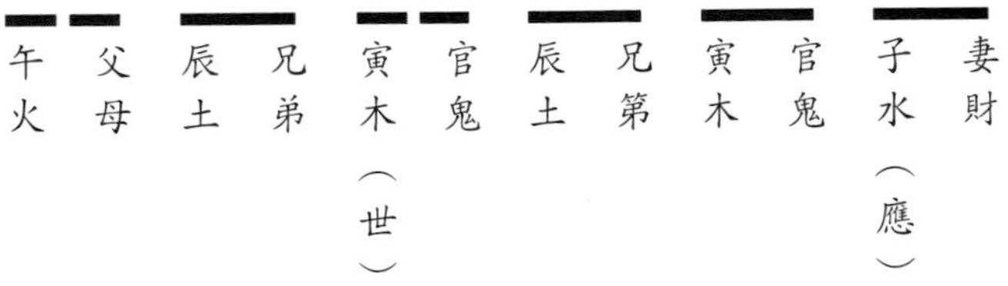

▬ ▬	▬▬	▬ ▬	▬▬	▬▬	▬▬
午火　父母	辰土　兄弟	寅木　官鬼	辰土　兄第	寅木　官鬼	子水　妻財
		（世）			（應）

世月爲酉金子女。酉合九三九五辰，《卜筮正宗》卷三曰：「凡占世兄弟結盟同寅，及知交朋友，俱以兄弟爻爲用神。」又曰：「凡占解憂，以子孫爻爲用神。」今二兄弟爻與子女相合，故有朋友相與宴樂之象，蓋宴樂爲解憂之道，以子女爲用也。卦中亦有二官鬼爻，九四世爻值之，《卜筮正宗》卷三曰：「凡占功名、官府，俱以官鬼爻爲用神。」是以占者有身居官職之象也，且卦中二現，亦爲群官之象。二官鬼寅木，皆被酉金子女所克，是王事已盡，相與宴樂也。鬼爻受克，以初九子水妻財爲救神，若發動則生寅木官鬼。而辰被酉合，子水得不受克也。《卜筮正宗》卷三云：「凡占錢糧、器皿，俱以妻財爻爲用神；凡占六畜、禽鳥，俱以子女爻爲用神。」百穀果蓏，妻財之屬也；禽獸魚鱉，子女之屬也，故有飲食之象。又《卜筮正宗》卷三云：「凡占嫂與弟婦、妻妾，及友人之妻妾、婢僕，俱以妻財爻爲用神。」是以烹緻爨腥實以爲和味，多爲婦人之職也，居家者尤以婦人主廚炊之事，古今中外皆然也。

故云此天氣將刑殺。」乃非也，其既不合卦氣圖說，亦不合世月之例也。「北」字，集解本作「此」，是也。「此天氣將刑殺」，殆指「離爲戈兵」而作此說。「聖人將用師之卦也」者，其義見於序卦。序卦云：「訟必有眾起，故受之以師。師者，眾也。」故云。故云。〔註311〕惠註：「訟主八月。」其失與李道平同。

（19）**隨〈彖〉曰，隨剛來而下柔，動而說，隨大亨，貞咎。荀爽曰，隨者震之歸魂，震歸從巽，故大通（震三世下體成巽，至歸魂始復本體）。動爻得正，故利貞。陽降陰升，嫌於有咎，動而得正，故咎。**

△按：李道平疏曰：「隨震宮歸魂卦也。震自三變恆，四變升，五變井，四不變大過爲遊魂，內卦皆巽。至隨歸魂，始復震，故云震歸從巽。震巽旁通，故云大通。初上二爻，動皆得正，故曰利貞。陽主升，陰主降，今陽降陰升，宜有咎矣，初上易位，各得陰陽之正，故無咎也。」〔註312〕「初上」宜作「三四」，荀爽謂「陽降陰升、動而得正」皆指三四爻也。惠棟云：「以三四易位，六爻皆正，成既濟定，雲行雨施而天下平，是天下隨之也，此兼荀義。」〔註313〕是也。陽主升，陰主降者，惠棟引乾鑿度曰：「形變之始，清輕者上爲天，濁重者下爲地，是陽升陰降之理也。」〔註314〕然而，隨彖傳言：「剛來而下柔。」另有數說：一、隨自否來。李道平主之，清毛奇齡謂：「蓋隨自否來，以上剛與初易。」〔註315〕姚配中《周易姚氏學》註虞翻曰：「否乾上來之坤初，故剛來而下柔。」

〔註311〕訟卦納支圖如下：（右一爲初爻）

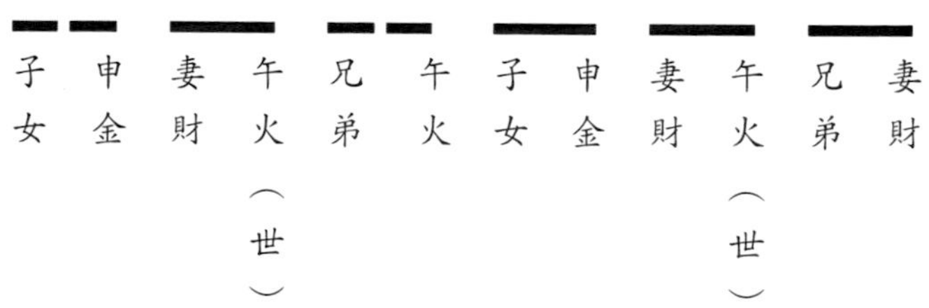

▬ ▬		▬▬▬		▬ ▬		▬▬▬		▬▬▬		▬▬▬	
子	申	妻	午	兄	午	子	申	妻	午	兄	妻
女	金	財	火	弟	火	女	金	財	火	弟	財
			（世）						（世）		

世月在卯木父母。《卜筮正宗》，卷五「征戰」：「世爲我，應爲彼，世旺剋應則勝，應旺剋世則負，子爲我之將，鬼爲彼之師。」訟無官鬼，離宮九三伏亥水官鬼，是彼師未備，尚無起勢之象。九五爲王位，惠棟云：「乾五爲聖人。」（《易例》二，頁 34）又申主七月，金氣爲殺（見歐陽修〈秋聲賦〉），是時值申月，天氣將刑殺，聖人將用師之象也。由金剋初九應爻寅木，應爲彼，且彼師未上卦，應寅木又來生世午火，彼不戰而降也。

〔註312〕引自民國 68 年 6 月版，廣文書局印行，《周易集解纂疏》，卷三，頁 251。

〔註313〕引自民國 60 年元月版，廣文書局印行，《惠氏易學》，頁 241。

〔註314〕同上。

〔註315〕引自民國 61 年 4 月版，鼎文書局印行，《清儒易經彙解》，卷十二，頁 1，總

〔註316〕惠棟亦曰：「此虞義也，乾剛坤柔，卦自否來，否乾上九來之坤初，是剛來而下柔。」〔註317〕然則，荀爽解「剛來而下柔」，指三四易位，而惠棟顯違荀義也。二、余疑爲隨彖所指，或剛爲震、柔爲兌，震來居內卦，於兌卦之下也。三、朱子云：「隨，從也。以卦變言之，本自困卦九來居初。又自噬嗑九來居五。而自未濟來者，兼此二變，皆剛來隨柔之義。」愚察彖傳之言剛柔，有指卦者，亦有指爻者。陽卦爲剛、陰卦爲柔；陽爻爲剛，陰爻爲柔也。〔註318〕所謂「來」者，乃居內卦之謂也。訟彖傳曰：「剛來而得中也。」

頁175。

〔註316〕同上。

〔註317〕同註314。

〔註318〕彖傳言剛柔者，或以卦，或以爻。言卦者，計有：需：「險在前也，剛健而不陷。」剛健指內卦乾也。訟：「上剛下險。」剛指外卦乾也。履：「柔履剛也。」柔兌履乾剛也。否：「內柔而外剛。」內爲坤柔外爲乾剛也。大有：「其德剛健而文明。」乾爲剛健、離爲文明也。隨：「剛來而下柔。」剛爲震、柔爲兌也。噬嗑：「剛柔分。」剛爲震，柔爲離也。賁：「柔來而文剛。」剛爲艮，柔爲離也。咸：「柔上而剛下。」柔爲兌，剛爲艮也。恆：「剛上而柔下。」剛爲震，柔爲巽。大壯：「剛以動。」剛爲乾，動爲震也。明夷：「內文明而外柔順。」文明者離，柔順者坤也。節：「剛柔分。」剛爲坎，柔爲兌也。言爻者，計有：坤「柔順利貞。」屯：「剛柔始交而難生。」剛指初九，消息爲子；柔指六二，消息爲丑。子爲十一月，崔憬曰：「十二月陽始浸長而交于陰，故曰剛柔始交。」（《集解纂疏》卷二，頁95）蓋十一月盡，至十二月始與陰爻之氣相交，故云。蒙：「以剛中也。」指九二。訟：「剛來而得中。」指九二居內卦。師：「剛中而應。」指九二應六五也或上下五陰爻。比：「以剛中也。」指六五。小畜：「柔得位。」指六四也；又：「剛中而志行。」指九二、九五也。履：「剛中正」。指九五也。同人：「柔得立得中。」指六二也。大有：「柔得尊位大中。」指六五也。豫：「剛應而志行。」指九四。臨：「剛浸而長。」指初九、九二也；又「剛中而應。」指九二應六五也。噬嗑：「柔得中而上行。」指六五也。剝：「柔變剛也。」柔指五陰爻，剛指上九。復：「剛長也。」指初九。无妄：「剛自外來，而爲主於內。」指初九也。大畜：「剛上而尚賢。」指上九也。大過：「剛過而中。」指四陽爻居中也。坎：「乃以剛中也。」指九二、九五。遯：「剛當位而應。」指九五也。晉：「柔進而上行。」指六五也。睽：「柔進而上行，得中而應乎剛。」柔指六五，剛指九二也。夬：「柔乘五剛也。」柔指上六，剛指下五陽爻；又：「剛長乃終也。」朱子謂「謂一變則爲純乾也。」姤：「剛遇中正。」指九五也。升：「剛中而應。」指九二也。困：「以剛中也。」指九二、九五。鼎：「柔進而上行，得中而應乎剛。」柔指六五，剛指九二也。漸：「剛得中也。」指九五也。旅：「柔得中乎而順乎剛。」朱子云：「以六五得中於外，而順乎上下之二陽。」巽：「剛巽乎中正而志行。柔皆順乎剛。」上剛指九五，柔指初六、六四，下剛指九二、九三、九五、上九。兌：「剛中而柔外。」剛指九二、大五，柔指六三、上六。渙：「剛來而不窮，柔得位乎外而上同。」

朱子云：「爲剛來居二，而當下卦之中。」〔註 319〕泰：「小往大來。」朱駿聲云：「坤陰詘外，爲小往；乾陽伸內，爲大來。」〔註 320〕否：「大往小來。」孔穎達疏：「陽氣往而陰氣來，故云小往大來。」〔註 321〕朱子曰：「蓋乾往居外，坤來居內。」〔註 322〕賁〈彖〉：「柔來而文剛。」孔穎達疏：「故坤之上六來居二位，柔來文剛之義也。」〔註 323〕朱駿聲云：「陰從上來，居乾之中，文飾剛道。「〔註 324〕妄彖傳：「剛自外來而爲主於內。」孔穎達云：「以震之剛從外來，爲主於內。」〔註 325〕解：「其來復吉。」朱駿聲云：「又陰處尊位，陽

剛指九二，柔指六三。朱子曰：「九來居二而得中，六往居三，得九之位，而上同於四。」節：「……而剛得中。」指九二、九五。中孚：「柔在內而剛得中。」柔指六三、六四，剛指九二、九五。小過：「柔得中是以小事吉也，剛失位而不中。」柔指六二、六五，剛指九三、九四。既濟：「剛柔正而位當也。」剛指初九、九三、九五，柔指六二、六四、上六。又曰：「柔得中也。」指六二也。未濟：「柔得中也。」指六五也；又：「剛柔應也。」剛指九二、九四、上九，柔指初六、六三、六五也。另待論者：賁：「柔來而文剛。」指離柔居內而文飾艮剛，或指六二居內卦而文飾初九、九三；又：「分剛上而文柔。」艮剛在外而文飾離柔，或指上九居上爻而文飾六四、六五也。大畜：「剛健篤實光輝。」朱子：「又以內乾剛健，外艮篤實光輝。」則剛健指內卦乾也。損：「損剛益柔有時。」朱子云：「爲卦損下卦下畫之陽，益上卦上畫之陰。」愚疑指初加於上爻之上，剛爲初位，柔爲上位，所謂推遞法也。噬嗑：「剛柔分。」節：「剛柔分。」朱子謂三陰三陽，剛柔中半，故曰剛柔分。然則他卦亦有三陰三陽者，未言「剛柔分」也，故存疑之。困：「剛揜也。」朱子兼有二義。以卦言：「坎剛爲兌柔所揜。」一以爻言：「九二爲二陰所揜，四五爲上六所揜。」夬：「剛決柔也。」朱子云：「以五陽去一陰，決之而已。」此一說也，愚又謂乾剛決兌柔，亦通。姤：「柔遇剛也。」朱子云：「又一陰而遇五陽。」此一說也，兌柔遇乾剛，余以爲亦通。蠱：「剛上而柔下。」朱子云：「其卦艮剛居上，巽柔居下。……或曰剛上柔下，謂卦變自賁來者，初上二下。自井來者，五上上下。自既濟來者，兼之。」按卦變者，言爻之升降上下，眾說紛紜。〈繫下〉第八章云：「易之爲書也不可遠，爲道也屢遷，變動不居，周流六虛，上下無常，剛柔相易，不可爲典要，唯變所適。」即言卦變者乎？

〔註 319〕引自民國 69 年 10 月版，皇極出版社印行，《周易本義》，頁 38。

〔註 320〕參見民國 73 年 7 月版，漢京文化事業有限公司印行，《六十四卦經解》，頁 51。

〔註 321〕引自民國 67 年 12 月版，世界書局印行，《周易註疏及補正》，《十三經註疏》，卷二，頁 15。

〔註 322〕參見民國 72 年 10 月版，華正書局印行，《周易本義》，頁 38。

〔註 323〕引自民國 67 年 12 月版，世界書局印行，《周易註疏及補正》、《十三經註疏》，卷三，頁 21。

〔註 324〕參見民國 73 年 7 月版，漢京文化事業有限公司印行，《六十四卦經解》，頁 97。

〔註 325〕引自民國 67 年 12 月版，世界書局印行，《周易註疏及補正》、《十三經註疏》，卷三，頁 24。

無所往，來復，居二處中也。」〔註 326〕渙〈彖傳〉:「剛來而不窮。」由上所述，足證「來」乃指居內卦之謂也。且言自外而內，曰來也。朱子解隨〈彖〉，以卦變三例云云，皆內外卦各自升降，而非自外而來內也，其與荀爽之不類。下柔者，在柔之下也。隨〈彖傳〉曰:「隨剛來而下柔。」殆兼三義：一爲三四爻易位，荀爽主之；二爲震來而下兌，愚主此說；三爲隨自否來，否之上九與初六互易，惠棟、毛奇齡、姚配中咸言之。然屈萬里於《先秦漢魏易例述評》一書中云:「〈彖傳〉即以反對之義說之。……之外曰往，反內曰來。一倒轉而往來之義見，非有他義也。後世見有往來上下之文，遂創爲升降、卦變之說。」(學生書局，頁 1～2）其說驗諸〈彖傳〉如下：賁:「柔來而文剛。」卦自噬嗑倒轉得之，故「柔」指內卦離也；「剛」於噬嗑指內卦震，於賁指外卦艮也。无妄:「剛自外來而爲主於內。」无妄之反卦爲大畜。大畜外卦止一陽爻在上，今倒轉之，成无妄卦，遂成一陽在初也。〈繫傳〉云:「陽卦多陰……陽一君而二民，君子之道也。」今妄內卦爲震，震爲陽卦，故其一陽爻爲主也。是以无妄〈彖傳〉云「剛自外來而爲主於內」，即從大畜倒轉以見義也（參見例六五、六六)。是屈萬里之見甚合〈彖傳〉之義也。夫隨〈彖〉曰:「剛來而下柔。」當亦指從蠱卦之上艮剛下巽柔，一倒轉而成上兌柔而下震剛，故曰「剛來而下柔」也。此亦與愚說合。

(20）蠱〈彖〉曰，蠱元亨，而天下治也。荀爽曰，蠱者，巽也。巽歸合震（巽三世至游魂皆震也)，故元亨也。蠱者，事也。備物致用，故天下治也。

△按：李道平疏曰:「蠱，巽宮歸魂卦也，故云蠱者，巽也。巽宮三變益，四變妄五變噬嗑，四不變頤爲遊魂，內卦皆震，至蠱歸魂，震變爲巽，故云巽歸合震也。」

所謂元亨者，即隨〈彖〉之「大亨」，荀爽曰「震歸從巽，故大通。」其義一也。「蠱者，事也。」語出〈序卦傳〉。朱熹謂之:「壞極而有事。」〔註 327〕然王引之曰:「蠱之訓事，蓋假借爲故字。尚書大傳，五帝之蠱事，是也。非謂蠱本字有事之訓。」朱駿聲曰:「按此論極正，當從之。」〔註 328〕余亦從之。

〔註 326〕參見民國 73 年版，漢京文化事業有限公司印行，《六十四卦經解》，頁 171。
〔註 327〕引自民國 69 年 10 月版，皇極出版社印行，《周易本義》，頁 78。
〔註 328〕參見民國 73 年 7 月版，漢京文化事業有限公司印行，《六十四卦經解》，卷三，頁 78～79。

朱亦書曰：「蠱以風化，故風從蟲。風在山下，鬱而不暢，則山木多滯淫而蟲生，蠱之象也。」〔註329〕巽為風，風字從虫，《虞氏逸象》曰：「巽為蛇。」蛇、虫，同類而異名，是為虫也。蟲，說文：「從三虫。」段註：「人三為眾，虫三為蟲，蟲猶眾也。」是以知，巽亦有蟲之象也。蠱之內卦巽，即象蟲焉。蠱字下從「皿」，說文段註：「造字者謂蟲在皿中而飤人，即以人為皿。」愚疑巽歸合震，即蟲在皿中之象，蓋《虞氏逸象》曰：「震為鬯。」（《易漢學》，卷三，頁 12）《卜筮正宗》，卷一八卦象例亦曰：「震仰盂。」是震有開口向上器皿之象也，今巽歸合震，故有蟲在皿中之象。蠱之外卦為艮，艮即震之反卦，《卜筮正宗》，卷一八卦象例云：「艮覆碗。」是器皿開口向下，為傾倒之象。人必傾皿以飲，則蟲入腹中矣。惠棟曰：「艮，人也。」〔註330〕是以段玉裁曰：「造字者謂蟲在皿中而飤人，即以人為皿。」（段註飤：以食食人物，其字本作食，俗作飤）。段氏於蠱字下又云「昭元年左氏傳文，醫和視晉侯疾曰：『……在《周易》，女惑男，風落山，謂之蠱，皆同物也。』……女惑男、風落山，男亦皿也，山亦皿也，故云皆同此物。」蠱卦之象，以人言之，內卦巽為長女，外卦艮為少男，故曰「女惑男。」許慎說文引《春秋傳》亦曰：「皿蟲為蠱，晦淫之所生也。」以物言之，內卦為風，外卦為山，故曰「風落山」。以字言之，內卦為蟲，外卦為倒皿。合而觀之，是「男亦皿也，山亦皿也。」備物致用者，不詳其義。天下治也者，王弼註云：「有為而大亨，非天下治而何也？」而所謂為，以蠱「剛上而柔下」，王弼云：「上剛可以斷制，下柔可以施令。」是也。〔註331〕沉竹礽於《惠

〔註329〕同上，頁 81。按中國西南苗族，有施蠱之術，蠱入腹中而不自知。苗女藉此以制男；外出逾期不歸者，將毒發發致死。《說文》：「蠱、腹中蟲也。」段註：「中蠱皆讀去聲。……腹中蟲者，謂腹內中蟲食之毒也。自外而入故曰中：自內而蝕，故曰蟲。……顧野王輿地志曰：主人行食飲中殺人，人不覺也。字從著蟲於飲食器中，會意。」《說文》：「春秋傳曰：皿蟲為蠱，晦淫之所生也。」段註：「昭元年左氏傳文，醫和視晉侯疾曰：『……在《周易》，女惑男，風落山……』，……男亦皿也，山亦皿也，故云皆同物也。此皆蠱之引申義。

〔註330〕參見民國 60 年元月版，廣文書局印行，《惠氏易學》，頁 936。

〔註331〕蠱卦納支推算法如下：（右一為初爻）

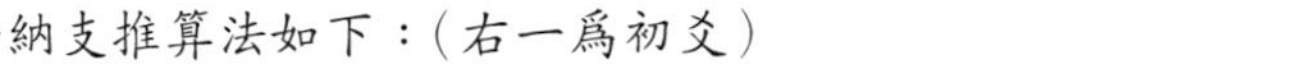

▅▅▅		▅ ▅		▅ ▅		▅▅▅		▅▅▅		▅ ▅	
寅木（應）	兄弟	伏巳子女	子水父母	戌土	妻財	酉金（世）	官鬼	亥水	父母	丑土	妻財

棟易漢學正誤》一書，謂「巽歸合震」之「合」，原文作「會」。今集解本則作「合」。然而合即會也。陳壽熊於《讀易漢學私記》一書中云：「慈明言震歸從巽、巽歸合震，以伏巽說亨通之義，即所謂旁通者也。」其言確是。唯「伏巽」宜作「伏震巽」。陳氏又曰：「所以獨於此兩卦言之者，餘六宮變至歸魂，本卦復歸而對卦不見。惟隨下體震而仍互得巽，蠱下體巽而仍互得震，其相從相合之象，尤顯見耳。惠氏假三世卦爲說，未得其指。」可補李道平之疏文也。然隨卦三至五爻體巽，蠱卦三至五體震，而陳氏皆言「下」，宜修正焉。

（21）姤〈彖〉曰，天地相遇，品物咸章也。荀爽曰，謂乾成於巽，而舍於離。坤出於離，與乾相遇，南方夏位，萬物章明也。《九家易》曰，謂陽起子，運行至四月，六爻成乾，巽位在己，故言乾成於巽；既成轉舍于離坤，萬物皆盛大，從離出，與乾相遇，故言天地遇也。

家君曰，乾一世外卦，四世內卦，皆巽也，故言乾成于巽；魂於火地晉，故言舍于離；坤歸魂於火天大有，故言出於離，與乾相遇。九案巽本宮四月卦也。一世外卦，四世內卦，皆乾也。知巽亦成于乾。

△按：惠士奇所言，乃釋荀爽之語。其言「乾一世外卦、四世內卦，皆巽也。」非是，宜作「乾一世內卦、四世外卦，皆巽也。」其云「本宮四月卦」，出自京房起月例。胡一桂京房起月例云：「八純上世，……陽主四月，六陽在巳也。」，〔註 332〕故云。「一世外卦、四世內卦，皆乾也。」亦宜作「一世內卦、四世外卦，皆乾也。」九家易言「陽起子，運行至四月，六爻成乾。」以十二消息言之，「四月孟夏，陽盈滿，於卦爲乾，六陽俱長。」〔註 333〕是也。「巽位在己」者，疑「己」當作「巳」。李道平疏：「巽巳同宮，故云巽位在巳。至巳成乾，故謂乾成于巽。」此說是也。「既成」以下諸語，疑文句有錯置。然而，姤〈彖〉曰：「天地相遇」者，乾卦爲天，一陰起於初爻，地氣漸長，朱駿聲謂：「純乾

月卦寅木兄弟。六五子水父母值外卦艮之中爻，艮爲倒皿之象。子與初六丑土妻財相合，《卜筮正宗》，卷三：「凡占器皿，以妻財爻爲用神。」今土之妻財，爲陶製器皿也，又與子水合，有飲器之象也。卦唯子女爻不現，巽宮六五巳火子女伏蠱六五子水父母之下，巳爲蛇，蟲之屬也；子女者，六畜蟲鳥禽獸之類，又有眾夥之眾，今伏於子水之下，是以蠱行食飲中而制人也。九三酉金官鬼剋卦身寅木，凡占病症以官鬼爻爲用神，鬼來剋身，鬼值三爻位股腹，而妻財生之，是飲食中蠱，「腹中蟲」之象也。

〔註 332〕參見民國 68 年 6 月版，廣文書局印行，《周易集解纂疏》諸家易凡例，頁 23。

〔註 333〕參見民國 64 年 12 月版，五洲出版社，《兩漢十六家易註闡微》，頁 71。

消初，五月之卦也。陰柔之長，其所由來者漸。」是也。〔註 334〕五月者，午也，爲南方夏位，萬物章明之時也，故云「品物咸章」。姤〈彖〉此語，與士奇所述之游魂、歸魂，蓋無所干涉也。陳壽熊於《讀易漢學私記》一書中註云：「按荀及《九家》本，皆以舍於離絕句，坤字屬下意。謂乾息極於巳午之間，巳巽位，午離位，是成於巽而舍於離也。坤消始姤，當午半，是出於離，與乾相遇也。今強以游魂說之，失其讀矣。且《九家易》明言陽起子，運行至四月，六爻成乾，巽位在巳，故言乾成於巽。惠氏豈忽而不察耶？抑故爲他說以亂之也。」察《集解》本引《九家易》之文「坤萬物皆盛大從離出」作「萬物皆盛大，坤從離出。」乃合陳氏之說也，則惠棟所言有錯文也。陳氏言「巳巽位」不合孟長卿六日七分卦氣圖，而合《卜筮正宗》所載天干地支文五八卦方位圖。然則，《九家易》亦言「巽位在巳」、李道平言「巽巳同宮」，皆採文王八卦方位圖。而陳氏曰乾息坤消云云，與《九家易》陽起子云云，則又乃合孟氏六日七分卦氣圖。此矛盾之處，不得其解。察惠棟《易例》消息文例第四引《左傳正義》曰：「伏犧作十言之教曰：乾坤震巽坎離艮兌消息。」乃合八卦於消息也。特此爲伏犧八卦方位，又與文五八卦方位不同。乃闕疑焉。

總按：八宮卦世應游魂、歸魂之說，皆起於京房。其《易傳》載八純卦，內外卦相同者謂之。一世謂初爻變也；二世謂初二爻皆變也；三世謂初二三爻皆變也；四世爲初二三四爻皆變也；五世者謂初至五爻皆變也，游魂者謂上爲宗廟不能變，回變已變之第四爻，即初二三五爻皆變，而四不變也；歸魂者，更變游魂卦下體之三爻，即其內卦歸還於其本卦，而外卦則同游魂也，亦即謹變第五爻也。凡此皆視其所從變之八純卦而定爲某宮第幾世卦。如剝，乾宮五世卦：晉，乾宮四世游魂卦。某卦爲某宮之第幾世卦，則知以第幾爻爲世。晁說之云：「其進退以幾，而爲一卦之主者謂之世・奇耦相應，據一以起二，而爲主之相者謂之應。」八宮六十四卦各有世應，世者即卦主也，應者即應於主也。應不視爻之陰陽，而端視一三五之陽位與二四六之陰位相應也，與〈彖傳〉所載者異。占者問事，以世爲己，應爲彼。若卦之世在初，則應在四；世在二，則應在五；世在三則應在上，反之亦然。游魂四世，應在初；歸魂三世，應在上。其大要類茲。唯上所言變者，與動爻之變者不同。動爻之變，一卦可變六十四卦，成四千零九十六卦，《焦氏易林》乃以之爲本。

〔註 334〕引自民國 73 年 7 月版，漢京文化事業有限公司印行，《六十四卦經解》，頁 190。

八宮世應游魂、歸魂之說，先儒用之以詁《易》，漢降術士占筮之法，皆出於此。惠棟《易例》引前儒諸說，不專主一家之言。世應一條所引諸家，計有：干寶、荀爽、《九家易》、劉禹錫、京房、陸績、樸菴先生、惠士奇。引書有《乾鑿度》、《左傳》。條述原文而註文甚少。體例夾雜，殆非「世應」一例所能備釋。其引〈京房易積算法〉，宜增「三才」一例。其引乾鑿度「天地之氣」一文，宜增「凡初爻稱始」「凡三四爻稱際」「凡上爻稱終」諸例（參見《周易釋爻例》）。其引《左傳》之文，宜增「彖傳之應與世應之法相異」。干寶《易》蒙卦註曰：「蒙者，離宮陰也，世在四。」其「陰」字不知何指，惠棟無註文以明之。若指卦，則宜增「陽卦多陰，陰卦多陽」一例。引《九家易》：「謙者，兌世。艮與兌合，故亨。」宜增「納甲相合之法」一例。引干寶註噬嗑初九：「屨校滅趾。」宜增「卦德」、「卦象」二例。引荀爽註恆彖之文，宜增「納支相合之法」一例。引荀爽釋解彖一文，宜增「卦氣圖說」、「八卦六位圖說」、「五行」三例（參自《易漢學》）。引干寶釋益六三爻辭，宜增「占筮」一例。引《九家易》註〈下繫〉言夬之文，宜增「六親」一例（參見《周易集解纂疏・諸家說易凡例》）。引劉禹錫〈辯易九六論〉，與世應游歸無涉，宜入「七八九六」之例。引荀爽釋乾〈彖〉「大明終始」一文，宜歸「四正」、「十二消息」、「消息」之例，亦與遊歸無涉。引干寶訟卦註文，宜增「世卦起月」一例（參見《周易集解纂疏・諸家說易凡例》及《易漢學》）。引荀爽及《九家易》註姤彖之文、宜歸「消息」之例。

四三、飛　伏

（1）　**朱子發曰，凡卦見者為飛，不見者為伏。飛方來也，伏既往也。〈說卦〉巽其究為躁卦，例飛伏也，《太史公律書》曰，冬至一陰下藏，一陽上舒，此論復卦初爻之伏巽也（六十卦飛伏詳京易傳）。**

△按：項安世曰：「京房於世爻用飛伏法。凡卦見者爲飛，不見者爲伏。其在八卦，止以相反者爲伏。乾見伏坤之類，皆全體相反也。」〔註 335〕〈說卦〉：「巽，其究爲躁卦。」朱子發以爲巽爲、震爲伏。說卦亦云「震爲決躁。」是也。飛者方來也，則說卦云「其究」者，謂既往之伏也。《太史公律書》所

〔註 335〕引自《中國學術年刊》第二期，民國 67 年 6 月版，李周龍著，〈從漢易源流探討京房易的承傳問題〉，頁 12。

述，乃採自「十二消息」之法也，徐芹庭云：「冬至之時，一陽始生，序屬仲冬，於卦爲復，於月爲十一月。」〔註336〕朱子發謂復卦初爻，伏巽之初九。既曰「巽」，則復卦之六二、六三，亦伏巽之九二、九三。然則此與「旁通」之例雷同，而其所舉《太史公律書》語又與「十二消息」相浸，實與飛伏無關也。屈萬里所謂「豈徒非經傳之義，恐並失京氏之本旨矣。」其言然也，諸家釋飛伏者，或有此失者也。

（2） **唐六典曰，凡《易》用四十九算，分而揲之，凡十八變而成卦。又視卦之八氣，王、相、囚、死、胎、沒、休、廢，及飛伏，世應而使焉。**

△按：「凡《易》用四十九算，分而揲之，凡十八變而成卦。」語出《十三經註疏》本第八章，朱熹《本義》則在第九章，二本文句前後有出入。于豪亮於〈帛書周易〉刊文中指明：「〈繫辭〉同今本〈繫辭〉有相當出入：沒有今本〈繫辭上〉的第八章（即「大衍之數五十」章）。」今以註疏本載之如下：「大衍之數五十，其用四十有九，分而爲二以象兩，掛一以象三，揲之以四以象四時，歸奇於扐以象閏，五歲再閏，故再扐而後掛。天數五，地數五，五位相得而各有合。天數二十有五，地數三十，凡天地之數五十有五，此所以變化而行鬼神也。乾之策，二百一十有六；坤之策，百四十有四；凡三百有六十，當期之日。二篇之策，萬有一千五百二十，當萬物之數也。是故四營而成易，十有八變而成卦，……可與祐神矣」。「卦之八氣」見於《易漢學・五》載五行休王論曰：「立春，艮王、震相、巽胎、離沒、坤死、兌囚、乾廢、坎休。立夏，巽王、離相、坤胎、兌沒、乾死、坎囚、艮廢、震休。立秋，坤王、兌相、乾胎、坎沒、艮死、震囚、巽廢、離休。立冬、乾王、坎相、艮胎、震沒、巽死、離囚、坤廢、兌休。」此五行休王論乃依「文王八卦方位圖」，各序配以「王、相、囚、死、胎、沒、休、廢。」《卜筮正宗》卷三，頁12、旺相休囚論第十三，則與之不同，其言曰：「春令，木旺、火相。夏令，火旺、土相。秋令，金旺、水相。冬令，水旺、木相。四季之月，土旺、金相。此八者，旺相也。春土金兮、夏金水兮、秋木火兮，冬火土兮，此八者，休囚也。凡卦中旺相之爻，倘被日辰及動爻剋制，目下貪榮得令，過時仍受其毒，此旺相者，暫時之用也。凡卦中休囚之爻，如得日辰及動爻生扶，目下雖不能逞志，遇時仍然得意，此休囚者，待時之用也。」然則，五行休王

〔註336〕引自民國64年12月版，五洲出版社印行，《兩漢十六家易註闡微》，頁71。

論，言卦值時之氣也；《卜筮正宗》，言爻值時之氣也。

（3）《京房易傳》曰：「夏至起純陽，陽爻位伏藏。冬至陽爻動，陰氣凝地。」乾初九，潛龍勿用。象曰，潛龍勿用，陽在下也。朱子發曰，《左傳》蔡墨曰，在乾之始曰，潛龍勿用。初九卦坤下有伏震，潛龍也（此與漢《易》異）。

△按：《京氏易傳》所載，亦爲「十二消息」。月令孟春曰：「陽氣之升，從十一月爲始；至四月六陽皆升，六陰皆伏。至五月一陰初升，至十月六陰盡升，六陽盡伏。」〔註 337〕《說文》「伏」，段註：「又引伸之爲隱伏。」是以知京氏所述，即月令孟春十一月仲冬復卦與五月仲夏姤卦是也，無涉「飛伏」之說。朱子發引《左傳》蔡墨之語，甚爲牽強。既爲初九，何及「坤」耶？不若以動爻觀之，初九爻動，變爲姤卦，內卦爲巽。依項安世引京房飛伏法云：「其在八卦，止以相反者爲伏。」（同註 1）則巽爲飛，震爲伏矣。說卦第十一章：「震爲龍。」故有潛龍之象。以六爻之位言之，初二爻爲「三才」之地，初又爲地之下，故有潛之象。朱熹《本義》曰：「潛，藏也。龍，陽物也。」則陽爻亦有龍之象也。朱氏又云：「初陽在下，未可施用，故其象爲潛龍，其占曰勿用。凡遇乾而此爻變者，當觀其象而玩其占也，餘爻放此。」又曰：「陽數九爲老，七爲少，老變而少不變，故謂陽爻爲九。」〔註 338〕陽爻動則變，其數爲九，不動則爲七也。陳壽熊於《讀易漢學私記》一書中云：「按夏至姤陰起自純陽，而乾初陽伏藏，冬至復陽動，而坤初陰伏於地下。《京氏傳》言飛伏主世爻，言八純以對卦爲伏。一世至五世各以其純卦爲伏。游魂四世，歸魂三世，各以其五世卦爲伏。與諸家凡卦皆取對待而伏，凡爻皆可取伏爲說，不論當爻五行者絕異。蓋專爲占筮之用。又其傳文亦頗凡，近綜雜，疑後人取京氏占例敷衍爲之，必非西漢人文字也。惠氏既引其說，又不具其本末，析其異同，殆亦涉獵鈔掇未嘗徧閱耳。」愚謂《京房易傳》之語，實指卦之消息，非謂「飛伏」例也。唯此夏至一陽動於坤初，與本宮卦變坤初變成復相類而實不同；惠棟、陳壽熊皆誤用矣。然陳氏言惠氏之失，亦頗中肯矣。本條所引「陰氣凝地」下疑有闕字。「始」字，爲「姤」之形近而誤也。

〔註 337〕參見民國 60 年元月版，廣文書局印行，《惠氏易學》，頁 1070～1071、易漢學卷一，頁 11～12。

〔註 338〕朱熹之語，引自《周易本義》，民國 69 年 10 月版，皇極出版社印行，頁 3。

(4)坤上六，龍戰于野。荀爽曰，消息之位，坤在於亥下有伏乾，為其兼（王弼改作嫌）于陽，故稱龍也。

△按：徐芹庭曰：「十月孟冬，於卦爲坤，此陰盈滿之卦也。」〔註339〕十月爲亥，故曰「消息之位，坤在於亥。」《周易本義》載「文王八卦方位圖」，乾位于西北，說卦第五章亦曰：「乾，西北之卦也。」李道平曰：「坤位在十月亥，亥居西北乾方也。……坤于消息在亥，乾于方位在亥，故云：坤在于亥，下有伏乾。」〔註340〕然京房用飛伏法，項安世曰：「凡卦見者爲飛，不見者爲伏。其在八卦，止以相反者爲伏。乾見伏坤之類，皆以全體相反也。」（同註335）則知坤見亦伏乾也，與荀爽取消息方位而釋之者異。荀爽曰：「爲其兼陽，故稱龍也。」王弼本云：「爲其嫌於無陽也。」註曰：「爲其嫌於非陽而戰。」然則，《周易異文考》引段氏《說文》慊字註云：「今字多作嫌，按女部嫌者，不平於心也。一曰疑也。不平於心爲嫌之正義，則嫌疑字作慊爲正。今則嫌行而慊廢，且用慊爲歉，非是。」徐芹庭曰：「是作慊者漢《易》之正也，作嫌者王弼所改也。作兼、嗛〔註341〕者音近形近而假借也。至於無『無』字，亦漢《易》之正也。《荀九家易》註云：『陰陽合居，故曰兼。』則無『無陽』之義。朱震《漢上易傳》引鄭氏，惠棟孫堂輯鄭易皆無『無』字。惠棟《周易述》據此作『爲其兼于陽也』。〔註342〕則以無『無』字爲正。」〔註343〕其言然也。是以徐氏謂「爲其慊於陽也」爲正，蓋〈文言傳〉前此文有「陰疑於陽必戰」，慊者，疑也，則其說可通。〔註344〕然荀爽、惠棟、李鼎祚諸本皆作「兼」，李道平作「嗛」，其言曰：「〈文言〉曰：爲其嗛於陽者，以坤兼乾也。」〔註345〕此亦足證荀爽「下有伏乾」之說也。何有龍象？因陰下有伏陽，朱熹云：「龍，陽物也。」（同註4）故稱龍焉。胡以曰「野」？惠棟曰：

〔註339〕參見同註336。

〔註340〕引自《周易集解纂疏》，卷二，廣文書局，頁79。

〔註341〕《周易集解纂疏》引中荀爽之語、作嗛。《集解》本作兼。

〔註342〕鼎文書局印行，《古經解彙函》，周易解亦作「爲其兼于陽也」。

〔註343〕參見民國64年12月版，五洲出版社印行，《周易異文考》，頁16。

〔註344〕惠棟《周易述》將「陰疑於陽必戰」之「疑」作「凝」，註曰：「初始凝陽，至十月而與乾接。」疏曰：「今本疑於陽，荀、虞、姚、蜀才本，皆作凝，故從之。」徐芹庭《周易異文考》云：「然則凝與疑，以音近故可以假借耳。……鼂氏曰疑、古文凝字。此皆可視作另外一解。」惠棟從荀爽，全作「陰凝於陽必戰，爲其兼於陽也。」自成一家之言。

〔註345〕引自《周易集解纂疏》，卷二，頁79。

「乾，西北之卦，稱野。」〔註 346〕李道平云：「乾居西北廣莫之方，故稱野。」〔註 347〕二者咸視乾卦之方位，乃黃河流域之西北，〔註 348〕其地廣漠，故稱野。何謂「戰」？崔氏註謂：「陰陽相薄。」〔註 349〕惠棟曰：「戰者，接也。上六行至亥，與乾接。〈說卦〉：戰乎乾。謂陰陽相薄也。」〔註 350〕此乃就「文王八卦方位」圖以爲說。《卜筮正宗》，卷一「天干地支八卦方位之圖」，可以知乾位戌亥之際也。坤陰消乾陽至上六爲亥，是於方位上與乾接也。此爲荀爽、惠棟以「兼於陽」說〈文言傳〉，亦有其道理在。唯其終究非《京房易傳》「飛伏」正例也。〈文言傳〉則曰「爲其嫌於無陽也坐」，其義乃就「消息」言之，坤由剝來，謂陰消陽殆盡，是疑其無陽氣也；然《易》道物極則反，一陽終將復於坤初；或坤上六爻動，亦變爲剝；故〈文言傳〉又曰：「猶未離其類也。」

（5）睽〈彖〉曰，說而麗乎明，柔進而上行，得中而應乎剛。仲翔曰，剛謂應乾五伏陽，非應二也，與鼎五同義也。

△按：此爲虞翻釋飛伏之例。然則，遍察〈彖傳〉之文，其言應者，殆非若是也。蒙：「志剛也。」朱熹云：「二剛明，五柔暗，故二不求五而求二，其志自相應也。」臨：「剛中而應。」朱熹：「九二以剛居中，上應六五。」无妄：「剛中而應。」朱熹：「九五剛中而應六二。」萃：「剛中而應。」朱熹：「九五剛中而二應之。」比：「上下應之。」朱熹：「九五以陽剛居上之中而得其正，上下五陰，比而從之。」小畜：「柔得位而上下應之。」朱熹：「柔得位，指六四。上下，謂五陽。」履：「說而應乎乾。」朱熹云：「以兌遇乾，

〔註 346〕參自周易述，頁 6，《惠氏易學》，頁 12。

〔註 347〕參見《周易集解纂疏》，卷二，頁 79。

〔註 348〕《中國文化地理》，頁 1 載：「漢文化最先發祥於黃河中游的黃土谷地，包括汾河、渭河、涇河、洛河、沁河等大支流的河谷：也就是仰韶文化或彩陶遺物分佈的核心地區。」（龍田出版社，民國 71 年 4 月版）《中國文明史話》，頁 1 亦提及商建都在亳，今河南商丘北，一說在今鄭州。至盤庚遷都于今河安安陽之殷土地，終未再他遷。西周都城鎬，在今陝西西安。其商周所轄之域，均於黃河流域中游一帶。占者居是，自以此域爲中心，而西北爲蠻荒之地，故稱野。

〔註 349〕《周易集解纂疏》，卷二，廣文，頁 79。

〔註 350〕《惠氏易學》，廣文，頁 14。此將坤上六「龍戰于野」，試作另一解說如下：按，依「七九八六」之例，陰爻若不變則爲八，變則爲六，是陰爻變陽爻也。凡占者，見坤第六爻變，則曰「上六」，餘卦仿此。其勢變陽，故有龍象。處於絕地，故戰。又居外卦之外，故稱野也。

和說以躡剛強之後。」同人：「柔得位得中而應乎乾。」朱熹云：「柔謂六二，乾謂九五。」同人：「中正而應。」朱熹云：「六二中正而有應。」大有：「柔得尊位大中而上下應之。」朱熹云：「柔謂六五，上下謂五陽。」豫：「剛應而志行。」朱熹曰：「九四一陽，上下應之，其志得行。」大畜：「應乎天也。」朱熹云：「六五下應於乾，爲應乎天。」大有：「應乎天而時行。」孔疏：「褚氏莊氏云六五應乾九二，亦與五爲體，故云應乎天也。」咸：「柔上而剛下，二氣感應以相與。」朱熹云：「兌柔在上，艮剛在下，而交相感應。」孔疏：「若剛自在上，柔自在下，則不相交感，無由得通。今兌柔在上，而艮剛在下，是二氣感應以相授與。」恆：「剛柔皆應。」朱熹云：「二體六爻，陰陽相應。」孔疏義同此。遯：「剛當位而應。」孔疏：「九五以剛而當其位，有應於二。」朱熹同此。睽：「得中而應乎剛。」朱註：「六五得中，而下應九二之剛。」鼎：「得中而應乎剛。」朱註：「陰進居五，而下應九二之陽。」艮：「上下敵應，不相與也。」朱註：「以卦體言，內外之卦，陰陽敵應，而不相與也。」孔疏：「此就六爻皆不相應，釋卦之名。……凡應者，一陰一陽，二體不敵。今上下之位，雖復相當，而爻皆峙敵，不相交與，故曰上下敵應，不相與也。」未濟：「剛柔應也。」王弼註：「剛柔應，故可濟。」孔疏：「剛柔皆應，是得相拯，是有可濟之理。」〔註 351〕綜上所列觀之，內外卦相應有履、咸二卦。有履外乾剛而內兌柔，故有「和說以躡剛強之後」之象也；咸兌乃在上，而艮剛在下，猶地天泰卦，陽氣升而陰氣降，故「二氣感應以相與。」除履、咸二卦之外，餘皆以爻之陰陽視之。陰陽相與者謂之「應」；陰與陰，陽與陽，不相交與，謂之「敵應」。彖傳「敵應」例，唯舉艮卦。一陰五陽，一陽五陰之應，有比、小畜、大有、豫諸例。全卦初四、二五、三上，陰陽互應之例，有恆、未濟。九五應六二者，有萃、比、同人、遯。六五應九二者，有蒙、大畜、睽、鼎。由此可證，彖傳言「應」者，於剛柔之例，皆指卦中陰陽爻互應也。

（6）**鼎〈彖〉曰，柔進而上行，得中而應乎剛，是以元亨。仲翔曰，柔謂五得上中，應乾五剛（亦是伏陽），巽為進，震為行，非謂應二剛，與睽五同義也。**

△按：此例已辨明條（5），茲不贅述。

〔註 351〕朱熹註文，引自《周易本義》。孔穎達疏文見《十三經註疏》本。

（7）坤〈文言〉曰，《易》曰履霜堅冰至，蓋言順也。荀爽曰，霜者，乾之命令，坤下有伏乾，履霜堅冰，蓋言順也。乾氣加之性而（讀為能，猶耐也）堅，象臣順君命而成之。

△按：李鼎祚云：「《九家易》曰：霜者，乾之命也。堅冰者，陰功成也。謂坤初六之乾四，履乾命令而成堅冰也。此卦本乾，陰始消陽，起于此爻，故履霜也。……初六始姤，姤爲五月盛夏，而言堅冰，五月陰氣始生地中，言始于微霜，終至堅冰，以明漸順至也。」李道平疏：「《五經通義》曰：寒氣凝以爲霜，從地升也。說卦曰：乾爲寒，蓋乾居西北，而主文冬已後，冬至已前，故爲寒。寒凝爲霜，是乾氣加坤，故云：霜者，乾之命也。……初陰爲姤，姤當五月盛夏而言堅冰者，蓋五月一陰初生，至九月陰氣始凝而肅霜，十月陰道馴至而堅冰，以明漸不可長也。〈繫下〉曰：其初難知，惟聖人能見微而知著，故取象如此以示戒焉。」又曰：「冰堅言陰順陽之性而成堅冰也。臣順君而成事，其象亦如之。」〔註352〕然荀爽言「坤下有伏乾」不知其從何取象。李鼎祚、李道平二人皆以「消息」釋之。唯「坤下有伏乾」，與京房八卦飛伏法同。

（8）又曰陰雖有美含之，以從王事，弗敢成也。荀爽曰，六三陽位，下有伏陽，坤陰卦也，雖有伏陽，含藏不顯，以從王事，要待乾命，不敢自成也。

△按：李道平曰：「美謂陽也。三數奇，爲陽位，故六下有伏陽也。六爲陰爻，雖有伏陽在下，含藏不顯，虞氏所謂以陰包陽是也。否，內卦爲臣，三爲三公，外乾爲君，五爲天子，三與五同功，故三從王事，必待乾命，而行美則歸君，不敢以成功自居，即下無成之義也。」此飛伏之說，乃就陽位而言伏陽，與京房之說異也。「不有」宜作「下有」，《集解》本書爲「下」是也。

（9）困〈象〉曰，君子以致命遂志。虞仲翔曰，君子謂三伏陽也。案，六三戊午火，故云伏陽。

△按：困卦外兌內坎，六三伏陽。而惠棟「案語」以八卦六位圖坎六三爲戊午火爲伏陽也。項安世云：「京房於世爻飛伏法。凡卦見者爲飛，不見者爲伏。其在八卦，止以相反者爲伏。乾見伏坤之類，皆以全體相反也。至八卦變世

〔註352〕參見《周易集解纂疏》，卷二，頁69～70、86～87。

卦則不然，自一世至五世，同以本生純卦爲伏，蓋五卦皆一卦所變，姤下體巽，飛爲巽初辛丑，伏仍用乾初甲子。二世遯飛爲艮遯二丙午，伏仍乾二甲寅之類。至五世皆以本卦乾爻爲伏者也。自五世復下爲遊魂卦，剝四變晉，是艮變其飛爲離四己酉，伏爲艮四丙戌矣。又下爲歸魂卦，晉下三爻變爲大有，自坤變乾，故飛爲乾三甲辰，伏爲坤三乙卯矣。二卦皆近即所從變之卦，不用本生純卦也。餘卦倣此。」〔註 353〕若以京房世爻飛伏法，困卦世在初，當以兌宮初丁巳火爲伏。今「案語」以困六三戊午火，以陰爻爲飛，午火爲伏陽，與京房飛伏法相異。陳壽熊於《讀易漢學私記》一書中云：「按虞所謂伏陽，謂陰爻之下必伏陽爻，與京氏傳異。惠氏欲取京易傳合之，遂以六三戊午火爲說。不知困卦係兌宮一世，飛坎伏兌。坎初戊寅、二戊辰、三戊午，戊午火是飛非伏。且依京氏例，困既一世卦，當於初爻下取兌丁巳火爲伏，何由與六三伏陽之說合耶？」其言然也。

（10）〈繫辭上〉曰，**樂天知命，故不憂。荀爽曰，坤建于亥，乾立于巳，陰陽孤絕，其法宜憂。坤下有伏乾，為樂天。乾下有伏巽，為知命（巽為命）。陰陽合居，故不憂。**

△按：李道平疏：「消息之卦，坤純陰在十月亥，乾純陽在四月巳，純陰純陽，故云陰陽孤絕，其法宜憂。坤下有伏乾，謂乾伏坤初爲震，震爲樂，初九乾也，故爲天，是樂天也。乾下有伏巽，謂巽伏乾初，巽爲命，故知命。消息坤在十月亥，亥居西北乾方，坤下有乾，故云陰陽合居。孤絕則憂，合居則不憂。且坎爲加憂，十二消息不見坎象，故不憂。」〔註 354〕震爲樂，巽爲命，語出《虞氏逸象》。荀爽乾下有伏巽，與京房飛伏之法不同。坤下伏乾是矣，而又言初爲震，不知從何所取。然則，以「樂天知命」一詞，而有如斯之解，似有附會之嫌。

（11）〈繫辭下〉曰，**龍蛇之蟄，以全身也。仲翔曰，蟄，潛藏也。龍潛而蛇藏。陰息初巽為蛇，陽息初震為龍，十月坤成，十一月復生，始巽在下，龍蛇俱蟄，初坤為身，故以全身也。**

△按：李道平疏曰，「渾言之則曰蟄，潛藏也；分言之，則曰龍潛而蛇藏。月

〔註 353〕引自《中國學術年刊》第二期，李周龍著〈從漢易源流探討京房易的承傳問題〉，頁 12。

〔註 354〕李道平疏，參見《周易集解纂疏》，卷八，頁 711～723。

令孟春曰：其蟲鱗，鄭氏謂龍蛇之屬。又曰：蟄蟲始振，則十一月時，龍蛇皆蟄，至正月而始振也。說文：蟄，藏也。乾〈文言〉曰：潛龍勿用，陽氣潛藏。龍亦得稱藏。今言龍潛而蛇藏者，〈說卦〉曰：坤以藏之；下傳曰：藏諸用。謂巽陽藏室，故陽言潛，陰言藏也。巽四月卦值巳，《說文》曰：四月陽氣已出，陰氣已藏，萬物皆成文章，故巳爲蛇，象形。巽陰息初，故爲蛇。說卦：震爲龍。震陽息初，故爲龍。陰終丁亥，故十月坤成。陽息于子，故十一月復生。復時震初動，巽即伏震，陰陽相並俱生，故姤巽在復下。龍蟄震初，蛇蟄巽初，故龍蛇俱蟄初。復體坤，姤初坤，坤形爲身，陽息爲存，故龍蛇之蟄，以存身也。」〔註355〕李道平云云，言之有理。然則，「龍蛇之蟄，以全身也」，唯一譬喻耳。〈繫下〉曰：「日往則月來，月往則日來，日月相推而明生焉。寒往則暑來，暑往則寒來，寒暑相推而歲成焉。往者詘也，來者信也，詘伸相感而利生焉。尺蠖之詘，以求信也。龍蛇之蟄，以存身也。」此所謂「明哲保身」是也。言乎時間之變化，此成毀往來，無窮無盡之貌，在時空上則爲永恆，故恆〈彖〉曰：「天地之道，恆久而不已也。」〔註356〕然此「恆」非永恆不變，乃是恆變不已。物性之根本則在陰陽，其乃爲一神奧之質力，充塞於宇宙之中，賦萬物以形象，成就全宇宙之偉構壯觀。由此，物性之變化便是陰陽之變化，物之成毀亦是陰陽更移之情狀，如此，吾人可知《易》之基本理念悉在變化。〔註357〕《中庸》云：「物有本末，事有始終，知所先後，則近道矣。」天地萬物，莫不有先後次序，日月之替代，寒暑之更迭，皆然也。比之人事，買賣之互通有無，人情之交融體恤，凡是率爲陰陽變化之理，往來成就之道，不可循短徑而至，必有本末次序也。時過境遷，亦不能久尸其位，久素其餐，往毀來成之際，猶須允執厥中也。

（12）又云，利用安身，以崇德也。《九家易》曰，利用，陰道用也，謂姤時也。陰升上究，則乾伏坤中，屈以求信，陽當復升，安身默處也。

△按：李道平疏：「咸至姤，六日七分，坤爲用，故云利用陰道也。謂姤時也。

〔註355〕同上，頁837。

〔註356〕馮芝生說：「宇宙間的變化，其內容不過是成與毀。事物的成毀，也就是乾坤的開闔。事物的成是其來，其毀是是其往。一來一往，就是變。這種往來是無窮底。惟其無窮，所以世界無盡。」（參見《學粹雜誌》第十三卷，第二期，〈談易經之理念理境與理趣〉，張用俊著。）

〔註357〕參見同上。

乾鑿度：物有始，有壯，有究。陰至上，故云陰升上究。陰究成坤，則乾伏坤中。剝極則復，詘極則信，故云詘以求信。復震成乾，故云陽當復升也。坤爲安，爲身，爲嘿，故安身嘿處也。」坤爲安，爲身爲嘿，語出《虞氏逸象》（見《易漢學》，卷三，頁 11）。前言日月龍蛇云云，窮天地之理也，此語則所謂知人事之道也。〈繫上〉第七章云：「夫易，聖人所以崇德而廣業也。知崇禮卑，崇效天，卑法地。」朱熹云：「窮理則知崇如天而德崇，循理則禮卑如地而業廣。此其取類，又以清濁言也。」〔註 358〕循理而卑已如禮，猶若尺蠖之詘；利用安身，陰之效也。窮理而法天尚知，猶尺蠖之伸；崇尚德業，陽之義也。〈繫辭傳〉此言之義，本當如是，不必如李氏疏文，析以求解於象數也。

總案：京房之飛伏法，專就世爻而定；其在八卦之飛伏，則止以全體相反者爲伏。惠棟《易例》所引諸家之說，與之迥異，體例不一。條（1）朱子發引《太史公律書》以言飛伏者與「十二消息」相浸；條（3）又引《左傳》蔡墨之語，云「坤下有伏震」，利京房「止以全體相反者」不類，蓋坤見伏乾，不伏震也。若就京房也爻飛伏法，乾初爻動變姤，飛爲巽初辛丑，伏乃爲乾初甲子也。條（4）坤上六「龍戰于野」，荀爽亦以「消息兼萬位」釋之。條（5）（6）睽、鼎卦〈彖傳〉言剛柔之應，與飛伏無涉。條（7）荀爽解坤〈文言〉「履霜堅冰至，蓋言順也」，云「坤下有伏乾」，與京氏之說同條。條（9）荀氏又曰：「六三陽位，下有伏陽。」以陽位而云伏陽，與京氏之說愈相背馳。惠案言困六三戊午火，以火爲陽，亦不同於京氏之法。條（1）荀氏釋「樂天知命，故不憂。」一詞，云「坤下有伏乾」乃同京氏，云「乾下有伏巽」則不合京氏之法。條（11）虞釋〈繫下〉「龍蛇之蟄，以全身也。利用安身，以崇德也。」殆與飛伏無關。清王洪緒輯《卜筮正宗》卷三「伏神正傳」載：「夫伏神者，謂卦之有缺用神，纔看用神伏於何爻之下。……且乾坤艮兌坎離震巽，乃宮之首卦，名曰八純，其爻全金木水火土，其象備官父子財兄。本宮下七卦如缺一者，即以首卦爲伏，假令姤遯無財，須向乾宮借寅木。遯否晉觀缺水，移乾子水伏初爻。觀剝少金，乾卦申金爲伏。今以乾卦爲法，他宮他卦，皆是以本宮首卦爲下七卦之伏神也。」然則，其法與京房異者，乃不專取世爻也。

〔註 358〕參見《周易本義》。